Der Autor

Frank Matakas, Prof. Dr. med. Geboren in Köln. Studium der Medizin, Philosophie, Mathematik in Köln, Hamburg, Heidelberg. Habilitation für Neuropathologie an der FU Berlin.

Facharzt für Psychiatrie, psychosomatische Medizin, Psychoanalyse. 30 Jahre lang Leiter der psychiatrischen Klinik Alteburger Straße in Köln. Die Klinik hat einen Versorgungsauftrag für das Stadtgebiet und wurde in allen therapeutischen Bereichen nach psychodynamischen Grundsätzen organisiert.

Forschung über schwere Depression und Schizophrenie. Jetzt tätig in eigener Praxis.

Frank Matakas

Psychodynamik der Schizophrenie

Symptomatik, Entwicklung, Therapie, Bedeutung

Verlag W. Kohlhammer

Dieses Werk einschließlich aller seiner Teile ist urheberrechtlich geschützt. Jede Verwendung außerhalb der engen Grenzen des Urheberrechts ist ohne Zustimmung des Verlags unzulässig und strafbar. Das gilt insbesondere für Vervielfältigungen, Übersetzungen, Mikroverfilmungen und für die Einspeicherung und Verarbeitung in elektronischen Systemen.

Pharmakologische Daten, d. h. u. a. Angaben von Medikamenten, ihren Dosierungen und Applikationen, verändern sich fortlaufend durch klinische Erfahrung, pharmakologische Forschung und Änderung von Produktionsverfahren. Verlag und Autor haben große Sorgfalt darauf gelegt, dass alle in diesem Buch gemachten Angaben dem derzeitigen Wissensstand entsprechen. Da jedoch die Medizin als Wissenschaft ständig im Fluss ist, da menschliche Irrtümer und Druckfehler nie völlig auszuschließen sind, können Verlag und Autor hierfür jedoch keine Gewähr und Haftung übernehmen. Jeder Benutzer ist daher dringend angehalten, die gemachten Angaben, insbesondere in Hinsicht auf Arzneimittelnamen, enthaltene Wirkstoffe, spezifische Anwendungsbereiche und Dosierungen anhand des Medikamentenbeipackzettels und der entsprechenden Fachinformationen zu überprüfen und in eigener Verantwortung im Bereich der Patientenversorgung zu handeln. Aufgrund der Auswahl häufig angewendeter Arzneimittel besteht kein Anspruch auf Vollständigkeit.

Die Wiedergabe von Warenbezeichnungen, Handelsnamen und sonstigen Kennzeichen in diesem Buch berechtigt nicht zu der Annahme, dass diese von jedermann frei benutzt werden dürfen. Vielmehr kann es sich auch dann um eingetragene Warenzeichen oder sonstige geschützte Kennzeichen handeln, wenn sie nicht eigens als solche gekennzeichnet sind.

Es konnten nicht alle Rechtsinhaber von Abbildungen ermittelt werden. Sollte dem Verlag gegenüber der Nachweis der Rechtsinhaberschaft geführt werden, wird das branchenübliche Honorar nachträglich gezahlt.

Dieses Werk enthält Hinweise/Links zu externen Websites Dritter, auf deren Inhalt der Verlag keinen Einfluss hat und die der Haftung der jeweiligen Seitenanbieter oder -betreiber unterliegen. Zum Zeitpunkt der Verlinkung wurden die externen Websites auf mögliche Rechtsverstöße überprüft und dabei keine Rechtsverletzung festgestellt. Ohne konkrete Hinweise auf eine solche Rechtsverletzung ist eine permanente inhaltliche Kontrolle der verlinkten Seiten nicht zumutbar. Sollten jedoch Rechtsverletzungen bekannt werden, werden die betroffenen externen Links soweit möglich unverzüglich entfernt.

1. Auflage 2020

Alle Rechte vorbehalten
© W. Kohlhammer GmbH, Stuttgart
Gesamtherstellung: W. Kohlhammer GmbH, Heßbrühlstr. 69, 70565 Stuttgart
produktsicherheit@kohlhammer.de

Print:
ISBN 978-3-17-036616-9

E-Book-Formate:
pdf: ISBN 978-3-17-036617-6
epub: ISBN 978-3-17-036618-3
mobi: ISBN 978-3-17-036619-0

Inhalt

**Einleitung: Inhalt und Absicht dieses Buches
sowie Untersuchungsmethode** 9
    Die Schizophrenie 9
    Was heißt Psychodynamik? 10
    Zur Rolle des Psychiaters 11
    Und wie ist es mit den Beweisen und der Wahrheit? 12
    Die gesellschaftliche Dimension 15

1 Symptome und Erscheinungsweisen 17
    1.1 Psychotische Symptome 17
        1.1.1 Versuch einer Definition 17
        1.1.2 Kommunikative Bedeutung 17
        1.1.3 Interaktive Bedeutung 19
        1.1.4 Der Abwehrcharakter 20
        1.1.5 Gibt es einen ökonomischen Gewinn
              des psychotischen Symptoms? 22
        1.1.6 Soziale Bedeutung 24
        1.1.7 Soziale Abwehr 25
    1.2 Symptome im Einzelnen 27
        1.2.1 Wahn 28
        1.2.2 Der Wahn im Sozialen 29
        1.2.3 Akustische Halluzinationen 30
        1.2.4 Andere psychotische Symptome 31
        1.2.5 Alkohol und Drogen 33
        1.2.6 Suizidalität 34
        1.2.7 Gewaltsamkeit 35
    1.3 Integration und Ichgrenze 36
        1.3.1 Desintegration in der Psychose 36
        1.3.2 Ichgrenze 37
        1.3.3 Die Vorstellung von dem Anderen 39
    1.4 Ichfunktionen 41
        1.4.1 Fallbeispiel akute Psychose 43
        1.4.2 Fallbeispiel chronische Psychose 45
    1.5 Die soziale Entwicklung 46
        1.5.1 Persönlichkeitsentwicklung vor Manifestation
              der psychotischen Erkrankung 46
        1.5.2 Die gesellschaftliche Dimension 47

	1.5.3	Soziale Entwicklung, Familie und Gesellschaft	48
	1.5.4	Vier Lebensläufe	49

2 Entstehung und Struktur der schizophrenen Psychose — 52

- 2.1 Kommunikation und psychische Entwicklung — 52
  - 2.1.1 Verwirrende Kommunikation — 52
  - 2.1.2 Die Entwicklungsaufgabe des Kindes — 54
  - 2.1.3 Die Rolle der Mutter — 55
  - 2.1.4 Die Bezogenheit von Mutter und Kind — 57
  - 2.1.5 Frühe projektive Identifizierung — 58
  - 2.1.6 Verbale Kommunikation — 59
  - 2.1.7 Sprache — 61
  - 2.1.8 Die Welt — 61
  - 2.1.9 Familie und Gesellschaft — 62
  - 2.1.10 Identität und Gesellschaft — 64
- 2.2 Familie und psychische Entwicklung — 66
  - 2.2.1 Untersuchungen zur Familienkonstellation psychotischer Menschen — 66
  - 2.2.2 Zur Frage der organischen Verursachung — 68
  - 2.2.3 Misslingende Ichbildung – die schizophrene Störung — 69
  - 2.2.4 Projektive Identifizierung als Ursache von Verwirrung — 70
  - 2.2.5 Das »Nebenich« — 71
  - 2.2.6 Konkurrierende Ichorganisation — 73
  - 2.2.7 Das Schicksal der Beziehung zu den Eltern — 76
  - 2.2.8 Parentifikation — 76
  - 2.2.9 Ist die Familie schuld? — 78
  - 2.2.10 Interaktion Familie und Gesellschaft — 79
- 2.3 Klinische Formen der schizophrenen Störung — 81
  - 2.3.1 Das Prozesshafte der Schizophrenie — 81
  - 2.3.2 Die exogene Psychose — 83
  - 2.3.3 Paranoia, wahnhafte Störung — 84
  - 2.3.4 Paranoia und Identität, paranoide Führer — 85
  - 2.3.5 Schizotype Störung, akute vorübergehende psychotische Störungen — 86
  - 2.3.6 Psychotische Depression — 87
- 2.4 Freud und Melanie Klein — 89
  - 2.4.1 Freuds Theorie der Paranoia und was Schreber sagen wollte — 89
  - 2.4.2 Melanie Klein und der psychotische Kern des Menschen — 91

3 Therapie — 93

- 3.1 Psychotherapie — 93
  - 3.1.1 Warum Psychotherapie? — 93
  - 3.1.2 Kann Psychotherapie schaden? — 94
  - 3.1.3 Womit fängt Psychotherapie an? — 94

		3.1.4 Leiden und Widerstand der Familie	95
		3.1.5 Wie der Familie helfen?	97
		3.1.6 Fokus der Therapie	99
		3.1.7 Wie intervenieren?	100
		3.1.8 Verstehen und verstanden werden	102
		3.1.9 Den psychotischen Menschen verstehen	104
		3.1.10 Was ist Beziehung?	106
		3.1.11 Handlung als Antwort	108
		3.1.12 Klären und Erklären	109
		3.1.13 Behandlung der Suizidalität	110
		3.1.14 Therapeutische Grundsätze bei Gewaltsamkeit des Patienten	112
		3.1.15 Zum Ausgang der Therapie	113
	3.2	Ambulante Therapie	113
		3.2.1 Das Setting	113
		3.2.2 Die Beziehung zum Therapeuten, Übertragung	115
		3.2.3 Ambulante Gruppentherapie	116
		3.2.4 Drei Beispiele einer ambulanten Therapie	116
	3.3	Stationäre Behandlung	125
		3.3.1 Zur Geschichte der stationären Behandlung	125
		3.3.2 »Schlangengrube«	126
		3.3.3 Totale Institution	127
		3.3.4 Projektive Identifizierung in der Institution	128
		3.3.5 Therapeutische Gemeinschaft	130
		3.3.6 Wie soll eine psychiatrische Station strukturiert sein? Ein paar einfache Regeln	130
		3.3.7 Psychotherapie im stationären Setting	132
		3.3.8 Die Ängste in der Psychiatrie	132
	3.4	Tagesklinische Behandlung	135
		3.4.1 Die Tagesklinik als soziales Übungsfeld	135
		3.4.2 Öffentlicher Raum vs. privater Raum	136
		3.4.3 Die identitätsbildende Wirkung von Gruppen	138
		3.4.4 Das Heilsame der Gruppe	139
	3.5	Verhaltenstherapie	141
	3.6	Zu einer Psychologie der Antipsychotika	143
		3.6.1 Wirkung	144
		3.6.2 Nebenwirkungen	145
		3.6.3 Dosierung	145

Literatur 147

Stichwortverzeichnis 155

Einleitung: Inhalt und Absicht dieses Buches sowie Untersuchungsmethode

Die Schizophrenie

Dieses Buch handelt von der schizophrenen Psychose und versucht doch, darüber hinauszugehen. Wie oft in der Wissenschaft geben Abweichungen von dem, was wir als normal kennen, Einblicke in eben das Normale, die wir anders nicht bekommen können.

Die Schizophrenie ist dadurch gekennzeichnet, dass eine elementare psychische Funktion, nämlich die Fähigkeit zur Unterscheidung zwischen Fantasie und Wirklichkeit, gestört ist. Die Realitätskontrolle ist ausgehebelt. Die Schizophrenie ist insofern die radikalste psychische Störung.

Die Psychiatrie sieht die Schizophrenie gemeinhin als eine Krankheit, die sich durch ihre Symptome beschreiben lässt. Ein Mensch hat z. B. akustische Halluzinationen. Er erzählt seinem Psychiater von diesen Stimmen und vielleicht unterhält er sich auch sichtbar mit ihnen. Symptome dieser Art sind zwar keine empirische Beobachtung, weil der Psychiater ja gerade nichts hört. Aber die Überzeugung des Patienten von der Existenz einer Sache, die realiter nicht gegeben ist, die kann der Psychiater beobachten. Das Symptom Halluzination beschreibt einen überprüfbaren Zustand des Patienten. Auf solchen Symptomen basiert dann die Diagnose »Schizophrenie«, wenn bestimmte andere Kriterien zusätzlich gegeben sind. Die übliche Behandlungsstrategie ergibt sich aus diesem Verständnis der schizophrenen Psychose. Sie hat das Ziel, die Symptome zu beseitigen, möglichst unter Vermeidung von Nebenwirkungen – was bedeutet, dass der Patient so wird, wie vor Erscheinen der psychotischen Symptome.

Aber weder ist damit verstanden, wie eine Halluzination subjektiv vom Patienten erlebt wird, noch was sich im Seelenleben dieses Menschen abspielt, noch welche kommunikative Bedeutung die Halluzinationen möglicherweise haben (die doch sichtbar eine Form des Dialogs sind), noch was für das Entstehen dieser Symptome verantwortlich war, noch ob es vielleicht eine gesellschaftliche Dimension der Krankheit Schizophrenie gibt. Diese Fragen werden in diesem Buch gestellt. Dabei ergibt sich, dass man die Schizophrenie nicht als einen Prozess ansehen sollte, der sich autonom in einem einzelnen Menschen entwickelt. Die Schizophrenie ist auch ein kommunikativer und interaktioneller Prozess. Es geht bei der Erörterung der schizophrenen Psychose viel um Kommunikation. Eine Therapie, die lediglich die Symptome beseitigen will, geht darum in die Irre, weil sie die kommunikative Bedeutung der Symptome nicht zur Kenntnis nimmt. Dass die menschliche Kommunikation aber vielschichtig ist, davon wird auch die Rede sein.

Gefragt ist also ein Weg, der uns zu der Struktur des Seelenlebens führt und verstehen lässt, wie das subjektive Erleben psychotischer Patienten ist. Dabei kann uns die Biologie nicht weiterhelfen. Es ist ja trivial, dass die Grundlage aller psychischen Prozesse die Biologie ist und dass alle Störungen irgendwie im Biologischen begründet sind, woraus sich auch biologische Behandlungsmöglichkeiten ergeben. So wäre es gut möglich, dass ein organischer Faktor an der Entstehung der Schizophrenie beteiligt ist. Aber der Sinn aller psychischen und psychotischen Äußerungen hat damit gar nichts zu tun. Es verhält sich damit wie mit all unserem Wissen. Die Wahrheit des Satzes des Pythagoras z. B. ergibt sich nicht aus der Art und Weise, wie unsere Neuronen funktionieren, sondern es ist umgekehrt. Die Wissenschaft, die sich mit der Funktionsweise der Neuronen beschäftigt, fußt auch auf der Mathematik, also auch auf dem Satz des Pythagoras. Trotzdem ist es richtig, dass wir den Satz nur einsehen können, wenn die Neuronen funktionieren. Über diese Antinomie kommen wir nicht hinaus.

Was heißt Psychodynamik?

Was Psychologie ist, das ist bekannt: die Wissenschaft vom menschlichen Verhalten und Erleben. Zur Erforschung und Beschreibung dieser Phänomene werden naturwissenschaftliche und soziologische Methoden benutzt. Verhalten lässt sich durch Beobachtung erkennen, das Erleben kann erfragt werden. Aber das psychische Erleben hat eine Dimension, die sich nicht anders als durch Bezug auf mein je eigenes Erleben erkennen lässt, z. B. Affekte und die Zusammenhänge zwischen verschiedenen Bewusstseinsinhalten. Hinzu kommen die unbewussten Vorstellungen und Prozesse im Seelenleben, die sich nur durch Selbstreflexion erkennen lassen. Dass letztlich all dem biologische Strukturen und Kräfte zugrunde liegen, ist selbstverständlich, aber für das Verständnis der psychischen Prozesse unerheblich.

Das ist in diesem Buch mit Psychodynamik gemeint: die bewussten und unbewussten Prozesse im Seelenleben eines Menschen.

Doch ist eine solche psychodynamische Betrachtungsweise andererseits auch nicht ganz problemlos. Sie hat nämlich die Schwierigkeit, dass sie nicht über Modelle hinauskommen kann. Anders als in den Naturwissenschaften hat es die Psychologie nicht mit Dingen zu tun. Meine Gefühle und meine Gedanken sind keine Dinge, wenn auch die biologischen Prozesse, die ihnen zugrunde liegen, dinglichen Charakter haben. Es sind aber auch keine bloßen Konstrukte wie die Gegenstände der Philosophie. Die Idee vom Sittengesetz z. B., wie es Kant formuliert hat, ist ein Konstrukt, auch wenn man davon ausgeht, dass es eine notwendige Annahme ist. In der Psychologie geht es um empirische Tatsachen, sie macht Aussagen darüber, wie wirkliche Sachverhalte funktionieren. Der Grund für diese Sonderstellung der Psychologie ist, dass alle Vorstellungen unserer Psyche nur die Zeitdimension haben. In unserer Psyche gibt es ein Empfinden für die Gleichzeitigkeit und für das Nacheinander. Aber Vorstellungen haben keine räumliche Dimension, sie sind nicht groß oder klein, hoch oder tief wie die Gegenstände der Naturwissenschaften. Darum hilft die Mathematik nicht bei der

Erforschung des Seelenlebens. Statistische Aussagen über psychologische Tatsachen, die sich der Mathematik bedienen, sind ja keine Aussage, wie etwas erlebt wird. Man kann mit der Mathematik den Sachverhalt zählen, z. B. wie oft Menschen depressiv sind. Aber die Mathematik öffnet keinen Zugang zu dem Sachverhalt selbst, also zu dem, was Depression ist.

Aber darum Erkenntnisse einer psychodynamischen Betrachtungsweise als unwissenschaftlich abzutun, ist nicht korrekt. Sie ist wissenschaftlich, sofern sie sich der Logik und der Empirie bedient. Und sie hat ein Kriterium, mit dessen Hilfe sich entscheiden lässt, ob eine Erkenntnis den Sachverhalt trifft. Dieses Kriterium ist die Vorhersagbarkeit. Eine Aussage über einen psychischen Sachverhalt ist dann zutreffend (»wahr« wäre hier nicht der richtige Ausdruck), wenn sie Rückschlüsse auf zukünftiges Verhalten erlaubt, die öfter als zufällig zutreffen.

Wie jede Wissenschaft ist auch eine Psychologie, die sich der Psychodynamik verschrieben hat, Gegenstand von Korrekturen und Verbesserungen. So wie wir die Physik Newtons längst hinter uns gelassen haben, ist auch z. B. die Psychoanalyse Freuds überholt in dem Sinne, dass sie erweitert und korrigiert worden ist. Wichtig in diesem Zusammenhang sind Bindungstheorie, Erkenntnisse der Entwicklungspsychologie, systemische Theorien, besonders der Familien, und Erkenntnisse der Ethologie. So reicht z. B. die Sexualität als Trieb nicht aus, um das Tun des Menschen zu erklären. Viele Verhaltensweisen, wie z. B. das Brutverhalten, das Konkurrenzverhalten, gehen phylogenetisch sehr weit zurück und die organischen Strukturen, die dem zugrunde liegen, sind älter als orale, sexuelle und aggressive Triebformen (Panksepp, 1998). Zu erklären wäre also, was es bedeutet, dass diese Verhaltensmuster mit dem aufgeladen wurden, was wir Trieb nennen.

Mit Psychodynamik ist im Folgenden darum eine Methode gemeint, nämlich die Methode, neben den abrufbaren Bewusstseinsinhalten auch das Unbewusste zu erforschen. Kommunikation z. B. enthält einen bewussten und einen unbewussten Anteil. Der unbewusste Anteil von Kommunikation ist der Selbstreflexion zugänglich, so wie es ursprünglich die Psychoanalyse gelehrt hat.

Zur Rolle des Psychiaters

Man kann schlecht ein Buch über die Psychiatrie schreiben, ohne auf die Rolle der Psychiatrie bzw. des Psychiaters einzugehen. In der Psychiatrie gibt es nämlich ein Problem, das ansonsten der Arzt und der psychologische Therapeut nicht haben. Bei psychiatrischen Krankheiten ist der Gesichtspunkt der Gesellschaft ständig präsent. Aber der Patient durchschaut das meist nicht, zumindest nicht ausreichend. Für den Patienten ist oft unklar, ob er in den Augen des Psychiaters an einer Krankheit leidet, und wenn der Psychiater eine Krankheit diagnostiziert, hat der Patient möglicherweise keinen Einfluss mehr darauf, was der Arzt nun macht. Wird er zwangsweise eine Behandlung veranlassen? Wird die Behandlung, ob sie freiwillig oder zwangsweise geschieht, auf die Persönlichkeit des Patienten einwirken, wie es die Neuroleptika z. B. tun?

Diese Problematik ist relativ unabhängig von der Frage, wie man psychische Krankheiten versteht oder behandeln will. Wenn man z. B. der Meinung ist, dass die Schizophrenie allein aus einem genetischen Defekt entsteht und dass bis auf eine Aufzählung der Symptome weiter nicht viel darüber gesagt werden kann, dann ist dennoch zu begründen, warum schizophrene Menschen nicht geschäftsfähig sein sollen oder nicht strafmündig oder zwangsweise behandelt werden. Mit den Genen lässt sich das jedenfalls nicht begründen. Man muss, um das begründen zu können, auf das Verhalten des Kranken und die Erwartungen der Gesellschaft Bezug nehmen.

Die Antwort auf die Frage nach der Rolle des Psychiaters, die in diesem Buch gegeben wird, ist, dass es seine Aufgabe ist, die psychische Problematik seines Patienten zu verstehen – so gut es geht. Das gilt in besonderer Weise für psychotische Menschen, die so unverständlich erscheinen. In diesem Rahmen sind auch die Gesichtspunkte der Gesellschaft von Bedeutung. Auch die Gesellschaft will mit ihren Erwartungen und Forderungen an den Einzelnen verstanden werden. Einen Patienten verstehen, schließt also ein, auch darauf Bezug zu nehmen, wie der Patient die gesellschaftliche Bedeutung seiner Äußerungen und Handlungen selbst sieht, wenngleich sich der Patient wohl selten Rechenschaft darüber gibt. Der Psychiater wird, ob er es beabsichtigt oder nicht, in seiner Haltung gegenüber dem Patienten dazu implizit einen Kommentar geben. Aber ohne die Einsicht, dass allem bewussten Kommunizieren und Handeln auch eine unbewusste Komponente zugrunde liegt, kommt man in der Sache nicht weit.

Und wie ist es mit den Beweisen und der Wahrheit?

> Frau G erzählt lange und unerschöpflich davon, dass sie von einer neurotischen Frau abgehört und gefilmt wird und diese es der ganzen Welt durch das Internet zugänglich macht.

Frau G wirbt erkennbar darum, dass wir ihr dies glauben. Wir dagegen sind geneigt, als Antwort zu erwidern oder wenigstens zu denken, dass die Behauptungen von Frau G nicht wahr sind. Wir können es dabei belassen, was heißt, dass wir die Aussagen von Frau G als Unsinn interpretieren. Wir können aber auch versuchen, sie zu verstehen.[1]

Unsere These ist, dass die »neurotische Frau« sie selbst ist, und zwar der psychotische Teil ihrer Person. Das wird nahegelegt durch die Behauptung, dass diese Frau alles über sie weiß. Dass alle Menschen ebenfalls dieses Wissen über sie haben, verstehen wir so, dass Frau G keine funktionierenden Ichgrenzen hat. Jeder hat Zugang zu ihrem Inneren. Von dem psychotischen Teil will sich Frau G distanzieren. Darum hat sie diesen in jene Frau projiziert und spricht auch voller Wut von ihr. Frau G ficht einen Kampf aus zwischen dem, was uns psychotisch erscheint, und ihrem Bemühen, mit uns in Kontakt zu bleiben. Indem sie das

---

1 Die Fallgeschichten sind anonymisiert. Das hat zur Folge, dass die Details keine Grundlage dafür bieten, mit Interpretationen über das hinauszugehen, was beschrieben ist. Die Fallbeispiele sollen und können nur exemplifizieren, was der Text in allgemeiner Form beschreibt.

ihr Unerklärliche, nämlich dass ein jeder weiß, wie es um sie bestellt ist, – wie sie meint – in unsere Weltzusammenhänge übersetzt, also von Filmen und Internet spricht, versucht sie, unsere Welt zu teilen.

Das Problem von Frau G kreist um die Frage, wie es mit der Wahrheit ihrer Überzeugungen bestellt ist. Sie stellt die Frage – die sie in eine apodiktische Behauptung kleidet –, ob es denn nun stimmt, dass sie überwacht wird. Nun geht es aber nicht um dingliche Sachverhalte. Wir suchen gar keine Verständigung darüber, ob und wie oder warum Kameras zur Überwachung von Frau G installiert wurden oder nicht.[2] Unser Verständnis, dass es um den psychotischen Teil ihrer Persönlichkeit geht und dass ihre Ichgrenzen zusammengebrochen sind, ist eine andere Wahrheit. Wir lassen uns gar nicht auf die Frage nach den Kameras ein, sondern machen Aussagen über das psychische Funktionieren von Frau G.

Wahr sind Aussagen, wenn sie mit dem gemeinten Sachverhalt übereinstimmen. Für uns stellt sich das in der Frage dar, ob unsere Deutung der Behauptungen von Frau G das Kriterium der Wahrheit beanspruchen kann. Die Antwort darauf lautet: im strengen Sinne dessen, was Wahrheit bedeutet, nein; denn ein objektiver Sachverhalt des Seelenlebens von Frau G ist uns nicht bekannt. Insofern lässt sich auch nicht feststellen, ob unsere Aussagen den Sachverhalt treffen oder nicht. Das Beste, was wir erreichen können, ist, dass unsere Deutung eine sinnvolle Erklärung von Verhalten und Theorie von Frau G ist. Dieser Sinn kann uns bei unseren therapeutischen Maßnahmen leiten. Der Erfolg oder Misserfolg der daraus abgeleiteten Maßnahmen wird entscheiden.

Wie auch sonst in den Wissenschaften ergibt sich die Gültigkeit (was hier ein treffenderer Ausdruck ist als »Wahrheit«) unserer Aussagen daraus, dass sie Voraussagen über zukünftiges Verhalten möglich machen, die öfter als zufällig zutreffen. Wir müssen also wissen, ob für eine bestimmte therapeutische Maßnahme eine ausreichend verlässliche Voraussage möglich ist, dass sie in einem konkreten Fall dem Patienten hilft. Das ist ein strenges, aber unerlässliches Kriterium, ohne das der Beliebigkeit Tür und Tor geöffnet ist. Die Voraussagbarkeit lässt sich aber nur in der therapeutischen Praxis überprüfen. Darum ist eine Erörterung der therapeutischen Konsequenzen notwendig.

Frau G ging zu einem Psychiater, der ihr erklärte, dass sie psychotisch sei. Das hat sie sehr aufgebracht und wurde von ihr auch vehement bestritten. Sie wusste es ja selbst und sie hatte ihr ganzes Bemühen darauf gerichtet, diese Tatsache vor sich selbst zu verleugnen. Worauf sie sich einlassen konnte war, dass sie sehr unter der »Verfolgung« jener Frau und der Menschen litt.

---

2 Wenn man unterstellt, dass Frau G das subjektive Gefühl hat, »durchlässig« zu sein, also dass ihre Ichgrenze nicht funktioniert, so dass sie das Gefühl hat, jedermann wisse, was sie denkt und empfindet, dann muss sie entweder die Vorstellung, dass es andere Subjekte gibt, ganz aufgeben, oder sie sucht nach einer rationalen Erklärung. Im zweiten Fall ist ihre Überzeugung, sie werde gefilmt und abgehört und das werde jedermann zugänglich gemacht, eine halbwegs in sich stimmige Erklärung.

Wir hoffen also mit unserer Deutung, wenn wir sie auch zunächst nur uns selbst geben, ohne sie Frau G mitzuteilen, dass wir damit verstanden haben, wie Frau G die Angst, verrückt zu sein, verarbeitet. Daraus lässt sich ableiten, dass man ihr gegenüber nicht darauf bestehen sollte, dass sie an einer Psychose leidet. Sinnvoller wäre es, mit ihr nach dem Sinn ihrer Ängste und Überzeugungen zu suchen, ohne zunächst ihre Erklärungsversuche in Zweifel zu ziehen. Zur Überprüfung dieses Vorgehens bleibt nur, die Wirkung auf ihren psychischen Zustand zu überprüfen. Bessert er sich oder bessert er sich nicht? Kann sich Frau G wenigstens auf einen Dialog dieser Art einlassen?

Dieser Sinn von Wahrheit gilt für das ganze Buch. Die Gedanken und Theorien müssen in sich sinnvoll sein und sie sollten möglichst an andere, verwandte Wissenschaften anschließen. Aber das entscheidende Kriterium ist das Ergebnis in der Praxis. Nur die Praxis kann entscheiden, wie weit die hier dargelegten Überlegungen einen Wert haben.

Die Alternative wäre, die Vorstellungen von Frau G über die Kameras als Unsinn abzutun und eine Kommunikation mit Frau G darüber zu verweigern. Aber auch das wäre eine Deutung ihrer Aussagen, nämlich als Unsinn. Es liefe darauf hinaus, die Rede von Frau G als sinnloses Geplapper anzusehen, das allenfalls mit einer außer Kontrolle geratenen Sprechmaschine vergleichbar ist. Das kann man natürlich tun. Immerhin hätte man damit den Zeitgeist gut getroffen, wenn man nur gelten lassen wollte, was sich zählen und messen lässt.

In den Humanwissenschaften sind statistische Untersuchungen für viele Fragen sinnvoll. Aber sie können manche Aspekte gar nicht erfassen und verfälschen auch in mancherlei Hinsicht. Es gibt z. B. statistische, vergleichende Untersuchungen, ob denn nun eine bestimmte psychotherapeutische Maßnahme die psychotische Verfassung der Probanden zurückdrängt oder nicht. Doch lässt sich dagegen einiges einwenden. Einmal, dass die Maßnahme nicht gegen eine wirkliche Kontrollgruppe getestet wird. Etwa, eine bestimmte verhaltenstherapeutische Intervention müsste gegen unspezifische Interventionen getestet werden, in der sich der Therapeut interessiert mit dem Probanden unterhält. Auch eine Randomisierung z. B. ist nicht immer unproblematisch, weil das Interesse des Probanden an der therapeutischen Maßnahme möglicherweise keine von der Wirksamkeit unabhängige Variable ist. Das könnte bedeuten, dass eine bestimmte therapeutische Maßnahme für ihre Wirksamkeit diese zusätzliche Bedingung, nämlich das Interesse des Patienten daran, braucht.

Die beobachtende teilnehmende Untersuchung, die auch einen Dialog beinhaltet, wie es Devereux (1973) in »Angst und Methode in den Verhaltenswissenschaften« beschrieben hat, scheint der bessere Weg, um Frau G zu helfen. Nach ihm gibt es keine Beobachtung, die das beobachtete Geschehen zwischen Menschen unbeeinflusst lässt. In den Humanwissenschaften lässt sich zwischen Beobachtung und Beobachtetem nicht scharf trennen. Diese Haltung läuft darauf hinaus, mit Frau G ein Einvernehmen zu erzielen. Wenn sie das ihr angebotene Verständnis annehmen kann, dann wäre ihr geholfen.

Die gesellschaftliche Dimension

Ein Verständnis der Psychose kann auch einiges über gesellschaftliche Prozesse lehren. Die mangelhafte Realitätskontrolle, wie man sie im öffentlichen Raum oft beobachtet, wird man nicht Wahn nennen, aber irgendeine Gemeinsamkeit oder ein Zusammenhang mit dem individuellen Wahn wird es wohl geben. Die unkontrollierte Entladung von Aggression ist ein anderes Beispiel. Hinzu kommt, dass offensichtlich schwer gestörte Menschen (im Sinne der psychiatrischen Diagnostik) nicht selten in der Öffentlichkeit und als politische Anführer der Menschen eine große Rolle spielen. Auch das verlangt nach einer Erklärung.

Auch die Frage nach den gesellschaftlichen Bedingungen einer psychotischen Entwicklung gehört hierher. Gemeint sind nicht diese oder jene gesellschaftlichen Zustände, z. B. Wohlstand oder Armut, Verfolgung oder Anerkennung. Diese Faktoren spielen sicher eine Rolle (Jongsma et al., 2018). Hier ist gemeint, wie weit Gesellschaften Verrücktheit fordern oder unumgänglich machen, so wie Organismen ohne Krankheit nicht denkbar sind und Krankheit die Möglichkeit von Gesundheit fördert. Allerdings wird mehr als eine erste tastende Untersuchung der genannten Probleme nicht möglich sein.

In der ersten Hälfte des vorigen Jahrhunderts haben sich bedeutende Kliniker und Soziologen an die Untersuchung und Psychotherapie psychotischer Störungen gewagt. Nach dem Zweiten Weltkrieg ist es auf diesem Feld zu einer kurzen Blüte gekommen.[3] Das Interesse an der Erforschung wurde begleitet von wichtigen gesundheitspolitischen Maßnahmen. Unter dem Schlagwort »mental health movement« im angelsächsischen Raum, »Psychiatrieenquete« in Deutschland kam es zu einer bedeutenden positiven Veränderung der psychiatrischen Praxis. Aber dann ist diese Tradition abgebrochen. Die biologische Psychiatrie hat versucht, allein das Feld zu besetzen. Nur in der Praxis niedergelassener Psychotherapeuten und Psychiater konnte sich die psychologische Tradition einigermaßen erhalten. Aber von ihren theoretischen Wurzeln abgeschnitten, konnte sich das psychologische Verständnis der Psychosen nur mühsam weiterentwickeln, ist manches verdorrt.

Ein anderes großes Untersuchungsfeld war und ist die Frage nach dem Unbewussten auch in Verbindung mit gesellschaftlichen Prozessen. Schon Freud hatte einen Zusammenhang gesehen zwischen den unbewussten Triebregungen des Menschen und gesellschaftlichen Einrichtungen. In »Totem und Tabu« (Freud, 1912) hat er die Exogamieregeln, die sich in vielen Völkerstämmen finden, als unbewussten Ausdruck des Inzestverbots verstanden. Aber das ist auch proble-

---

[3] Der Umfang der damaligen Literatur über die psychoanalytische Behandlung der Schizophrenie ist beträchtlich. Eine kleine Auswahl, wobei sich die Jahreszahlen nicht auf das erste Erscheinungsjahr, sondern auf z. T. spätere, verfügbare Auflagen beziehen: Brody & Redlich, 1952; Eissler, 1952; Fenichel, 1975; Fromm-Reichmann, 1959; Searles, 1974; Jacobson, 1972; Federn, 1978, Feinsilver & Gunderson, 1972; Spotnitz, 1976; Pao, 1979; Karon & Vandenbos 1981; Benedetti, 1983. Doch vielfach spiegeln diese Arbeiten auch nur den Zeitgeist wider. Ein krasses Beispiel dafür ist Federn, der eine heimliche Sterilisierung der psychotischen Patienten vor einer psychoanalytischen Behandlung empfahl (Federn, 1943).

matisch, weil es Unbewusstes nur beim einzelnen Menschen geben kann. Man muss also erklären, was man damit meint, wenn man von Unbewusstem im Zusammenhang mit gesellschaftlichen Prozessen spricht. Einmal kann es bedeuten, was auch in »Totem und Tabu« implizit gegeben ist und von Jaques (1955) und Menzies (1960) explizit behandelt wurde, dass nämlich gesellschaftliche Regeln den individuellen Abwehrbedürfnissen der Menschen genügen müssen. Das ist bei den Exogamieregeln der Fall.

Mit dem Unbewussten in der Gesellschaft kann man aber auch meinen, dass die Regeln, nach denen die Gesellschaft funktioniert, nicht bewusst sind. Die Routine des Alltags ist ein Beispiel dafür (Erdheim, 1988). Wir strukturieren unseren Alltag privat und im öffentlichen Raum nach Regeln, deren Begründung wir nicht hinterfragen oder nicht erkennen.

Dieses Buch will an diese Traditionen anknüpfen. Darum ist auch vielfach auf die ältere Literatur Bezug genommen.

1 Symptome und Erscheinungsweisen

1.1 Psychotische Symptome

1.1.1 Versuch einer Definition

Psychische Symptome, wovon die psychotischen Symptome eine Untergruppe sind, können wir als Ausdruck einer Funktionsstörung der Psyche verstehen. Aber was ist eine Funktionsstörung der Psyche? Das ist nicht immer eindeutig festzulegen, weil die Funktionen des psychischen Apparates nur im Hinblick auf die soziale Umwelt zu bestimmen sind. Und die soziale Umwelt ist nicht eindeutig. Ein etwas zwanghafter Charakter ist in unserer Gesellschaft erwünscht. Rücksichtslosigkeit gegenüber niederen Ständen würde in einer Herrscherfamilie des Mittelalters als gute Eigenschaft gelten, heute eher als Mangel. Ein Mensch mit einer katatonen Bewegungsstarre wird in Indien u. U. als heiliger Mann (Sadhu) verehrt (Doniger, 2009).

Wir haben keinen sicheren Maßstab dafür, was wir als psychische Störung ansehen sollen, was nicht. Halten wir uns an die alten Psychiater (z. B. Schneider, 1950), so sind als Symptom anzusehen Verhaltensweisen oder Zustände, an denen der Betroffene oder die Menschen seiner Umwelt leiden. Die depressive Gemütsverfassung ist ein Symptom, weil der Depressive an seinem Gemütszustand leidet. Wenn jemand permanent auf der Straße herumschreit, gilt das als Symptom, weil die Öffentlichkeit Anstoß daran nimmt. Aber auch z. B. selbstverletzendes Verhalten oder das Hungern im Rahmen einer Magersucht gelten als Symptom, obwohl der, der es ausführt, nicht unbedingt darüber klagt, noch die Gesellschaft dadurch belästigt wird. Verbunden mit Frömmigkeit wird es u. U. und in bestimmten gesellschaftlichen Gruppen als besondere Tugend angesehen. Die Definition des Begriffs des Symptoms ist also nicht streng an das Leiden irgendeines Menschen gebunden. Darum nehmen wir zu dem Begriff der Normalität Zuflucht. Psychische Symptome sind Verhaltensweisen oder Zustände, die nicht normal sind. Man schneidet sich normalerweise nicht mutwillig mit einer Rasierklinge. Aber was ist normal?

1.1.2 Kommunikative Bedeutung

Mit der Kennzeichnung eines bestimmten Verhaltens als Symptom sehen wir von dem Bedeutungsgehalt und seinem kommunikativen Charakter ab und tun so, als ob Menschen ohne Bezug auf ihre soziale Situation diese sogenannten Symptome entwickeln. Das gilt besonders für die psychotischen Symptome, weil sie implizit auf eine Diagnose, nämlich die Psychose hinweisen. Aber psychische Symptome haben immer eine kommunikative Bedeutung. Goffman (1969) geht noch etwas weiter und meint von den psychotischen Symptomen, dass sie Beziehungsprobleme zum Ausdruck bringen. Wenn also ein Anstaltsinsasse der Anstaltsleitung Pläne für den Umbau der Gebäude, die er auf Butterbrotpapier gekritzelt hat, zukommen lässt, wird der Psychiater dies im Regelfall als unrealistisches Verhalten werten. Er wird darin keine ernst zu nehmende Botschaft sehen. Aber für den, der dieses »Symptom« aufweist, ist es eben doch eine Botschaft, und die Attribution dieser Handlung als Symptom verweigert dem Urheber die Kommunikation. Das Problem ist dann natürlich, welche Botschaft es ist; denn naiv, dass es nur um den Umbau geht, wird man das nicht verstehen wollen. Ähnlich ist es in Familien, die sich aber meist umgekehrt von dem fesseln lassen, was der Inhalt des Symptoms sagt. Den Sohn, der sich in sein Zimmer zurückzieht, versuchen die Eltern unablässig davon zu überzeugen, dass er nicht von einer Gangstergruppe gesucht wird, was der Sohn als Grund für seinen Rückzug angibt. Aber das bleibt natürlich ohne Effekt. Einfach wörtlich nehmen und naiv verstehen, was im Symptom ausgedrückt wird, ist auch keine Lösung.

Für die Behandlung eines psychotischen Menschen ist es wichtig zu verstehen, was er durch das Symptom mitteilen will. Es gibt einmal einen aktuellen Bezug, der meist nur zu verstehen ist, wenn man den sozialen Kontext, in dem das Symptom geäußert wird, kennt. Herr O, der die Ärztin des Krankenhauses fragt, ob in den Wänden Strom sei, fürchtet, dass sie das Thema Scheidung anspricht (▶ Kap. 1.4.1). Die eigentliche Bedeutung dieser Frage ist damit klar. Der junge Mann, der fürchtet, von einer Gangstergruppe gekidnappt zu werden, meint vielleicht seine Eltern. Vielleicht fürchtet er, dass die Eltern ihn total vereinnahmen. Und Julia, die nach der Untersuchung beim Psychiater meinte, jetzt sei eine Ratte in sie hineingesprungen, wollte damit ihr Verständnis von Psychose, die der Psychiater ihr zugeschrieben hatte, zum Ausdruck bringen. – Dieses letzte Beispiel ist auch Anlass, auf ein Faktum hinzuweisen, welches hinter allem steht, nämlich die Not, aus der heraus erst das psychotische Symptom entsteht.

Die produktiven psychotischen Symptome sind zweitens auch häufig verzerrte Beschreibungen einer kindlichen Erfahrung. Sie teilen insofern etwas über die kindliche Entwicklung mit. Halluzinationen geben oft Stimmen der Eltern wider; was diese wirklich oder vermeintlich gesagt haben oder auch was die Beziehung zu den Eltern beschreibt. Gedankenentzug kann man verstehen als die kindliche Erfahrung, etwas nicht denken zu dürfen, Gedankeneingebung als die Erfahrung, etwas denken zu müssen, Kontrollwahn, Beeinflussungswahn, Gefühl des Gemachten als die Erfahrung kontrolliert, beeinflusst oder manipuliert zu werden. Das hat schon Tausk früh beschrieben (1919). Im Verlauf einer Therapie hört man nicht selten, dass die halluzinatorischen Stimmen für die Patienten als Stimmen der Eltern erkennbar werden.

1.1.3 Interaktive Bedeutung

Produktive psychotische Symptome sind oft eine Form der Handlung. Manchmal sind sie es direkt durch auffällige Verhaltensweisen.

> Herr Fe z. B. schellt bei der Nachbarsfamilie, geht, als ihm die Tür geöffnet wird, ohne ein Wort zu sagen, ins Kinderzimmer und legt sich dort ins Bett. Oder ein »Berber« schreit auf der Straße.

Aber selbst wenn sich der Berber mit halluzinierten Stimmen unterhält, sofern die Umwelt davon etwas mitbekommt, hat es etwas Provozierendes, was auch eine Form von Handlung ist. Die Botschaft, die dahinter steckt, kann leicht übersehen werden.

Das psychotische Symptom, besonders wenn es Handlung ist, verletzt die gesellschaftlichen Normen und ist insofern eine Provokation, die man als Protest verstehen kann (Goffman, 1969). Da die Botschaft des Symptoms oft nicht direkt erkennbar ist, ist der Protest in der Regel das einzige, was zunächst imponiert. Der Protest lässt nicht erkennen, wie er sich begründet. Das führt leicht dazu, dass über eine mögliche Begründung weder vom Kranken noch von der Gesellschaft nachgedacht wird. Man versteht nicht, warum der Kranke so handelt. Die kommunikative Bedeutung des Symptoms bleibt unerkannt. Der nächste Schritt ist, dass diese Leerstelle gefüllt wird, indem Krankheit als Begründung und Erklärung herangezogen wird. Das bedeutet, dass die Möglichkeit einer sachlichen Begründung gar nicht mehr in Erwägung gezogen wird. Als das einzig Sinnvolle erscheint eine Behandlung, die von der Gesellschaft erwirkt wird, oft genug auch ohne Zustimmung des Betroffenen.

> Herr Pal, ein psychotischer junger Mann, versucht gegen den Widerstand der Mutter, sich gewaltsam Eingang in deren Wohnung zu verschaffen. Dafür hat er sich mit einem schweren Stein bewaffnet Da er vordem schon wegen einer Psychose in psychiatrischer Behandlung war, ruft die Mutter sofort die Polizei, die den jungen Mann in eine Klinik bringt.

In der aktuellen Situation war das eine sinnvolle Lösung. Aber, wie es die Regel ist, hat sich keiner der Beteiligten, nicht die Mutter, nicht der Sohn, nicht der behandelnde Psychiater die Frage gestellt, was da eigentlich passiert ist. Nach einer Behandlung mit Neuroleptika in der Klinik ist der Sohn friedlich und stimmt mit allen darüber überein, dass sein Verhalten krankhaft war. Für die Beteiligten ist das Ereignis damit ausreichend erklärt – obwohl die Mutter doch um ihr Leben gefürchtet hat. Die nahe liegende Frage, was der Sohn eigentlich von der Mutter wollte und warum er seine Forderung gewaltsam zum Ausdruck brachte, wird nicht gestellt.

Dabei ist die interaktive Bedeutung solcher Ereignisse oft nicht schwer zu erkennen, besonders, wenn es sich im familiären Rahmen abspielt. Herr Pal will etwas von seiner Mutter erzwingen, und sie fühlt sich bedroht. Wir begnügen uns also nicht damit, festzustellen, dass der Sohn psychotisch und darum gewaltsam ist und die Mutter Hilfe sucht. Wir fragen nach der Bedeutung dieser Auseinandersetzung. Diese Sichtweise ist in diesem Buch gewissermaßen selbstverständlich und wird immer wieder ohne besondere Ankündigung eingenommen.

Auch Psychotherapeuten vergessen nicht selten diese Frage nach den Gründen. In vielen Arbeiten, die sich mit der Psychotherapie psychotischer Patienten beschäftigen, wird beschrieben, dass im Verlauf der Therapie die psychotische Symptomatik extreme Ausmaße annimmt. Die Bemühungen der Therapeuten erscheinen fast heroisch. Übersehen wird dabei die interaktive Bedeutung dieser Entwicklung. Als Beispiel sei hier eine jüngere Arbeit zitiert, ein Bericht von Koehler (2009). Er beschreibt die Psychotherapie des Patienten Joseph, der eine schizophrene Psychose hat. Im Verlauf einer hochfrequenten Therapie wird die produktive Symptomatik von Joseph immer heftiger. Aber Koehler erwägt nicht die Frage, ob die Verschlimmerung der Symptomatik eine Antwort von Joseph auf die Anstrengung des Therapeuten ist. Darum erkennt der Therapeut nicht, dass er Joseph zu nahe gekommen ist. In früheren Therapieberichten (z. B. Fromm-Reichmann, 1959) findet man viele Beispiele dafür. Da werden Symptome der Patienten beschrieben, die offensichtlich eine Antwort auf die unhaltbaren Zustände in der Klinik waren. So kommt eine Situation zustande, dass Symptome behandelt werden, an deren Zustandekommen der Therapeut bzw. die Institution beteiligt ist.

1.1.4 Der Abwehrcharakter

Kennzeichnend für psychotische Zustände sind die produktiven Symptome. Produktiv ist ein Symptom, wenn ein Gedanke oder eine Verhaltensweise oder eine Empfindung eine Realität behauptet, die nicht existiert. Dabei hinterfragen wir zunächst dieses Vulgärverständnis von Realität nicht.

> Herr A hört, wenn er zu Bett gehen will, ein Klopfen des Nachbarn an der Wand, das ihn daran hindert zu schlafen. Das Klopfen kann aber von niemandem bestätigt werden. Seine Beschwerde beim Nachbar weist dieser zurück. Er klopfe nicht.

Dieses Klopfen unterscheidet sich z. B. von einem Tinnitus, weil Herr A sicher »weiß«, dass es der Nachbar ist, der die Klopfgeräusche macht. Wir vermuten darum, dass sich hinter dem Klopfen etwas verbirgt, nämlich dass sich der Klopfer einsam fühlt. Er war es in der Tat. So liegt es nahe, das Klopfen als Abwehr des Wunsches nach Kontakt zu verstehen. Aber was bedeutet in diesem Fall Abwehr? Bei Tobias, einem jungen Mann, der unter leichten Zwangssymptomen litt, aber keine Psychose hatte, lässt sich die Abwehr eindeutig beschreiben. Die Zwanghaftigkeit, mit der Tobias beim Verlassen des Hauses die Haustür immer wieder überprüft, steht im Zusammenhang mit seinem Wunsch, das Elternhaus zu verlassen, und seinen feindseligen Gefühlen gegenüber dem Vater. Tobias will die Tür endgültig hinter sich zuschlagen. Nachdem Tobias Einsicht in den abgewehrten aggressiven Triebwunsch hat, verschwindet das Symptom. Tobias braucht in der Therapie dazu nur die Angst vor seiner Feindseligkeit gegenüber dem Vater auszuhalten. Nicht oft lässt sich bei einer zwangsneurotischen Störung die Symptomatik so schnell auflösen, wie es bei Tobias war.

Aber bei dem Klopfer war es anders. Er sagte offen, dass er sich nach einer Frau sehne, aber mit dem Klopfen habe das nichts zu tun. Er gab eine Anzeige in der Zeitung auf, bekam etwa 50 Zuschriften, die er mir stolz zeigte, und antwortete auf keine, ja öffnete kaum einen Brief. So bestätigte er einerseits den Gedanken, dass seine Einsamkeit ein Problem für ihn war, andererseits war er nicht in der Lage, Kontakte zu anderen Menschen aufzunehmen.

Wie bei Herrn A verraten viele psychotische Symptome relativ offen einen Wunsch:

> Eine psychotische Patientin kommt sehr knapp bekleidet in die Sprechstunde. In der folgenden Sitzung mokiert sie sich über die »Lüsternheit« des Arztes und setzt sich weit weg in eine Ecke des Zimmers.

Der Wunsch wird hier ganz offen gezeigt, so wie die Patientin sich gekleidet hat. Wird in diesem Fall etwas abgewehrt, und wenn ja, was? Den Kontaktwunsch hat der Klopfer offen geäußert, die verführerische Dame durch ihre Handlung auch. Was also Triebwunsch bei beiden gewesen sein mag, er wurde nicht abgewehrt. Eher schon, denkt man, wurde die Möglichkeit der Realisierung abgewehrt.

Wir können in beiden Fällen der Auffassung von M. Klein folgen und alternativ in Erwägung ziehen, dass es nicht eine Triebregung ist, die abgewehrt wird, sondern Angst, die durch die Triebregung ausgelöst wird. Es wäre nicht die gleiche Angst, die Tobias spürte. Bei Tobias war es die Angst vor einer aggressiven Empfindung, die er sich nicht gestatten konnte. Bei dem Klopfer und der knapp bekleideten Dame war es vielleicht auch Angst vor einer Triebregung, aber nicht, weil diese nicht erlaubt war, sondern – so müssen wir vermuten – weil sie bedrohlich war.

Wenn wir sagen, dass Tobias sich die Feindseligkeit gegenüber dem Vater nicht gestatten konnte, ist damit gemeint, dass es bei ihm einen intrapsychischen Konflikt gab zwischen einer Triebregung und seiner Moral, seinem Überich in der Terminologie der Psychoanalytiker. Die Feindseligkeit war in dem Zwangssymptom verborgen. Es war also insofern ein Problem von Tobias allein. Auch als er den Konflikt, der dem Symptom zugrunde lag, noch nicht kannte, war es für ihn doch ein seelisches Problem. Die Zwangssymptome hat er sich allein zugeschrieben. Der Klopfer aber verlegt, wie es für die Psychose typisch ist, den Konflikt nach außen, in die Realität. Der Wunsch, der sich in dem Symptom verrät, muss also nicht abgewehrt werden, sondern die Realisierung. Die erotische Triebregung an sich, so müssen wir folgern, hat der verführerischen Dame keine besonderen Schwierigkeiten gemacht. Es muss etwas anderes sein, was abgewehrt wird, nämlich irgendeine Form der Realisierung. An späterer Stelle wird von diesem Problem noch mehrfach die Rede sein. Menschen mit einer psychotischen Störung können sich nur begrenzt oder gar nicht auf eine Beziehung einlassen.

Psychotische Symptome kann man als doppelte Abwehr verstehen. Herr A wehrt den Wunsch ab, Kontakt haben zu wollen, indem er ihn in sein Gegenteil verkehrt. »Ich fühle mich durch die anderen nur belästigt.« Dann projiziert er das auf den Nachbar. »Er belästigt mich.« Auf diese Weise, indem erst die Empfindung verändert, meistens in ihr Gegenteil verkehrt, dann projiziert wird, wird die äußere Realität verändert. Der Patient, der die Ärztin der Klinik fragt, ob er die Wände des Hauses anfassen kann, oder ob darin Strom sei, hat erst den seelischen Schmerz in eine äußere Gefahr umgemünzt und diese dann auf die Krankenhauswände projiziert.

Die Idee, das produktive psychotische Symptom als Resultat einer doppelten Abwehr zu verstehen, stammt von Freud (1911c). Er hat das an einem Fall von »Paranoia«, nämlich der Krankengeschichte von Daniel Paul Schreber, erklärt. Die Störung von Schreber würde nach den heute in Gebrauch befindlichen diagnostischen Manualen als Schizophrenie gelten. Freud hat angenommen, dass es bei der Paranoia um homosexuelle Triebwünsche geht, die ins Gegenteil verkehrt und dann einem anderen zugeschrieben werden (▶ Kap. 2.4.1). Bei der verführerischen Dame ist die erste Abwehr die Umdeutung ihres Begehrens in verwerfliche Lüsternheit. Das zweite ist die Projektion auf den Arzt. Das offenbart auch die kommunikative Bedeutung ihres Verhaltens. Sie will in einer bestimmten Hinsicht erotisch sein. Das kann sie sich aber andererseits nicht gestatten.

1.1.5 Gibt es einen ökonomischen Gewinn des psychotischen Symptoms?

Die doppelte Abwehr ist eine Struktur, die man in dem produktiven Symptom erkennen kann. Aber das heißt nicht zwingend, dass dem eine doppelte psychische Operation zugrunde liegt. Wie es zu dem produktiven Symptom kommt, ist damit nicht gesagt. Man wird allerdings annehmen, dass mit dem produktiven Symptom irgendwie eine Erleichterung entsteht.

Kleine Kinder z. B. können sich gegebenenfalls eine eigene Wirklichkeit schaffen, um ihre Wünsche unmittelbar zu befriedigen. Sie freuen sich auf einen Ausflug und gehen davon aus, dass gutes Wetter sein wird. Die Unsicherheit, dass auch schlechtes Wetter sein könnte, halten sie einfach nicht aus. Hier wird der Wunsch direkt zur Realität gemacht. Eine solche psychische Operation nennen wir magisches Denken. Der ökonomische Gewinn leuchtet unmittelbar ein.

Die Realitätsverfälschung im psychotischen Symptom ist ein schlecht gelungener Versuch, mit der Realität und einem daraus resultierenden inneren Konflikt fertig zu werden. Die psychotische Patientin, die nach jedem Besuch der Mutter eines von ihren Kleidern zerschneidet, erfüllt sich damit nicht unbedingt einen einfachen Wunsch, wie im Beispiel von dem Kind. Man kann ihr Verhalten so verstehen, dass sie damit etwas ausdrückt, was mit ihrer Identität (ihren Kleidern) und mit Trennung (sie zerschneidet sie) zu tun hat. Man könnte den ökonomischen Gewinn dieses Symptoms darin sehen, dass sie nicht das Band zur Mutter zerschneidet und dass sie nicht ihre Identität in Frage stellt, sondern nur Kleider. Das allerdings setzte voraus, dass sie grundsätzlich zu einer Trennung in der Lage wäre und eine einigermaßen feste Vorstellung ihrer Identität hat. Wenn das gegeben wäre, könnte ihr gegebenenfalls auch eine Deutung ihres Verhaltens helfen.

Wahrscheinlicher aber ist, dass die junge Frau ihre Kleider zerschneidet, nicht um sich die Trennung zu ersparen, sondern dass sie aus einem strukturellen Unvermögen heraus handelt. Die junge Frau ist nicht in der Lage, eine Trennung von der Mutter auch nur in der Fantasie zu vollziehen, so wie ein Säugling bestimmt keine Vorstellung davon hat, was es bedeutet, von der Mutter getrennt zu sein. Mit dem Zerschneiden ihrer Kleider tut sie etwas, das ihr wenigstens ansatzweise klar werden lässt, was Trennung bedeutet. Sie spürt, wenn die Mutter kommt, dass es um Trennung geht, kann aber die aktuelle Bedeutung dieses Problems gar nicht verstehen und greift auf das stereotype Zerschneiden zurück. Hier allenfalls könnte man von einem ökonomischen Gewinn für die Patientin sprechen. Sie kann so, wenn auch in verzerrter Form, Trennung ausdrücken – unterstellt, dass dies ein Bedürfnis von ihr ist. Bei dem Klopfer wäre der Gewinn, dass er den Kontaktwunsch spüren kann, aber wegen seines Unvermögens zu einer Beziehung nicht in die Verlegenheit kommt, das realisieren zu müssen. Das nämlich könnte er gar nicht. Bei dem schon erwähnten Mann, der nach Strom in den Wänden fragt, wäre der Gewinn – um es noch einmal zu sagen – nicht, dass er ein angstmachendes Ereignis, das ihn in eine ohnmächtige Position bringt, so verschiebt, dass er sich weniger ohnmächtig fühlen muss. Dann wäre seine Symptomatik auf neurotischer Ebene eine Abwehr. Die Frage nach dem Strom in den Wänden ist für ihn realitätsbezogen. Er hat die Empfindung von Gefahr. Dazu konstruiert er sich etwas, was dem nahekommt. Als Gewinn könnte er allenfalls verbuchen, dass er Gefahren erkennen kann, z. B. prüfen, ob Strom in den Wänden ist. Die lüsterne Dame spürt erotische Bedürfnisse. Aber sie hat auch Angst vor einer Beziehung, die ihre psychische Integrität massiv bedrohen würde.

Die psychische Operation, mit der die Realität korrigiert wird, ist im Falle des Kindes und der Menschen, die psychotisch sind, je eine andere. Das Kind macht sich die Realität, wie es sie haben will. Die Menschen mit Psychose konstruieren sich die Realität so, dass es für sie keine Chance gibt, ihre Wünsche auch zu realisieren; denn das würde sie in Gefahr bringen. Tobias mit den Zwangssymptomen wehrt das Bedürfnis ab, weil er die damit verbundenen Wünsche nicht zulassen kann. Es gibt mindestens noch eine weitere Möglichkeit, wie in den folgenden zwei Beispielen illustriert.

> Eine alte, vereinsamte Frau, läuft nachts zu den Nachbarn und erzählt angstvoll, russisch sprechende Männer seien in ihrem Haus. Hintergrund dieser Geschichte ist, dass in ihrer Kindheit, die sie in der Sowjetunion verbrachte, ihr Vater von Stalins Schergen abgeholt und liquidiert wurde.

Warum greift diese Frau auf die kindliche Erfahrung zurück, anstatt einfach zu sagen, sie ängstige sich? Hier liegt eine andere Erklärung als bei dem Kind und bei den Menschen mit einer schizophrenen Psychose nahe. Die aktuelle Situation, nämlich das Alleinsein, löst eine starke Regression aus. Die Regression ihrerseits führt dazu, dass sich die Angst, die aus einer traumatischen Erfahrung der Kindheit rührt, durchsetzt. Diese Erfahrung, die Frau war damals etwa zehn Jahre alt, wurde nie überwunden.

Ähnlich verhält es sich bei dem alten Mann, der, wenn er allein ist, ebenfalls nachts auf die Straße rennt und den Menschen, denen er begegnet, angstvoll zuflüstert: »Die Gestapo kommt!« Auch er ist offensichtlich stark regrediert. Dieser Mann hat sich als Kind vor den Nazis verstecken müssen. Auch bei ihm ist seine traumatische Erfahrung in der Kindheit zum Prototyp aller Angstsituationen geworden.

Bei den zwei Alten ist die erste Reaktion auf das angstmachende Alleinsein eine Regression, die entsteht, weil sie sich der Situation nicht gewachsen fühlen. Die Regression verlangt nach einer beschützenden Beziehung. Aber weil die ausblieb, hat sich das traumatische Ereignis der Vergangenheit durchgesetzt und die aktuelle Situation verschärft. – Die beiden Beispiele der Alten zeigen auch, dass die organische Genese der Störung, beide hatten deutliche zerebrale Alterserscheinungen, ein biographisches und psychodynamisches Verständnis keineswegs ausschließt oder überflüssig machen würde.

Die Frage, ob es einen ökonomischen Gewinn von realitätsverändernden Symptomen gibt, ist also unterschiedlich zu beantworten. Beim magischen Denken ist es wohl so. Beim psychotischen Symptom muss man es tendenziell eher negativ beantworten. Bei den beiden Alten ist das psychotische Symptom keine Abwehr, sondern umgekehrt eine Folge davon, dass die Abwehr im Gefolge der Regression zusammengebrochen ist. Deswegen kann man da auch nicht von einem ökonomischen Gewinn des Symptoms sprechen. Allenfalls könnte man sagen, dass die Regression Verlangen nach einer schützenden Beziehung ist.

So wäre auch die therapeutische Antwort eine je verschiedene. Das magische Denken, ob nun beim Kind oder z. B. bei Tobias, lässt sich auflösen durch eine »Deutung« der abgewehrten Befürchtung oder aggressiven Triebregung, und zwar in einer schützenden Beziehung etwa der Mutter oder eines Therapeuten. Das psychotische Symptom wird tendenziell überflüssig, wenn der Konflikt beseitigt wird. Der Klopfer braucht Kontakte, damit er weniger einsam ist, die junge Frau, die ihre Kleider zerschneidet, braucht wohlwollende Distanz der Mutter usw. Die beiden Alten, die Angst vor den Russen bzw. der Gestapo haben, brauchen Behütung, vor allem nachts.

1.1.6 Soziale Bedeutung

Psychische Symptome sind nicht nur Hinweis auf eine psychische Verfassung[4], sondern sagen auch etwas über die psychische Entwicklung sowie den familiären Kontext, in dem sie entstanden sind, und sie haben eine kommunikative Bedeutung. Wenn also ein junger Mann berichtet, dass ihn ständig sexuelle Vorstellungen mit der Mutter quälen, dann kann man das in verschiedener Hinsicht verstehen. Einmal ist dieses Symptom Ausdruck seiner psychotischen Störung. Der

---

4 Detaillierte Informationen darüber, wie Symptome eine Diagnose begründen, findet man in den klassischen Psychopathologien, z. B. von Jaspers (1973) und Schneider (1950) sowie in den operationalisierenden Manualen ICD-10 (2015) und DSM (APA, 2018), wie sie gegenwärtig in Gebrauch sind.

junge Mann hat auch noch einen Größenwahn, der diese Diagnose begründet. Zweitens ist wahrscheinlich die ödipale Phase des jungen Mannes, mindestens aber die pubertäre Entwicklung nicht störungsfrei verlaufen. Drittens vermutet man, dass die Eltern nachlässig mit der Inzestschranke umgegangen sind. Viertens hat man auch den Eindruck, dass der junge Mann seine Beziehung zu den Eltern verändern will.

Mit diesen Schlussfolgerungen bleiben wir im Rahmen einer psychiatrischen, also individuellen Betrachtung. Dabei ist nicht pathologisch, dass der junge Mann inzestuöse Fantasien hat, was bei psychotischen Menschen nicht gerade selten ist, sondern dass er diese Fantasien nicht wenigstens einigermaßen abwehren kann. Aber man stutzt doch und fragt sich, warum der junge Mann sein Symptom ausgerechnet mit dem Inzesttabu verknüpft hat. Das Inzesttabu ist ein gesellschaftliches Phänomen, und so stellt das Symptom einen Bezug zur gesellschaftlichen Ebene her. Das Symptom bringt ihn in Konflikte mit sozialen Regeln.

Goffman (1969) erkennt im psychotischen Symptom einen Protest gegen soziale Regeln oder Gegebenheiten. Der Patient, der fragt, ob er sich vor Strom in den Wänden des Krankenhauses in Acht nehmen muss, macht das Krankenhaus zu einem gefährlichen Ort. Der Klopfer beklagt sich darüber, dass der Nachbar sich nicht an die ungeschriebene Regel der Großstadt hält, dass man nämlich den Nachbarn nicht ungefragt behelligt. Die verführerische Dame beklagt sich darüber, dass der Arzt die Regeln seiner Profession missachtet. Diese Symptome beziehen sich auf soziale Regeln, in den Beispielen auf das Inzesttabu, die Funktion eines psychiatrischen Krankenhauses, die Rolle des Arztes.

1.1.7 Soziale Abwehr

Abwehr kann sich auch als soziale Struktur manifestieren. Darauf wurde erstmals von Jaques (1955) hingewiesen. Menzies (1960) hat das am Beispiel der Arbeit von Krankenschwestern im Krankenhaus untersucht. Menzies legt dar, dass die Krankenschwestern bei ihrer Arbeit im Umgang mit den Patienten und deren Angehörigen ständig in Situationen kommen, die heftige affektive Reaktionen hervorrufen. Ekel, voyeuristische Tendenzen, Aggression, erotische Stimulation, all das begleitet ihre Arbeit. Hinzu kommen Verantwortung für Gesundheit und Leben der Patienten, Erwartungen der Patienten und Angehörigen, Versagen der therapeutischen Maßnahmen, Verzweiflung der Patienten, Tod von Patienten, Kummer der Angehörigen und Druck von Seiten der Vorgesetzten und Ärzte. Dadurch, so Menzies, werden Ängste mobilisiert, die abgewehrt werden. Die Krankenschwestern bedienen sich dafür bestimmter Regeln, die es ihnen erleichtern, diesen Stress auszuhalten. Die Dienstplangestaltung ist so, dass möglichst keine persönliche Beziehung zwischen Krankenschwestern und Patienten aufkommen kann. Die Patienten werden nicht als Personen, sondern als Krankheitsfall und Nummer wahrgenommen. »Die Lunge auf Zimmer 4.« Die Arbeit wird nach strengen Regeln durchgeführt, die von Vorgesetzten erlassen werden und den Krankenschwestern weder einen nennenswerten Gestaltungs- noch Verantwortungsspielraum lassen.

Diese Regeln helfen, die unerträgliche affektive Herausforderung zu mindern. Sie schaffen eine soziale Struktur, deren rationale Begründung ist, dass es dem Wohle der Patienten dient. Aber der eigentliche Zweck ist, als Abwehrformen für die Ängste der Krankenschwestern zu fungieren. Neu hinzukommende Mitarbeiter können diesen sozialen Regeln nicht ausweichen. Hinzu kommt, was aber Menzies selbst wenig berücksichtigt, nämlich dass durch die Regeln die Gruppe der Krankenschwestern eine Struktur erhält. Die Zugehörigkeit zu der Gruppe bindet psychotische Ängste. Die Alternative zu einer solchen Regulierung der Arbeit wäre, so Menzies, die Ängste durchzuarbeiten, etwa in einer Supervision.

Soziale Regeln als eine Form der Abwehr von Ängsten findet man in vielen Einrichtungen. In dem Sammelband »Social Defences against Anxiety« von Armstrong und Rustin (2015) sind verschiedene Bereiche daraufhin untersucht, wie sie die soziale Abwehr organisieren. Die Psychiatrie, die in diesem Sammelband freilich nicht vorkommt, sei hier als Beispiel dafür gewählt, wie Ängste durch Organisationsregeln abgewehrt werden können.

Die Ängste, die die Arbeit mit psychotischen Menschen hervorruft, sind erheblich.[5] Unsinnig erscheinende Verhaltensweisen, die aus einem Zerfall der Persönlichkeit und der Identität entstehen, sind schwer zu ertragen. Hinzu kommen die Angst vor einem immer drohenden Suizid eines Patienten, die Gewaltsamkeit, die die Aufnahme vieler Patienten begleitet, die Fassungslosigkeit der Angehörigen, die Verweigerung jeder Kooperation vieler Patienten, der Druck der Öffentlichkeit, oft auch der Vorgesetzten usw.

Eine Form der Abwehr in der Psychiatrie ist es, die Psychose als eine organische Krankheit zu betrachten, die man vielleicht erklären, aber nicht verstehen kann (Jaspers, 1973). Das würde davon entlasten, danach zu fragen, was das Verhalten, der Wahn, die Halluzinationen usw. bedeuten mögen. Sie bedeuten nichts und signalisieren nur, dass der Patient gestört bzw. krank ist. Man fragt ja auch nicht, was eine Bewusstlosigkeit bedeuten könnte. Es wird vielmehr unterstellt, dass der Patient, d. h. seine gesunden Anteile, die sich aktuell nicht artikulieren können, den Maßnahmen zustimmen würde. Man kommuniziert gewissermaßen virtuell mit dem gesunden Patienten. Darum ist es die beste Therapie, die psychotischen Symptome zu entfernen, mit Neuroleptika, Elektrokrampftherapie, Lobektomie usw. Im günstigen Fall erscheint danach wieder der gesunde Mensch.

Soziale Regeln als Form der Abwehr sind also einerseits oft sinnvoll oder gar notwendig, wie z. B. das Inzesttabu. Aber sie haben auch die Tendenz, Realitäten zu verleugnen. Das Beispiel Krankenhaus, wie es Menzies beschreibt, die Psychiatrie demonstrieren das. So sehr die Psychose einerseits eine Verleugnung der Rea-

---

5   Während meiner Zeit als Leiter einer psychiatrischen Klinik habe ich die Erfahrung gemacht, dass neue Mitarbeiter, die zuvor noch nicht psychiatrisch gearbeitet hatten, nach kurzer Zeit in eine psychische Krise gerieten. Sie wurden depressiv oder hatten Ängste, die sie vorher nicht kannten, wurden krank usw. Auf diese Situation musste von Seiten der Klinik Rücksicht genommen werden, damit diese Krise von den Betroffenen konstruktiv verarbeitet werden konnte.

lität ist, legt sie andererseits in dem Protest, der im psychotischen Symptom enthalten ist, oft eine Wahrheit bloß, die hinter sozialen Regeln verborgen ist.

> Der Anstaltsinsasse, der für die Leitung des Landeskrankenhauses (wie die psychiatrischen Krankenhäuser im Rheinland hießen) Umbaupläne machte, gab als seine Adresse an »Land-is-krank-im-Haus«.

Er drückte damit eine Kritik an der Einrichtung aus. Wenn Herr O auf die Frage der Krankenhausärztin nach seiner Scheidung mit der Gegenfrage antwortet, ob er die Wände des Krankenhauses anfassen könne oder ob darin Strom sei, dann ist das auch eine Kritik.

Manchmal scheint es sogar so, dass man verrückt sein muss, um eine Wahrheit zu erkennen, weil sie so kompromisslos von der Gesellschaft abgewehrt wird. Der Fall Schreber z. B., der in Kapitel 2.4.1 ausführlich behandelt wird (▶ Kap. 2.4.1), gibt Anlass zu dieser Frage. Auch die Geschichte von Ignaz Semmelweis z. B. könnte man so verstehen. Obwohl es damals noch keine Erkenntnisse über die Existenz von Bakterien gab, hielt er allen Anfeindungen zum Trotz an seinen Beobachtungen fest, dass es die Ärzte waren, die das Kindbettfieber verbreiteten. Seine Haltung, die sich ja später als zutreffend erwies, so könnte man vermuten, setzte die Unbeugsamkeit eines paranoiden Charakters voraus.

1.2 Symptome im Einzelnen

Im Folgenden wird an Einzelfällen erläutert, wie man psychotische Symptome verstehen kann. Es sind oft sinnvolle Mitteilungen, die freilich übersetzt werden müssen. Für die psychotischen Menschen selbst ist die Botschaft im Symptom nicht bewusst erkennbar und auch nicht ohne Weiteres übersetzbar, wie es auch für neurotische Symptome gilt. Herr A würde es nicht verstehen, wenn man ihm sagte, dass das Klopfen ein Ausdruck seines Gefühls der Einsamkeit ist. Trotzdem ist es von großem Vorteil, wenn der Therapeut weiß, was das Symptom sagen will. Das gilt auch oder gerade dann, wenn eine eigentliche Psychotherapie nicht in Frage kommt. Herr A bekam Neuroleptika, die nichts bewirkten und darum schnell wieder abgesetzt wurden. Erst als er angeleitet wurde, Maßnahmen gegen die Einsamkeit zu ergreifen, hörte das Klopfen langsam auf – wenn Herr A den Zusammenhang auch nicht anerkennen wollte. Als das Klopfen schon lange Geschichte war, meinte er auf die Frage, warum das Klopfen nicht mehr geschehe: »Ich weiß nicht. Früher hat der Nachbar geklopft, jetzt klopft er nicht mehr.«

1.2.1 Wahn

Im Wahn wird nicht nach den üblichen Kriterien zwischen Wirklichkeit und Fantasie unterschieden. Was im Wahn gedacht oder empfunden wird, ist die Wirklichkeit. Darum ist die bloße Behauptung ein ausreichender Beweis für die Wahrheit dessen, was im Wahn behauptet wird. Ein Kriterium, das die Wahrheit vom Wahn unterscheidet, ist, dass der Wahn im Unterschied zur Wahrheit keinen Zweifel zulässt.

Der Wahn betrifft oft einen einzelnen Sachverhalt, so dass Menschen mit einem Wahn für rationale Argumente und empirische Beobachtungen noch zugänglich zu sein scheinen und in gewisser Hinsicht auch sind, wenn es eben nicht den Wahninhalt betrifft. Herr I berichtet, dass ihm beim Zahnarzt heimlich ein Sender in den Zahn implantiert worden sei, worüber die NASA sein Handeln und Fühlen kontrollieren könne. Ansonsten schien er nicht beeinträchtigt. Er war verheiratet und berufstätig. Der Wahn hatte den Effekt, ihn von der Verantwortung für seine pädophilen Neigungen zu entlasten. Nicht er, sondern die NASA war verantwortlich. Wenn man aber die Sache genauer mit ihm erörterte, wurde deutlich, dass dieser Wahngedanke, bzw. was mit ihm verbunden war, doch sein ganzes Denken und Fühlen durchzog. An seinem Arbeitsplatz bekam er regelmäßig nach einigen Monaten Probleme, weil er argwöhnte, dass die Kollegen ihn schikanierten. Man kann darum in Zweifel ziehen, ob man überhaupt von einem isolierten Wahn sprechen kann, ob nicht jede Form des Wahns im Grunde ein systematisierter Wahn ist, der die gesamte Realität organisiert. Das Gefühl des Manipuliertwerdens, wie er es beschrieben hat, entsprach im Übrigen der Erfahrung des Herrn I in seiner Kindheit.

Die Autobiographie von Daniel Paul Schreber, in der er seine schizophrene Psychose und die Unterbringung in der Anstalt beschrieben hat (1903), enthält viele Beispiele für einen Wahn, besonders für den Beeinflussungswahn. Schreber glaubt, dass Gott unter Beteiligung von Prof. Flechsig (der ärztliche Leiter der Anstalt, in der er untergebracht war) seinen Körper in einen weiblichen Körper verwandelt und ihn »... den ... Menschen ... zum geschlechtlichen Missbrauch überlassen ...« habe usw. (S. 41). Was Schreber damit beschreibt, kann man als Schilderung von Erlebnissen in seiner Kindheit verstehen (Niederland, 1974). Schreber meint mit Gott und Prof. Flechsig seinen Vater, dessen Erziehungsmethoden sehr doktrinär und wahrscheinlich auch von sexuellem Interesse geleitet waren. Möglicherweise ist diese Gleichsetzung von Gott und Prof. Flechsig auch eine spöttische Verarbeitung.

Auch am Wahn ist der Doppelcharakter der Abwehr deutlich. Schrebers Wahn, er sei eine Frau, die dem Anstaltsdirektor zum sexuellen Gebrauch überlassen ist, hat Freud (1911c, S. 299) so gedeutet: »Ich liebe ihn.« wurde erst zu »Ich hasse ihn.« und dann durch Projektion zu einer Verfolgungssituation: »Er hasst mich.« Mir scheint zwar, dass die Abwehrprozesse bei Schreber einen anderen Inhalt hatten als die Homosexualität, aber das tut hier nichts zur Sache. Dem Gefühl der Hilflosigkeit gegenüber dem Vater bzw. dem Anstaltsdirektor hat Schreber erst einen sexuellen Charakter gegeben und diesen dann projiziert. Der Wahn betrifft in der Regel soziale Gegebenheiten, und selbst wenn es um physische Sachverhalte geht, ist indirekt die soziale Wirklichkeit gemeint, wie das Beispiel der Frage von Herrn O nach Strom in den Wänden verdeutlicht.

Von den Wahnphänomenen ist der Verfolgungswahn der häufigste. Frau G meint, dass die Nachbarin aus Eifersucht alle Menschen dazu angestachelt hat, ihr und ihren Kindern zu schaden. Internet und Fernsehen informieren alle Menschen ständig, wie sie der Frau G nachstellen können. Man kann die mit dem Verfolgungswahn verbundene Aggression als einen primitiven Versuch verstehen, doch irgendwie Ich- und Objektgrenzen zu schaffen. Was es genau damit auf sich hat, wird in Kapitel 1.3.2 erklärt (▶ Kap. 1.3.2). Damit können die Primärsymptome, die einem Verlust der Identität gleichkommen, überwunden werden. Für diese Erklärung würde sprechen, dass Menschen mit einer Paranoia oft dann beruhigt sind und ein triumphales Gefühl bekommen, wenn man ihnen versichert, dass sie trotz der Verfolgung nicht untergehen werden.

Jede Idee kann zu einem Wahn werden. Dann ist es oft schwierig zu verstehen, was gemeint ist. Als Größenwahn erscheint manchmal etwas, weil die Welt nicht mehr in ihrer Komplexität wahrgenommen wird. Ein Patient z. B. freut sich, dass er die Weltformel gefunden hat, und versucht, seine Formel patentieren zu lassen. Aber tatsächlich hat er nicht im Blick, wie kompliziert die Welt ist. Der Liebeswahn, mit dem eine junge Frau einen Mann verfolgt, kann ihren Hass verdecken.

1.2.2 Der Wahn im Sozialen

Wenn wir als Kriterium des Wahns ansehen, dass etwas als wahr angenommen wird, was empirisch nicht bestätigt ist, aber nicht angezweifelt werden darf, dann könnte man auch im Sozialen von Wahn sprechen. Manche fundamentalistischen Überzeugungen des religiösen Glaubens z. B. erfüllen diese Kriterien[6]. Totalitäre Systeme haben formale Ähnlichkeit mit einem systematisierten Wahn. Sie organisieren das gesamte soziale Leben nach einer Idee und dulden weder Widerspruch noch Zweifel. Die Folgen sind ein Verlust der Realitätskontrolle.

Wenn nur eine Meinung zugelassen ist, kommt das einem Wahn näher als der Wahrheit, selbst wenn es die Vernunft wäre, die diese eine Meinung hervorgebracht hat. Mit den klassischen Utopien, wie z. B. der von Thomas Morus, in der das so geregelt ist, wären wir darum nicht zufrieden. Niemals werden die Menschen, wenn man sie auch zwingt, einer bestimmten öffentlichen Doktrin zu folgen, sich mehrheitlich wirklich davon überzeugen lassen, gleichgültig wie vernünftig diese Doktrin auch sein mag. Wirkliche Vernunft einer Gesellschaft bedeutet, dass die Menschen sich Alternativen zu allem vorstellen können und dürfen und dass sie diese Vorstellungen auch öffentlich äußern können. Es ist nur die Vielfalt von Meinungen, die eine Gesellschaft der Wahrheit näherbringen kann. Krass gesagt, wir brauchen die Möglichkeit, Verrücktes denken und öffent-

---

6 Andererseits lassen auch religiöse Überzeugungen den Zweifel zu, z. B. »Credo quia absurdum« (vgl. Tertullian, De carne Christi V).

lich äußern zu dürfen. Ist diese Möglichkeit in einer Gesellschaft nicht gegeben, erscheint die Gesellschaft als Ganze verrückt.

Wahrscheinlich ist der Sachverhalt noch komplizierter. Der Mensch sucht sich Gruppen, in denen eine Doktrin verpflichtend ist. Diese Konformität mit anderen vermittelt erst die Vorstellung von Wahrheit. Was einer allein für die Wahrheit hält, das ist schwer zu vertreten, finden wir eben eigentlich nur beim Wahn. Aber die Gruppe, der ein Mensch angehört, muss sich von anderen Gruppen unterscheiden.

1.2.3 Akustische Halluzinationen

Halluzinatorische Stimmen sind ein sehr häufiges Symptom der Schizophrenie. Die Stimmen kommentieren oder sind innere Dialoge. Meistens ist der Inhalt der Äußerungen unangenehm.

> Frau D sagen sie höhnisch, dass sie demnächst gefesselt werde und selbst daran schuld sei. Damit drückt die junge Frau aus, dass sie sich durch die Eltern sehr eingeengt fühlt, aber unfähig ist, sich zu befreien. Ihre Feindseligkeit gegen die Eltern hat sie in dieses Bild gebracht. Manchmal hört sie, dass sich die Menschen auf der Straße über sie unterhalten. Sie erzählen einander, dass Frau D die Ausbildung nicht schaffen werde.

Die Stimmen drücken ein negatives Urteil über Frau D aus, das sie nicht beiseiteschieben kann, wie sie es mit eigenen Gedanken tun könnte.

> Herr E redet halluzinatorisch mit einem jungen Mädchen, das ihn aber in Wirklichkeit gar nicht kennt. Er ist auch viel zu sehr an seine Mutter gebunden, als dass er sich mit einem Mädchen abgeben könnte.

> Herr C hört ein ständiges Brummen, dessen Quelle er in der Stromleitung sucht, nachdem ihn seine Freundin verlassen hatte. Man kann das so verstehen, dass er die Stille des Alleinseins nicht erträgt.

Die akustischen Halluzinationen können verschiedene Formen annehmen. Manche der Betroffenen wissen, dass die Stimmen von innen kommen, andere suchen sie in äußeren Begebenheiten. Aber es fehlt die Identifizierung damit, das heißt, sie werden immer als fremd erlebt. Manchmal sind es klare Aussagen, manchmal nur Geräusche. Es gibt Übergänge zu Gedankenlautwerden.

> Herr B, Student der Physik, sagt: »Ich höre Stimmen.« Er sagt, dass sie sich wie Kinderstimmen anhören und ihn kommentieren. In der folgenden Stunde beginnt er damit: »Ich habe keine Stimmen gehört. Aber ich habe gedacht. Nein, ich war es nicht. Es war mein Studienkollege, den ich nicht leiden konnte. Er war besser als ich. Er sagte, dass ich keine Mathematik könne. Es waren keine Stimmen, es waren laute Gedanken. Aber ich habe es nicht gedacht.«

Was Herrn B beschäftigt, sind die eigenen Zweifel an seinem Können, aber auch seine Rivalität. Er projiziert sie in den Studienkollegen. Herr B denkt etwas, womit er sich nicht identifizieren kann. Er schwankt, ob er selbst der Urheber der Gedanken ist. Später in der Sitzung nennt er es »Präzustand«. Aber er meint damit nicht, dass die Stimmen vielleicht eigene Gedanken sind. Er fragt sich, ob das, was er innerlich wahrnimmt, Stimmen sind oder Gedanken. Er sieht nicht den gleichen Ursprung. Die Beschreibung von Herrn B kann auch als Gedankeneingebung verstanden werden. Er meint zugleich, dass es nicht sein Gedanke sei, sondern der des Studienkollegen. An diesem Beispiel ist auch der Übergang zwischen Gedankenlautwerden und akustischer Halluzination (Stimmenhören) erkennbar. Gedankenlautwerden ist offensichtlich eine Vorform des Stimmenhörens. Viele Patienten berichten, wenn sich eine akute Psychose zurückbildet, dass ihre Stimmen zu lauten Gedanken werden, bevor auch das verschwindet. Erkennbar ist an diesem Beispiel, dass sich Herr B umso mehr von den Inhalten distanziert, je psychotischer die Form wird.

In »Familienstürme« (Matakas, 2010, S. 148–155) gibt es eine kurze Geschichte, die ein Patient geschrieben hat, der an einer schizophrenen Psychose erkrankt ist. Die Geschichte beschreibt, wie ein schizophrener Mann in der Wohnung nach der Quelle der Stimmen sucht, die ihn verhöhnen. Er will nicht wahrhaben, dass die Stimmen aus ihm kommen, darum sucht er nach dem Beweis, dass es ein anderer, vielleicht die Nachbarin ist, die da spricht. Wenn es nämlich wirkliche äußere Stimmen sind, ist eine Distanzierung vom Inhalt möglich. Sind es aber innere Stimmen, so sind sie unentrinnbar, weil sie eben von innen kommen. Der Mann spürt auch, dass es um die Frage geht, ob er verrückt ist. Er sucht nach einer realen Quelle der Stimmen, um sich damit zu beweisen, dass er nicht verrückt ist.

Produktive Symptome können natürlich verschwinden. Aber eine Einsicht darin, dass sie selbst generiert wurden, gibt es in der Regel nicht. Selbst wenn der Betreffende schließlich erkennt, dass z. B. die Stimmen aus ihm selbst gekommen sind, kann er doch die innerpsychische Genese nicht erkennen. Er hat keine Einsicht, dass der Inhalt der Stimmen (z. B. »Du Dreckskerl«) eigene Vorstellungen oder Vorstellungen nahe stehender Personen meinten. Meist verändert sich die »Realität« des Symptoms. Das Klopfen wird leiser. Frau D ist etwas beruhigter, weil die Menschen nun nicht mehr die Absicht haben, sie zu fesseln. Pao (1979, S. 251 ff.) bringt das Beispiel einer Patientin, bei der die Stimme, die zu ihr über sexuelle Dinge spricht, erst aus der Ecke des Zimmers kommt, mit zunehmender Genesung ihr immer näherkommt, dann aus dem Bett, schließlich in ihr entsteht. Bei Rückbildung der Psychose kann sich auch der Charakter der Stimmen ändern, z. B. männliche Stimmen werden zu Kinderstimmen.

1.2.4 Andere psychotische Symptome

Es gibt eine Reihe anderer produktiver Symptome. Wahnwahrnehmung (»Der Kaffee schäumte auf und da wusste ich, dass die NASA mir einen Sender implantiert hat.«), Coenästhetische Symptome (wahnhafte Wahrnehmung aus dem Körper, »ein Schmerz im Zwischenhirn«), Gefühle des Gemachtseins (»Meine Beine gingen dahin, wohin ich nicht wollte.«), der Manipulation, Gedankenentzug und Gedankeneingebung (»Alle wissen, was ich denke.«), »Durchlässigkeit« (»Da unterhielten sich Leute im Bus, dass jemand dreckig ist. Die meinten mich.«) usw. Die ICD-10 führt weiter auf: »katatone Symptome wie Erregung, Haltungsstereotypien oder wächserne Biegsamkeit (flexibilitas cerea), Negativismus, Mutismus und Stupor.«

Für die Diagnosestellung ist noch eine Gruppe anderer Symptome von Bedeutung (auch ICD-10): Gedankenabreißen oder Einschiebungen in den Gedankenfluss, was zu Zerfahrenheit, Danebenreden oder Neologismen führt. Diese Symptome sind nach Freud (1911) und Bleuler (1911) als Ausdruck eines Zerfalls oder einer Desintegration der Psyche zu verstehen. Sie haben dafür den Begriff der »primären Symptome« gewählt. Durch diesen Zerfallsprozess sind die Ichfunktionen (Hartmann, 1964) nicht mehr so aufeinander bezogen, dass nachvollziehbare Erkenntnis oder sozial adäquates Verhalten möglich wäre. Sie sind in diesem Sinne früher als die produktiven Symptome.

In der ICD-10 sind auch die sogenannten »negativen Symptome« aufgelistet: »wie auffällige Apathie, Sprachverarmung, verflachte oder inadäquate Affekte, zumeist mit sozialem Rückzug und verminderter sozialer Leistungsfähigkeit.« Schließlich: »Eine eindeutige und durchgängige Veränderung bestimmter umfassender Aspekte des Verhaltens der betreffenden Person, die sich in Ziellosigkeit, Trägheit, einer in sich selbst verlorenen Haltung und sozialem Rückzug manifestiert.« Diese Symptome sind häufig das langfristige Resultat einer psychotischen Entwicklung.

Die produktiven Symptome kann man mit Bleuler und Freud als Reparationsversuche verstehen. Ein innerer Konflikt, der durch eine unerträgliche Realität ausgelöst wurde, wird durch ein Manöver beseitigt, das auf eine Veränderung der Realität hinausläuft. Andere Symptome entstehen dadurch, dass einzelne Ichfunktionen nicht mehr sinnvoll mit anderen verknüpft werden, z. B. kommt es zu motorischen Entladungen oder Angst kann nicht mehr gezähmt werden. Oft auch wuchert Hemmung, z. B. bei der katatonen Bewegungsstarre oder auch bei sozialem Rückzug. Eine Reduktion der Vitalität mit sozialem Rückzug ist ebenfalls oft Ausdruck einer allgemeinen inneren Hemmung.

Das folgende Beispiel mag erklären, welche Bedeutung die Minussymptomatik haben kann.

> Herr Wo, Anfang 30, war an einer schizophrenen Psychose, die mit heftigen Affektäußerungen einherging, erkrankt. Nach Rückgang der akuten Symptome war er sehr zurückgezogen und mied alle sozialen Kontakte. In einer Therapiesitzung erzählte er folgenden Traum: »Ich sitze in einem Straßencafé und trinke einen Kaffee. Um mich herum laufen dicht gedrängt Menschen mit Aktentaschen die Straße entlang. Nach einiger Zeit erhebe ich mich und schwebe über den Köpfen der Menschen davon.«

Dieser Mann kann fliegen und vermeidet so, dass er andere Menschen im Gedränge anstößt. Die anderen arbeiten, er trinkt Kaffee. Im Traum widerlegt er auf grandiose Art Forderungen, die er an sich stellt, nämlich zu arbeiten und sich auf andere Menschen einzulassen. Man kann vermuten, dass dies eine Schonhaltung ist, die ihn vor der Psychose schützen soll.

Nicht immer kann man mit Äußerungen Schizophrener etwas anfangen:

> Z. B. schreibt Hbocefso Apryct (Navratil, 1971, S. 64): »GROSSMUTTERS TODESGESPRÄCH. GOABWONMATBPAEROBOP.? Hitlerkpancpah.«

Vielleicht wäre aber selbst diese Äußerung zu verstehen, wenn man den biographischen und sozialen Kontext kennen würde.

1.2.5 Alkohol und Drogen

Menschen mit einer schizophrenen Psychose neigen dazu, viel zu rauchen, viel Alkohol zu trinken und Drogen, meist Cannabis, zu benutzen. In der Prodromalphase einer Schizophrenie, die in der Jugend ausbricht, kommt es regelmäßig vor, oft auch der Gebrauch von Halluzinogenen. Das hat dazu geführt, von sogenannter drogeninduzierter Psychose zu sprechen. Doch ist gar nicht zu entscheiden, ob der Drogengebrauch Ausdruck der psychischen Veränderung ist, die schließlich zur manifesten Psychose geführt haben, oder ob umgekehrt die Drogen die Entwicklung der Psychose induziert haben. Zieht man die psychische Entwicklung und die familiären Verhältnisse mit in Betracht, wird man der ersten Erklärung mehr Plausibilität beimessen (Hamera, Schneider & Deviney, 1995). Ähnlich ist es mit dem Alkohol- und Drogengebrauch nach Ausbruch der Psychose. Wenn sich die Lebenssituation nicht beruhigt, ist auch der Substanzmissbrauch kaum in den Griff zu kriegen. Doch ist natürlich immer entscheidend, wie heftig der Substanzgebrauch ist. Oft ist er auch nur moderat und übersteigt nicht das Maß, wie es bei vielen Menschen üblich ist.

> Johanna, 20 Jahre alt, lebt mit Mutter und Vater zusammen, die sich ständig streiten und wechselseitig für die Psychose der Tochter, die seit zwei Jahren besteht, verantwortlich machen. Keiner der beiden ist in der Lage, Johanna in Ruhe zu lassen. Der Vater ist streng, ohne dass Johanna versteht, was er will, die Mutter hängt sich wie ein kleines Kind an sie. Johanna kifft ziemlich heftig oder trinkt Alkohol, bis sie ziemlich angetrunken ist.

In einer solchen Situation kann man nicht viel mehr machen, als zunächst einmal an die Vernunft der Eltern zu appellieren und zu hoffen, dass dies auch irgendwann Früchte trägt. Nach einer Beruhigung der familiären Situation kann ein Behandlungs- und Rehabilitationsplan für Johanna in Angriff genommen werden. Die Psychiater neigen dazu, so viel Neuroleptika zu geben, dass die Patienten den Stress nicht mehr spüren. Aber das beeinträchtigt sie natürlich sehr, so dass schon deswegen an eine psychische oder soziale Entwicklung nicht zu denken ist.

1.2.6 Suizidalität

Suizidalität kann sehr verschiedene Gründe haben. Der Suizid, der ein durch körperliche Krankheit gezeichnetes Leben vor weiterem Leiden bewahren soll, ist etwas anderes als der Suizid in einer akuten Depression. Es gibt auch kulturelle Unterschiede. Plutarch (Alexander, 65) beschreibt, wie sich ein Mensch einen Scheiterhaufen errichten lässt, auf dem er sich vor Zuschauern verbrennt. Dass der Suizid in Japan eine ganz andere Tradition hat als bei uns (Lebra, 1976), ist bekannt. Die als politischer Protest gemeinten öffentlichen Selbstverbrennungen vietnamesischer Mönche in den 60er-Jahren des vorigen Jahrhunderts sind ebenso nicht mit dem Suizid eines psychiatrischen Patienten vergleichbar.

Über die gesamte Lebenszeit gesehen, beenden 4 bis 5 % der Menschen mit Schizophrenie ihr Leben durch Suizid, wobei das Risiko in den ersten Jahren nach Beginn der Krankheit größer ist als später (Inskip, Harris & Barraclough, 1998; Palmer, Pankratz & Bostwick, 2005). Junge Männer sind gefährdeter als Frauen, doch hängt das möglicherweise damit zusammen, dass die Suizidrate bei Männern generell sehr viel größer ist als bei Frauen. Bis auf solche allgemeinen Kriterien gibt es weiter keine sicheren Prädiktoren (s. auch die Übersicht von Carlborg, Winnerbäck, Jönsson, Jokinen & Nordström, 2010).

Jeder Suizidversuch und jeder Suizid im Verlauf einer Behandlung ist ein Schrecken; denn sie erfolgen ohne Ankündigung. Warum ernste Suizidabsichten geheim gehalten werden, liegt auf der Hand, nämlich weil der Suizid sonst verhindert wird. Aber, wenn jemand ernsthaft die Absicht hat, sich umzubringen, warum setzt er dann die Behandlung fort? Wenn er aber noch im Zweifel ist, warum macht er es dann nicht zum Thema?

Suizidgedanken sind immer ambivalent in dem Sinn, dass auch bei einem festen Entschluss zu sterben der Wille zum Leben nicht völlig ausgelöscht ist (Hale, 2008). Doch während der Wille zum Leben leicht erkennbar ist, z. B. durch die Tatsache, dass der Patient zur Behandlung kommt, hält sich der Wille zum Sterben verborgen. Dem Behandler zu erzählen, man habe Suizidgedanken, würde an seine Fürsorge und seine Verantwortung appellieren. Daraus kann man schließen, dass der Wille zu sterben mit einer guten Beziehung zum Therapeuten schlecht vereinbar ist. Umgekehrt ist die einzige verlässliche Versicherung gegen einen Suizid eine lebendige gute Beziehung. Die Unsicherheit eines Therapeuten, was die Suizidalität seines Patienten betrifft, resultiert also aus der Unsicherheit über die Art der Beziehung, die der Patient zu ihm hat. Aber um eine Beziehung gut nennen zu können, muss sie nicht nur von guten Absichten, vielleicht auch Sympathie geprägt sein, sie muss auch den aktuellen Bedürfnissen des Patienten entsprechen. Was das für die therapeutische Antwort auf die Suizidalität des Patienten bedeutet, vor allem für die Prävention, das wird im Abschnitt Therapie behandelt (▶ Kap. 3.1.13).

Sicher spielt auch die Familie eine Rolle.

> Eine Familie war zu einem Gespräch in die Klinik gekommen. Die Eltern, zwei Geschwister und die psychotische Tochter nahmen an dem Gespräch mit dem Arzt der Station teil. Es ging um die Frage, ob die Patientin in ihrem Be-

ruf als Krankenschwester arbeiten soll. Das Gespräch kam auch auf die Frage der Suizidalität. Der Vater sagte, dass dies schon öfter Thema in der Familie gewesen sei. Er schloss mit der Bemerkung: »Wir haben uns damit abgefunden.« Eine Woche später machte die Patientin einen Besuch zu Hause und erhängte sich dort auf dem Dachboden. Der Gedanke, dass die Patientin einer indirekten Aufforderung der Familie gefolgt ist, liegt nahe. Auch andere Autoren berichten von ähnlichen Beobachtungen (z. B. Goldblatt, 2008).

1.2.7 Gewaltsamkeit

Gewaltsamkeit im Gefolge einer schizophrenen Psychose scheint bei Männern etwas häufiger zu sein als bei der männlichen Durchschnittsbevölkerung (Angermeyer, 2000). Aus nahe liegenden Gründen hat man auch danach gesucht, ob es besondere Risikofaktoren für Gewaltsamkeit gibt. Link und Stueve (1994) haben bei schizophrenen Probanden eine Korrelation gefunden zwischen Gewalttaten und zwei Symptomen, nämlich dem Gefühl, bedroht zu sein, und dem Gefühl, von außen gesteuert zu werden. In der Literatur werden diese beiden Symptome als Threat-Control-Override-Syndrom (TCO-Syndrom) bezeichnet. Doch ist die Korrelation nicht so eng, dass dieses Syndrom ausreichen würde, um eine Hochrisikogruppe mit wünschenswerter Sicherheit zu identifizieren (Rund, 2018). Ansonsten ist eine Konstellation häufig, wie sie auch bei anderen Menschen besteht. Substanzmissbrauch ist bei Gewaltsamkeit oft im Spiel, und Impulsivität kennzeichnet oft die Täter (Angermeyer, 2000).

Natürlich ist die Frage interessant, ob eine bestimmte psychische Störung zu Gewaltsamkeit disponiert. Aber weiter bringt die Frage, unter welchen Bedingungen Menschen mit einer Psychose gewaltsam werden. Gewaltsamkeit ist eine Reaktion, die dem Menschen durch seine Natur eigen ist. Psychotische Menschen reagieren, wenn sie gewaltsam werden, wie andere Menschen auf die Umstände, denen sie ausgesetzt sind. Die Umstände allerdings sind oft anders, und deren Bewertung ist geprägt von psychotischen Prozessen. So war es z. B. bei dem jungen Mann, der seine Mutter so heftig gegen die Wand stieß, dass sie sich den Arm brach. Aus seiner Sicht konnte er sich nicht anders von der Mutter distanzieren. Ein chronisch psychotischer Mann im Maßregelvollzug, der seine Mutter getötet hatte, antwortete auf die Frage, ob er noch jemanden töten würde: »Aber die Mutter ist doch schon tot.« Er wollte damit sagen, dass er zu dem Mittel gegriffen hatte, weil er sich der Mutter nicht anders erwehren konnte.

Die Aussage, er ist gewaltsam, weil schizophren, ist falsch. Die diagnostische Aufgabe ist, danach zu forschen, welche Bedingungen einen psychotischen Menschen zu Gewalt veranlassen können und welche ihn beruhigen. Das sind natürlich immer ganz individuelle Bedingungen, und dabei spielen das psychotische Weltverständnis des Betreffenden, seine Empfindlichkeiten, die aktuelle Lebenssituation usw. eine Rolle.

Jeder Gewalttat, wenn sie nicht in einer plötzlich eintretenden extremen Konfliktsituation entsteht, geht etwas voran, das manchmal wie eine Probehandlung, manchmal wie eine Warnung bzw. Drohung aussieht. Ein junger Mann schlägt ohne erkennbaren Grund eine ihm unbekannte Frau auf der Straße. Ein anderer schizophrener Mann schlägt seinen Vater. Der erste hat später eine Frau umgebracht, der zweite hatte bald eine lebensgefährliche Auseinandersetzung mit dem Vater. Natürlich war diese böse Entwicklung in keinem Fall zwingend. Oft bleiben solche Warnungen glücklicherweise ohne Folgen. Aber der Behandler tut gut daran, solche Vorkommnisse als Probehandlung oder Drohung zu verstehen, um eine angemessene Antwort zu finden.

1.3 Integration und Ichgrenze

1.3.1 Desintegration in der Psychose

Eine Ärztin sagt zu einem psychotischen Patienten, Herrn O, bei der Aufnahme in die Klinik, als der in einer Fremdsprache antwortete: »Wir wollen uns aufs Deutsche beschränken.« Der Patient darauf: »Ja, nicht ... also immer wenn ich etwas höre, dann reagiere ich, nicht, oder ob da jemand hustet, oder ob jetzt sonst irgendwie, oder ob da im Orchester da irgendwo was passiert, oder ob wir voll einsteigen müssen, nicht, das ... ist also ... außerdem bin ich ...« (▶ Kap. 1.4.1). Der Patient hat offensichtlich Einfälle zu seiner Lebenssituation, zu der Situation, in der er sich gerade befindet, auch zu dem, was ihm die Ärztin sagt, aber er kann diese Einfälle nicht so miteinander oder mit der Situation verbinden, dass für ihn selbst oder seinen Gesprächspartner eine sinnvolle Antwort herauskommt. Sein psychischer Apparat ist desintegriert.[7]

Anlass der psychotischen Verfassung bei diesem Mann war die Trennung von der Ehefrau. Offensichtlich hat dieses Ereignis seine psychische Integrationsfähigkeit überfordert. Bei der Aufnahme in das Krankenhaus wollte bzw. konnte er über das Thema Trennung nicht sprechen. Als die Ärztin eine diesbezügliche Bemerkung machte, antwortete er mit der wahnhaften Befürchtung, dass Strom in den Wänden des Zimmers eine Berührung der Wände gefährlich mache.

Die Situation stellt sich nun so dar: Wir nehmen an, Herr O hatte eine Disposition zur psychotischen Entgleisung, warum auch immer. Die Trennung von der Ehefrau hat heftige psychische Prozesse in ihm angestoßen, wie z. B. Verzweiflung, Wut o. Ä. Er konnte sich nun in seiner Lebensführung auch nicht mehr in gewohnter Weise auf die Beziehung zu seiner Frau stützen, weil diese Beziehung weggefallen ist. Das hätte eine Umorganisation seines psychischen Apparates notwendig gemacht. Aber diese Umorganisation vor dem Hintergrund der affektiven Erregung war nicht möglich. Die Folge war, dass reife psychische

---

7 Ein System ist dann integriert, wenn die Teile des Systems so aufeinander bezogen sind, dass das System unter verschiedenen Außenbedingungen seine Identität bewahren kann.

Funktionen nicht in gewohntem Umfang zur Verfügung standen. Vor allem der Sekundärprozess war gestört. Der Versuch von Herrn O, der Ärztin zu antworten, wird gestört, weil sich ständig andere Gedanken einschieben. Herr O kann darum weder auf die äußere Situation (die Befragung durch die Ärztin) noch seine Vorstellungen (er fürchtet, Schaden zu nehmen) so reagieren, dass er zu einem für ihn befriedigenden Ergebnis kommt. – Diese Verfassung kann man als psychische Desintegration bezeichnen.

Doch ist diese Art Desintegration kein bloßes Durcheinander. Herr O teilt der Ärztin mit, dass er eine Bedrohung wahrnimmt, wenn er die auch in die Wand des Raumes verlegt. Die wirkliche Bedrohung, nämlich die Trennung von seiner Frau kann er sich in der Situation zwar nicht deutlich machen, doch kann er sie auch nicht ganz verschwinden machen. Wie das psychisch genau abläuft, darüber haben wir kaum Erkenntnisse. Das Resultat aber ist erkennbar. Selbst unter psychotischen Bedingungen lässt sich ein wichtiges Faktum nicht so weitgehend verleugnen, dass kein Rest bliebe. Möglicherweise hat Herr O das Faktum der Trennung von allen begrifflichen Vorstellungen gelöst, so dass er uns wahrheitsgemäß sagen könnte, dass er nichts davon weiß. Aber als Angst ist sie doch in ihm erhalten, auch wenn er sie an etwas anderem festmacht.

Wenn psychotische Menschen in einer ruhigen, hilfreichen Umgebung leben können oder wenn durch die Behandlung mit Neuroleptika den Ereignissen die affektive Bedeutung genommen wird, kann sich die Psyche meistens wieder reorganisieren. Wenn sie aber andauerndem Stress ausgesetzt sind, wie in manchen psychiatrischen Anstalten oder durch eine aufdringliche Psychotherapie oder wenn schon das »normale« Leben mehr an Stress enthält, als der Betreffende ertragen kann, dann verfestigt sich die Desorganisation. Es entwickeln sich leicht Stereotypien und die Psychose wird chronisch. Schreber ist ein Beispiel dafür, wie ein psychotischer Wahn schließlich zu einer Weltsicht wird. Die ursprüngliche psychotische Umwandlung eines traumatisierenden Ereignisses wird zur Antwort auf jede Art Stress.

1.3.2 Ichgrenze

Mit »Ichgrenze« ist gemeint, dass ein jeder eine klare Vorstellung davon hat, was ihm selbst zuzuschreiben ist, was der Wirklichkeit außen. Gemeint ist das subjektive Erleben. Es geht hier um eine psychologische Klärung. Nicht gemeint ist die philosophische Erörterung dessen, was das Ich bedeutet. Wir haben auch »objektive« Kriterien, was dem Ich zugeschrieben werden muss oder z. B. der Außenwelt. Wenn uns ein Mensch mitteilt, dass er Stimmen hört, dann ist erkennbar, ob es diese Stimmen gibt oder nicht gibt, weil es sich bei Stimmen um ein physikalisches Phänomen handelt. Wenn es diese Stimmen objektiv nicht gibt, dann können wir sagen, dass seine Ichgrenzen gestört sind. Die Vorstellung, meine Gedanken sind mir eingegeben z. B. heißt, dass meine Gedanken gar nicht meine sind. Man könnte sagen: Es denkt in mir. Es sind die Gedanken eines anderen. Noch mehr gilt das für Gefühle.

> Eine Patientin erklärte mir, sie sei sich nicht sicher, ob das Gefühl der Zuneigung, das sie zu mir empfand, ihres war oder nicht vielmehr meines, das ich irgendwie in sie hineinmanipuliert hatte. Sie empfand es nicht so, wie wir es alle kennen. Ein Mensch kann uns dazu bringen, dass wir ihn lieben. Diese Liebe, obwohl durch den Anderen[8] induziert, ist aber mein Gefühl. Diese Patientin empfand Liebe, aber so, als sei es gar nicht ihr Gefühl. Ein andermal gebrauchte sie dieses Bild: »Ich fühle mich wie ein Haus, in das jeder reingehen kann und mitnimmt oder liegen lässt, was er will.«

Mit diesem Bild meinte die Patientin, dass sich in ihrem Ich etwas findet, was anderen gehört und was diese in ihr haben liegen lassen und dass ihr etwas weggenommen wird. Empfindungen werden so erlebt, als ob sie nicht die eigenen sind. Es fehlt das, was die alten Psychiater »Meinhaftigkeit« nannten (z. B. Schneider, 1950, S. 58). Gleiches meint die Aussage, dass die Selbst- und Objektrepräsentanzen nicht deutlich voneinander geschieden sind (z. B. Jacobson, 1972).

Der Begriff der Ichgrenze ist aber nicht unproblematisch. Es ist ja ein Widerspruch zu sagen, dass ein Ich denken könne, was nicht seine Gedanken sind. Wenn etwas nicht als Vorstellung in mir ist, dann ist es für mich nicht vorhanden. Wenn ich es mir aber vorstellen kann, dann ist es auch von mir als diese Vorstellung produziert und insofern auch meine Vorstellung. Analoges gilt für Affekte. So gesehen ist es ein Unding, von einer Ichgrenze zu sprechen. Wie eng oder weit man die Grenze um das Ich auch zieht, es gibt keinen Zweifel daran, was innerhalb dieses Bereichs ist. Außerhalb der Ichgrenze ist die Wirklichkeit. Loewald (1986) meint, dass es eine ursprüngliche Fähigkeit des Ich ist, diese Unterscheidung zu treffen. Eine Erklärung dieser Fähigkeit hält er nicht für möglich.

Die Ichgrenze scheidet das Außen vom Innen, die Wirklichkeit von der Fantasie. Aber auch der psychotische Mensch, der eine akustische Halluzination hat, macht diese Unterscheidung. Wenn er angesprochen wird, reagiert er wie jeder andere. Die Unterscheidung zwischen innen und außen ist nur nicht zutreffend, gewissermaßen nicht an der richtigen Stelle gemacht. Sie betrifft auch weniger die physische als vielmehr die soziale Welt. Die Frau, die das Fenster aufmacht und erklärt, die Möbel in ihrem Zimmer müssten so stehen, damit die Gestirne einen günstigen Verlauf nehmen, hat ja einigermaßen realistische Vorstellungen von Möbel und Gestirnen. Ihre Vorstellung über den Zusammenhang zwischen beiden ist Ausdruck ihres magischen Denkens. Aber das hatten die Menschen immer und haben es noch. Das ist nicht psychotisch. Psychotisch in dem Zusammenhang war, dass sie sich für den Lauf der Welt verantwortlich hielt. Ohne ihre Maßnahme würde die Welt untergehen.

Psychotisch ist die Unsicherheit darüber, was meines ist. Es ist nicht die Frage, wer ich bin, sondern was ich bin. Das meint nicht, welche Persönlichkeitsmerkmale ich mir zuschreibe, sondern was genau das für eine Instanz ist, wenn ich von mir als einem Ich spreche. Wenn die Wirklichkeit, was vor allem die soziale

---

8 Wenn die konstitutive Bedeutung gemeint ist, die der Andere für das Ich hat, also dass das Identitätsgefühl immer in einem immanenten Bezug zu einem Anderen steht, dann ist »der Andere« im Folgenden großgeschrieben (▶ Kap. 1.3.3).

Wirklichkeit meint, sich meinen Gedanken nicht widersetzt, hat mein Ich keine klare Grenze. Bin ich überhaupt ein Ich? Wenn aber das Ich nicht klar begrenzt ist, ist es die Welt auch nicht. In der chronischen Psychose ist diese Frage durch den Wahn, oft in systematisierter Form, zwar entschieden, weil es nun eine Welt gibt, aber diese Welt und Ich sind doch nicht deutlich unterschieden. Man könnte sagen, dass dies insofern eine Kompromissbildung ist, als zu mehr an Wirklichkeit der Paranoiker nicht in der Lage ist.

> Frau Mut z. B. ist latent paranoid. Wenn sie in Auseinandersetzungen mit irgendjemandem gerät, dann überfällt sie Panik und sie kann die Auseinandersetzung nicht als Streit, sondern nur als Verfolgung verstehen. Sie kann weder sehen, welchen Anteil sie an dem Streit hat, noch welche Mittel sie hat, sich zu wehren. Die Aggressivität, auch die eigene, die im Gefolge der Auseinandersetzung entsteht, muss sie immer dem Anderen zuschreiben.

Das Verhalten von Frau Mut könnte man als Projektion ansehen. Doch wenn es sich nur um Projektion handelte, wäre Frau Mut damit entlastet. Eine Projektion entlastet, indem unliebsame Attribute, hier Aggression, auf andere verschoben werden. Sie kann auch zurückgenommen werden, weil es nur erfordert, eine verpönte Eigenschaft sich selbst zuzuschreiben. Dagegen ist Ausgangspunkt einer Paranoia nicht Aggression des Paranoikers, sondern Vernichtungsangst, die er erlebt, wenn andere sich zurückziehen. Seine schwachen Ichgrenzen sind dadurch, gegebenenfalls auch durch die Aggression des anderen, bedroht. Die Aggression des Paranoikers ist sekundär. Die Furcht von Frau Mut ist nicht, dass sie Nachteile haben wird, wenn sie den Streit verliert, sondern dass sie auf jeden Fall untergehen wird. Diese Vernichtungsangst ist nur zu verstehen, wenn man sie als eine Folge der Bedrohung ihrer Ichgrenzen versteht. Doch ist es in der Praxis oft schwer, eine Ahnung davon zu bekommen, was die Vernichtungsangst ausgelöst hat.

Die paranoide Symptomatik, die man im Gefolge einer schweren Depression beobachtet, ist von der echten Paranoia unterschieden. Der Depressive ist erleichtert, wenn er plötzlich »erkennt«, dass man ihn ständig beobachtet oder dass seine Verfehlungen registriert werden. Jedenfalls ist das besser zu ertragen als die Gefühllosigkeit, die dem oft vorangeht. Der Depressive ist nicht empört über das, was man ihm vorwirft, sondern empfindet es als gerecht. Sieht man das unter dem Aspekt der Ichgrenzen, so sind seine paranoiden Gedanken als eine Stärkung des Narzissmus zu verstehen. Es sind zwar Verfehlungen, deretwegen der Depressive so viel Aufmerksamkeit erfährt, aber das bedeutet, dass er immerhin zur Kenntnis genommen wird (zur psychotischen Depression ▶ Kap. 2.3.6).

1.3.3 Die Vorstellung von dem Anderen

Wir unterscheiden zwischen Ich und der physischen Welt. Diese Unterscheidung ist gleichbedeutend mit der Unterscheidung zwischen meinen Vorstellungen und der physischen Wirklichkeit. Daneben unterscheiden wir zwischen Ich und dem

1 Symptome und Erscheinungsweisen

Anderen. Der Andere ist nicht Teil der physischen Welt, so wenig wie mein Ich. Der Körper ist hier nicht gemeint. Der Körper des Anderen ist von dem anderen Ich so geschieden wie mein Ich von meinem Körper. Der Andere ist auch ein Ich. Aber ich habe weder eine empirische Wahrnehmung von diesem anderen Ich wie von den Dingen der Welt noch unmittelbares Zeugnis wie von mir selbst. Eine Wahrnehmung des Anderen habe ich über die Kommunikation. Ich kommuniziere nicht mit der dinglichen Welt, und ich kommuniziere auch nicht mit mir.

Die Kommunikation bedient sich physischer Ereignisse, Stimme, optische Wahrnehmung usw. So kommt leicht der Eindruck zustande, als ob ich vom Anderen eine empirische Wahrnehmung hätte. Aber das ist nicht so. Dass den Worten, die ein Anderer an mich richtet, ein Ich zugrunde liegt, ist eine Annahme. Diese Annahme ist nur möglich, wenn das Ich eine gewisse Reife erreicht hat. In der Psychose geht die Fähigkeit dazu unter Umständen verloren.

Das Problem der Wahrnehmung des Anderen ist eng verbunden mit dem, was Fonagy, Gergely, Jurist und Target (2004) Mentalisierung nennen. Ein Mensch, der mentalisieren kann, hat eine konkrete Vorstellung darüber, dass er selbst und der Andere Überzeugungen und Gefühle hat, die Denken und Handeln beeinflussen[9]. Er hat eine Vorstellung von seiner inneren Welt und unterstellt dem Anderen ebenfalls eine innere Welt, so wie er sie von sich kennt. Diese Fähigkeit zur Mentalisierung haben aber eben nicht alle Menschen. Psychotiker haben sie nur unvollkommen oder gar nicht. »Wen immer ich treffe, ich treffe immer nur auf mich selbst,« sagte ein psychotischer Mann. Aber natürlich wusste er, dass es Andere gibt. Er hatte nur die Gewissheit, dass es da etwas gibt, was sich seinem Verständnis entzieht. Vielleicht kommt man der Sache am nächsten, wenn man sagt, dass der psychotische Mensch weiß, dass es Andere gibt, aber er versteht es nicht. Das ist eine widersprüchliche Formulierung, die aber in der Natur der Sache liegt, ähnlich wie bei der Erklärung der Ichgrenze.

Wie alle anderen psychotischen Symptome kann man – mit der gebotenen Vorsicht – auch die Verwirrung des psychotischen Menschen über das, was er seinem Ich zuschreiben kann, als eine Folge davon verstehen, dass die Kommunikation mit den relevanten Erwachsenen in der Kindheit nicht eindeutig war. Der Vater oder die Mutter haben eigene Gefühle oder Vorstellungen in das Kind projiziert. Der Vater hat z. B. sein Gefühl der Unzulänglichkeit in den Sohn projiziert, oder er hat diese Projektion gebraucht, um dadurch seinem Sohn innerlich nahe sein zu können. Nun geschieht das sicher ziemlich oft, ist vielleicht sogar in gewissem Umfang sehr normal. Das Problem bei den schizophrenen Menschen scheint zu sein, dass neben diesen Projektionen eigenes an Gedanken und Gefühlen keinen ausreichenden Raum hatte. In Kapitel 2.2.3 ist das genauer ausgeführt (▶ Kap. 2.2.3).

Noch einmal sei betont, dass hier nicht der Versuch gemacht wird, das Ich oder das Selbstbewusstsein zu erklären. Das ist wohl nicht möglich. Hier ist die Frage gestellt, was mit diesen Begriffen psychologisch gemeint sein kann und welche Folgerungen sich des Weiteren daraus ergeben.

---

9 Auch unter dem Begriff »Theory of mind« ist dieses Thema diskutiert worden (z. B. Leslie, 2000).

Die Ichgrenze, die die Identität des Einzelnen festlegt, konstituiert sich nicht autochthon im Einzelnen, sondern ergibt sich aus der Wechselwirkung des Einzelnen mit den Anderen. Klare Ichgrenzen sind möglich, wenn der Mensch in ein soziales System, als dessen Mitglied er sich versteht, eingebunden ist. Die Psychose zeigt, dass eine klare Vorstellung von mir als einer Identität mit der Vorstellung eines Anderen so verbunden ist, dass das eine ohne das andere nicht sein kann. In der Psychose geht beides verloren. Diese Zusammenhänge werden in Kapitel 2.1.9 eingehend beschrieben (▶ Kap. 2.1.9).

1.4 Ichfunktionen

Die Diagnosen Psychose oder Schizophrenie sagen etwas über die psychische Struktur des Patienten aus. Das auffälligste Symptom ist, dass die Realitätskontrolle nicht so funktioniert, wie sie sollte. Man kann es auch so beschreiben, dass die Ichgrenzen nicht sicher sind. In psychoanalytischer Tradition kann man es so erklären, dass die Selbst- und Objektrepräsentanzen nicht deutlich oder nicht sicher voneinander geschieden sind. Aber für die Behandlung reicht diese Charakterisierung nicht aus. Man will wissen: Welche Ichfunktionen (Hartmann, 1964) sind intakt, welche nicht?

Was man unter »Ichfunktion« verstehen kann, ist im Folgenden aufgelistet. Es sind alle psychischen Leistungen, die sich irgendwie isoliert beschreiben lassen. In ein System bringen lassen sie sich nicht. Darum ist eine gewisse Willkür bei dieser Auflistung unvermeidbar. Wahrscheinlich ist die hier wiedergegebene Liste auch nicht vollständig. Möglicherweise gibt es doch eine Hierarchie und die einzelnen Items sind nicht unabhängig voneinander.

Für die Behandlung ist es auf jeden Fall nützlich, eine Vorstellung darüber zu haben, was der Patient kann, was nicht. Also selbst, wenn diese Auflistung etwas Willkürliches hat, kann sie doch helfen.

- Realitätskontrolle
- Sekundärprozess (das Denken kann thematisch und logisch geordnet werden, ist also nicht nur assoziativ den Einfällen folgend, nur vom Unbewussten gesteuert)
- korrektes formales Denken
- korrektes inhaltliches Denken
- stimmige Zeitwahrnehmung
- Konzentrationsfähigkeit
- Aufmerksamkeit
- Kontrolle über die Motorik (neurologische Erkrankungen ausgeschlossen)
- Symbolisierungsfähigkeit (abstraktes Denken ist möglich; das weite Bedeutungsfeld der Begriffe wird verstanden; Begriffe bezeichnen nicht nur Dinge oder konkrete Einzelheiten)

- Stimmung (ausgeglichen und situationsadäquat)
- Objektbeziehung
  - innere Objektkonstanz (Menschen können mit ihren Eigenheiten als inneres Bild bewahrt werden)
  - Besetzung von Objekten möglich (Liebe und Hass sind möglich)
  - Mentalisierung (Vorstellung von mir und dem Anderen als Wesen mit Gedanken, Gefühlen und Intentionen)
- integriertes Triebgeschehen
  - Triebregungen sind bewusst (vor allem Sexualität und Aggressivität)
  - Triebaufschub ist möglich
  - Impulskontrolle
- Affekte
  - Affekte werden wahrgenommen
  - Affekte sind situationsadäquat
  - Ambivalenz kann ertragen werden
- narzisstische Balance
  - (Ichideal und Überich erscheinen angemessen, wenn das auch schwer zu objektivieren ist)
- Abwehrprozesse
  - reife oder unreife Abwehrmechanismen (Verdrängung, Reaktionsbildung, Sublimation, Verleugnung, Projektion, Introjektion, Regression, Isolierung, Spaltung)
  - Abwehrmechanismen können gelockert werden
- Introspektionsfähigkeit
  - Selbstkritik ist möglich
  - Deutungen unbewusster Vorstellungen können angenommen werden.

In der Psychose kann jede dieser Ichfunktionen gestört sein. Die Störung der Abwehr ist meist am leichtesten erkennbar. Sogenannte primitive Abwehrmechanismen, wie Projektion, Introjektion, Verleugnung und Spaltung herrschen vor, andere wie Verdrängung und Reaktionsbildung sind geschwächt oder gar aufgehoben.[10] Im Folgenden sind zwei Fallbeispiele, eine akute Psychose und eine chronische schizophrene Psychose, aufgeführt, an denen die Störung verschiedener Ichfunktionen exemplifiziert wird.

---

10 In der akuten Psychose kommt es gelegentlich zur partiellen Aufhebung der Abwehr, die zur infantilen Amnesie geführt hat; denn Patienten berichten von Ereignissen, die während dem Zeitpunkt der kindlichen Amnesie, also vor dem fünften, sechsten Lebensjahr, liegen und mehr sind als einzelne Erinnerungsfetzen. Angehörige können diese Erinnerungen bestätigen. Bildet sich die akute Symptomatik zurück, so verfallen diese Erinnerungen wieder der Amnesie.

1.4.1 Fallbeispiel akute Psychose

Es handelt sich hier um die Transkription eines Gesprächs zwischen einer Ärztin und einem Patienten. Herr O, ein Mann Mitte 30, von Beruf Pianist, wird wegen einer akuten schizophrenen Psychose in ein großes psychiatrisches Krankenhaus eingeliefert. Im Aufnahmegespräch entwickelt sich der folgende Dialog zwischen dem Patienten und der Ärztin[11]:

Ärztin: »*Können Sie mir ganz kurz eben schildern, ... weshalb Sie hierhergekommen sind?*«
Patient: »*Ja, ich bin geführt worden. Ja, von den Fahrern, ... vom ...*«

Herr O antwortet »konkretistisch«, das heißt, er versteht nicht oder will nicht verstehen, dass die Ärztin den sozialen bzw. medizinischen Hintergrund meint. Wir können also vermuten, dass die Symbolisierungsfähigkeit von Herrn O eingeschränkt ist.

Ä: »Ja.«
P: »Ich antworte jetzt nur noch Ihnen?«
Ä: »Ja, richtig. ..., wem antworten Sie denn sonst?«
P: »Ach, ich bin Musiker. Ich kann also drei bis vier Sprachen ziemlich fließend und muss also Malschrift machen ... nicht ... ... und so alles Mögliche ...«

Zu »antworten« assoziiert Herr O Sprachen. Möglicherweise will er auch auf seine Kompetenzen hinweisen, woraus wir wieder schließen können, dass er sich sehr verletzt fühlt und eine Kompensation versucht. Mit seiner narzisstischen Stabilität ist es also nicht gut bestellt. Aber auch der Sekundärprozess und die Konzentrationsfähigkeit scheinen gestört zu sein.

P: macht ausladende Bewegungen.
Ä: »Das ist die Malschrift der Musiker.«
P: »Also kann ich sagen ... Wodka ... also dieses ... Dann gibt es ...«

Hier zeigt sich deutlicher, dass Herr O nicht konzentriert bei einem Thema bleiben kann, sondern abweicht. Der Gedankengang ist fahrig, erscheint in seiner Kontinuität gestört. Der Sekundärprozess ist also erschwert. Es könnte auch sein, dass er auf ein Alkoholproblem hinweisen will.

Ä: »Was bevorzugen Sie denn in der Musik?«
P: »Ach, meistens trinke ich Wodka ... Ich spreche jetzt deutsch ... Ili ... Französisch ... Ili ... Moskwa.«

---
11 Dialog aus dem Dokumentarfilm »Drinnen ist es wie draußen, nur anders«, © WDR 1977.

Die Schwierigkeiten des Sekundärprozesses zeigen sich auch hier. Immerhin gelingt es Herrn O aber doch, vom Wodka, womit er wahrscheinlich ein Problem verbindet, wieder auf das Thema Kommunikation zu wechseln.

Ä: »Wollen wir uns auf Deutsch beschränken?«
P: »Tja, beschränken wir uns auf Deutsch.«
Ä: »Ja, da gibt's keine Probleme, was die Sprache betrifft. Sie sagten, Sie sind geschieden?«
P: »Hm. Moment, ich glaub ... Ich schau nur noch geradeaus.«

Diese Antwort ist Ausdruck einer massiven Abwehr des Themas Scheidung. Das kommt schon einer mangelhaften Realitätskontrolle nahe.

Ä: »Bitte?«
P: »Ich schau nur noch gradaus.«
Ä: »Ja, war das eben Ihre geschiedene Frau, die hier war? Haben Sie zuletzt noch mit ihr Kontakt gehabt? Hat sie es veranlasst, dass Sie hierhergekommen sind? ... Herr O?«
P: »Ich kann jetzt erst alles anfassen, überall wo Strom drin ist.«

Beim Problem Scheidung wird der Wahn als Abwehr benutzt. Gefährlich erscheint das Krankenhaus, weil die Ärztin das Thema anspricht. Es fehlt zudem ein angemessener Affekt. Man kann vermuten, dass der Wahngedanke den Affekt ersetzt.

Ä: »Haben Sie das Gefühl, dass das gefährlich ist?«
P: »Könnte sein, dass da irgendwo der Wurm drinsitzt?«

Der »Wurm« kommt der eigentlichen Sache näher als »Strom«.
Die Realitätskontrolle ist nicht ganz aufgehoben. Der Patient hat offensichtlich eine Vorstellung davon, wo er ist bzw. mit wem er es zu tun hat. Doch ist sie durch wahnhafte Vorstellungen (Strom in den Wänden) geschwächt. Der Sekundärprozess ist gestört. Manchmal gehen die Antworten des Patienten ganz durcheinander (»Ich kann Sprachen ... Malschrift ...« usw.). Das imponiert besonders bei kritischen Themen, z. B. Scheidung. Gleiches gilt für die Konzentrationsfähigkeit. An Abwehrmechanismen erkennt man Verleugnung (wo befindet er sich?) und psychotische Verarbeitung. Die psychotische Abwehr (Strom in den Wänden) scheint nicht besonders rigide. Andeutungen eines verständnisvollen Eingehens der Ärztin in ihrer Antwort führen dazu, dass die psychotische Abwehr partiell aufgegeben werden kann. Statt Strom in den Wänden ist nur noch der Wurm drin, was etwas angemessener die Situation beschreibt. Die Symbolisierungsfähigkeit ist gestört, wie die konkretistischen Bemerkungen von Herrn O zeigen (seine Antwort auf die Frage, wie er hergekommen ist: »Ich bin geführt worden.«). Aber sie ist doch nicht ganz aufgehoben, wie man an der Wendung vom Strom zum Wurm erkennen kann. Affekte fehlen. Nicht einmal Angst ist spürbar. Die narzisstische Kränkbarkeit erscheint groß. Der Hinweis auf die vie-

len Sprachen könnte so verstanden werden. Einen direkten Hinweis auf die Fähigkeit, Ambivalenz zu ertragen, gibt es nicht. Auch über Triebregungen und die Fähigkeit zu Triebaufschub erfahren wir in dem Interview nichts Konkretes.

Doch scheint trotz vieler Störungen die Impulskontrolle zu funktionieren. Weder ist Herr O besonders aggressiv noch in anderer Weise enthemmt. Das ist ein anderer Hinweis dafür, dass wir die Psychose nicht ausreichend beschreiben, wenn wir nur auf die individuellen »Störungen« des psychotischen Menschen schauen. Auf irgendeine Weise ist die Fähigkeit, sich auf soziale Gegebenheiten zu beziehen, doch immer vorhanden.

Wahrscheinlich wird man in einer Situation wie derjenigen, in der das Interview entstand, eine detaillierte Strukturdiagnose nicht stellen. Immerhin ergibt sich aber aus dem Interview, dass sich zum Zeitpunkt der Klinikaufnahme eine Erörterung der Scheidungsproblematik verbot. Dazu war Herr O offensichtlich nicht in der Lage. Aber Herr O hatte die Fähigkeit, sich in seiner Notsituation auf eine hilfreiche Beziehung einzulassen und um diese auch zu werben. Er ist in dem Interview bemüht, es der Ärztin recht zu machen, auch in den Passagen, in denen er sachlich daneben redet. Die Beziehungsfähigkeit, bzw. die Fähigkeit zur Besetzung von Objekten, erscheint grundsätzlich erhalten.

1.4.2 Fallbeispiel chronische Psychose

Herr E ist ein junger Mann, Mitte 20, der bei der Mutter wohnt und eine weiterführende Schule besucht. Herr E ist ein ganz guter Schüler in den naturwissenschaftlichen Fächern. Aufsätze kann er aber nicht schreiben, ebenso wenig wie er im Kunstunterricht malen kann – so seine Auskunft. Der Sekundärprozess ist also möglich, und die Konzentrationsfähigkeit ist erhalten. Aber die Symbolisierungsfähigkeit ist begrenzt. Herr E kann sich auch nicht gut dem Primärprozess überlassen, wie es für kreative Prozesse notwendig ist.

Kurz vor den Prüfungen gibt Herr E den Schulbesuch auf. Es sind aber nicht die intellektuellen Anforderungen, die ihn scheitern lassen. Es ist die soziale Situation, die ihn überfordert. Andererseits hat er zwei Freunde, mit denen er Computerspiele spielt. Die Beziehungsfähigkeit ist also noch erhalten. Wenn der Umgang einigermaßen festgelegt ist (man spielt am Computer) und es nicht zu viele Leute sind, dann geht es.

Herr E hat produktive Symptome, z. B. halluziniert er ständig. Es sind Stimmen, mit denen er sich unterhält, die sein Tun auch kommentieren. Einmal ließ er mich wissen, dass die Stimme eines Mädchens für ihn erotische Bedeutung habe. In der Wirklichkeit hatte er keinen Kontakt zu Mädchen. Die Realitätskontrolle ist also nicht intakt, die Abwehr z. T. psychotisch.

Er ist völlig unfähig, innere oder äußere Konflikte zu benennen. Er schimpft schon mal oder zeigt sich über Ereignisse erfreut. So gibt es gelegentlich auch Auseinandersetzungen mit dem Vater, die sehr lautstark sein können. Aber keine Seite legt Wert darauf, Konflikte zu lösen. Vor allem kann er aggressive Impulse nicht zielgerichtet für seine Zwecke einsetzen, obwohl er aggressive Affekte mobilisieren kann. So geht er Konflikten mit anderen Menschen aus dem Weg. Er hält weder Ambivalenz aus, noch kann er einen aggressiven Dissens ertragen. Herr E redet sich meistens die Sachen schön und vermeidet dadurch Leidensdruck.

Herr E erscheint also einerseits schwer gestört. Er ist nicht wirklich lebenstüchtig, ist aber in seinem sozialen Verhalten doch leidlich angepasst.

1.5 Die soziale Entwicklung

1.5.1 Persönlichkeitsentwicklung vor Manifestation der psychotischen Erkrankung

Dass ein Mensch als Kind und Jugendlicher seine Fähigkeiten gut ausbildet, sozial erfolgreich ist und dann irgendwann in seinem Leben eine schizophrene Psychose bekommt, das ist nicht gut vorstellbar. Es entspricht auch nicht dem, was die Menschen mit einer Psychose schildern, und ist nicht die Erfahrung des Psychiaters. Die psychischen Schwierigkeiten von Menschen, die in der Adoleszenz oder auch im späteren Erwachsenenalter eine schizophrene Psychose entwickeln, sind bis in die Kindheit zurückzuverfolgen. Diese frühen Probleme führen dazu, dass wichtige psychische Entwicklungsschritte nicht oder nur unvollkommen gemacht werden können, und setzen sich in der manifesten Psychose fort.

Was oben als Ichfunktion beschrieben wurde, sind Fähigkeiten, die im Laufe der menschlichen Entwicklung ausgebildet werden müssen. Sie sind oft schon in der Kindheit und Jugend nicht altersgemäß entwickelt. Besonders häufig berichten die Patienten, dass sie in der Schule früh schon Außenseiter waren und zu keiner Clique Zugang fanden. Die Männer beklagen oft, dass sie als Junge nicht an typischen aggressiven Spielen teilnehmen konnten, es sei denn, sie waren das Opfer. Die Frauen berichten, dass sie typische Rivalitäten der Mädchen vermieden haben. Komplexe Entwicklungsabschnitte wurden nicht gut gemeistert. Besonders deutlich lässt sich das Entwicklungsdefizit am Schicksal der ödipalen Phase erkennen. Oft haben Menschen, die später psychotisch werden, die Rivalität zum gleichgeschlechtlichen Elternteil nicht durch Identifikation angemessen verarbeiten können. Die Beziehung zum gegengeschlechtlichen Elternteil wird nicht ausreichend desexualisiert. So sagen junge Männer mit einer schizophrenen Psychose nicht selten von ihrer Mutter, dass diese ein sexuelles Interesse an ihnen hatte. Das mag vielfach eine Fantasie der jungen Männer sein, aber zeigt auf jeden Fall, dass sie mit dem ödipalen Konflikt nicht gut fertig wurden. Bei jungen Frauen findet man auffällig oft eine heftige Feindschaft gegenüber dem Vater. Das wirkt einerseits wie eine Überidentifikation mit der Mutter, die zu Recht oder Unrecht in einer feindseligen Position gegenüber dem Vater gesehen wird, dann aber auch wie Zorn darüber, dass der Vater die Tochter nicht aus der Abhängigkeit von der Mutter befreit hat.

Die ungelösten Konflikte der Kindheit und Jugend führen den Behandler zur Genese der psychotischen Störung. Das ist für den Patienten von eminenter Bedeutung. Nur eine solche Untersuchung kann zu einem Ergebnis führen, das ihn von dem Stigma befreit, ein Versager zu sein; denn die Untersuchung wird zutage fördern, dass die Psychose das Resultat einer familiären Konfliktsituation ist, in der der psychotische Mensch eine wichtige unterstützende Funktion hatte. Das allein kann den psychotischen Menschen rehabilitieren. Davon ist später noch ausführlich die Rede.

1.5.2 Die gesellschaftliche Dimension

Menschen mit einer Psychose sind nicht regelmäßig gewaltsam, sie kleiden sich meist nicht anstößig, kurz, sie halten sich im Großen und Ganzen an die sozialen Regeln, wenn sie auch mal laut sind oder sich nicht waschen. Aber sie verhalten sich doch auch nicht normal. Das ist ein weiterer Hinweis, dass psychotische Symptome eine soziale Bedeutung haben. Psychische Symptome sind nicht der sinnlose Ausdruck einer aus den Fugen geratenen Psyche, sondern die Antwort auf eine soziale Herausforderung. Das Gehirn kann selbstständig Aktivitäten entfalten, z. B. automatische Bewegungen der Glieder oder sinnlose Laute, wie bei manchen neurologischen Krankheiten. Aber psychische Symptome sind etwas anderes. Psychische Symptome sind in eine soziale Situation eingebettet. Sie sind Äußerungen eines Menschen, die etwas über sein Selbstverständnis aussagen. Goffman (1969, S. 369) formuliert es so:

> »Mental symptoms, then, are neither something in themselves nor whatever is so labeled; mental symptoms are acts by an individual which openly proclaim to others that he must have assumptions about himself which the relevant bit of social organization can neither allow him nor do much about.«

Das soziale System, in dem ein Mensch lebt, folgt Regeln. Mit diesen Regeln kommt der psychotische Mensch nicht klar und das drückt er durch seine Symptome aus, jedenfalls so Goffman. Das psychotische Symptom ist also bezogen auf die soziale Situation. Herr O bezieht sich mit seiner Frage, ob er die Wände anfassen kann oder ob Strom darin ist, auf die Funktion des Krankenhauses und der Ärztin. Es ist ein sanfter Protest gegen das, was ihm widerfahren ist und ihn überfordert hat: die Trennung von seiner Frau und jetzt diese Art »Behandlung«.

Aber mit dem Begriff »Protest« beschreibt man den Sachverhalt doch nur unvollständig; denn der Protest wäre ja wirkungsvoller, wenn Herr O ihn direkt und offen artikulieren würde. Was ist das also für ein merkwürdiger Protest? Das psychotische Symptom ist zugleich auch ein Bild des Gefühls, das Herrn O beherrscht, nämlich Angst und Hilflosigkeit. Der Klopfer wählt ein Bild, das neben dem Ärger die Sehnsucht nach Kommunikation ausdrückt. Schreber in seinen Memoiren hat ein Bild gewählt, das eine Mischung von Qual und Lust vermittelt. Das heißt, wenn wir in dem Symptom einen Protest sehen, so finden wir keinen klaren Hinweis auf das, wogegen der Protest gerichtet ist, nur ein Bild, das wir als Ausdruck eines Gefühls verstehen können. Doch ist das Symptom auch immer Element einer Kommunikation.

Wenn wir also mit Goffman im psychotischen Symptom einen Protest sehen, so ist doch darin nicht offen auf etwas Bezug genommen, wogegen der Protest gerichtet ist. Erkennbar ist nur die Realitätsveränderung. Die veränderte Realität ist allenfalls als Bild eines Gefühls zu verstehen. Nur ein Bild, und was es bedeutet, bleibt von der Realität übrig. Eine Sachebene gibt es nicht. Also gibt es auch keine gesellschaftliche Ebene, die direkt angesprochen wäre. Die Bilder vom Strom in den Wänden, von dem Nachbarn, der klopft, und von der Verwandlung von Schreber durch Gott vermeiden einen direkten Bezug auf die gesellschaftliche Dimension des angesprochenen Themas. – Immer wieder stoßen wir auf diese Dimension der schizophrenen Psychose, nämlich auf die soziale Bedeutung der Symptome, die doch nicht so ohne weiteres zu verstehen ist. Das hat für die Behandlung große Bedeutung.

1.5.3 Soziale Entwicklung, Familie und Gesellschaft

Der Soziologe Parsons (1964) sieht die Entwicklungsaufgabe des Menschen in der Gesellschaft so, dass drei Ziele erreicht werden sollten. Der Mensch sollte erstens eine Tätigkeit ausüben, die wir Beruf nennen. Er braucht zweitens soziale Kontakte in der Form, dass er z. B. Angehöriger einer Religionsgemeinschaft oder in einem Verein tätig ist, Freunde hat usw. Schließlich soll er sich drittens von seiner Herkunftsfamilie soweit lösen, dass er selbst eine Partnerschaft eingehen, gegebenenfalls auch eine eigene Familie gründen kann. Das erste scheint das leichteste, das letzte das schwerste zu sein. Der Entwicklungsschritt, der diese Errungenschaften möglich macht, ist die Loslösung von den Eltern, was bedeutet, dass der junge Mensch seine Ichfunktionen ohne die Unterstützung der Eltern gebrauchen kann. Der Dreiteilung der Entwicklungsaufgaben aus soziologischer Sicht entsprechen drei Schritte in der individuellen Entwicklung: die Anerkennung, dass es eine soziale Realität gibt, die Integration in eine nichtfamiliale Gruppe und drittens Partnerschaft gegebenenfalls mit eigener Familie.

Bei Menschen mit einer Psychose ist nicht selten keines dieser Ziele erreicht. Sie sind nicht berufstätig, gehören keiner formellen oder informellen gesellschaftlichen Gruppe an und sind auch nicht so weit von der Herkunftsfamilie gelöst, dass eine Partnerschaft möglich wäre. Umgekehrt kann man sagen, dass wenn keines dieser Ziele erreicht wurde, eine Störung vorliegt, die auch dann, wenn keine produktiven Symptome erkennbar sind, als Psychose angesehen werden kann, dass also eine Störung vorliegt, die in ihren Auswirkungen einer Psychose gleichkommt.

Die drei von Parsons genannten Kriterien laufen darauf hinaus, dass der Mensch mit seiner psychischen Entwicklung eine soziale Identität außerhalb der Familie erwirbt. Berücksichtigt man, dass der Mensch seine Identität, soweit sie mehr als seine natürlichen Eigenschaften umfasst, nur in der Gesellschaft ausbilden kann, dann wird erkennbar, dass intakte Ichgrenzen eine notwendige Voraussetzung dafür sind. Die Ichgrenze unterscheidet das Ich vom Anderen. Die Identität wird durch den Unterschied des Einzelnen von den Anderen konstituiert.

Man hätte gerne verlässliche Daten dazu, in welchem Umfang psychotische Menschen diese Entwicklungsaufgaben erfüllen können. Es gibt auch empirische Studien zu dieser Frage, aber noch wenig systematisch (Burns & Patrick, 2007). Produktive schizophrene Symptome scheinen nur eingeschränkt mit sozialer Kompetenz korreliert zu sein (Green, 1996). Es sind wohl mehr die Defizite in der sozialen Kompetenz, die sich hemmend auf die soziale Situation der Betreffenden auswirken. In den folgenden vier Fallvignetten sind typische Konstellationen beschrieben.

1.5.4 Vier Lebensläufe

Psychose, ohne Beruf, ohne soziale Verankerung, ohne Partnerschaft: Herr M hat keines dieser Entwicklungsziele erreichen können. Er kommt aus einer intellektuellen Familie. Nach dem Abitur begann er ein Studium in einer fremden Stadt. Nach wenigen Monaten wurde er akut psychotisch. Davon hat er sich nie wieder erholt. In den Phasen, in denen er frei von psychotischen Symptomen war, war er extrem zwanghaft, was, da er dadurch sehr umständlich wurde, zu einer ziemlichen Verwahrlosung führte. Er duschte z. B. sehr selten, weil er es nicht fertigbrachte, kürzer als eine Stunde unter der Dusche zu bleiben. Den dadurch bedingten großen Verbrauch an warmem Wasser konnte er natürlich nicht bezahlen. So stank er entsetzlich. Wenn er akute psychotische Symptome hatte, fühlte er sich verfolgt und lief fort, um sich irgendwo zu verstecken. In den 26 Jahren nach dem ersten Ausbruch hat er seine berufliche Ausbildung nicht wieder aufgenommen, träumte aber davon, Philosophie zu studieren. Sehr selten sah er einen alten Freund. Einkaufen ging er nachts in Tankstellen, um möglichst wenig Menschen zu begegnen. Er verlangte viel Neuroleptika. Bei einem Versuch, die Medikation umzustellen, geriet er in einen entsetzlichen Leidenszustand. Wochenlang hat er den ganzen Tag nur geheult und geschrien, was durch keine Medikation zu beeinflussen war. Im Alter von 42 Jahren, in einer relativ guten Verfassung, hat er sich getötet.

Herr M konnte nach Ausbruch der Psychose keines der drei von Parsons benannten Ziele erreichen. Man kann sagen, dass er keine soziale Existenz außerhalb seiner Familie hatte. Insofern war es die schwerste Form der schizophrenen Psychose. Offensichtlich war er in seiner psychischen Identität noch sehr an die Eltern gebunden. Aber er spürte das und versuchte, so gut es ging, den Kontakt auch zur Familie möglichst zu reduzieren, obwohl er ihre Hilfe bei der Lebensbewältigung in seiner kleinen Wohnung brauchte. Herr M war, wie es bei allen schweren psychischen Störungen der Fall ist, ausschließlich mit sich selbst beschäftigt und hatte gar nicht die Kraft, sich auf andere Menschen einzustellen. Das aber ist nötig, wenn man einen Beruf ausüben will, soziale Kontakte sucht oder gar eine Partnerschaft eingeht. – Aber man kann die Sache natürlich auch anders sehen, so nämlich, dass die Familie ihn festgehalten hat. Ob nun die psychotischen oder die zwangsneurotischen Symptome im Vordergrund standen, Herr M war in keinem Fall in der Lage, mit Menschen umzugehen.

1 Symptome und Erscheinungsweisen

Psychose mit beruflicher Tätigkeit, schwacher sozialer Verankerung, ohne Partnerschaft: Herr Nu, jetzt 61 Jahre alt, berichtet, dass er schon als Kind sehr häufig unbegründete Ängste gehabt habe. Aus akademischem Hause stammend, habe er das Abitur mit Mühe geschafft und danach eine anspruchsvolle Berufsausbildung begonnen, aber nicht zu Ende geführt. Bis auf einige lockere Bekanntschaften, die nur kurz hielten, hatte er nie Freunde. Er war nicht in der Lage, sich auf soziale Beziehungen einzulassen. Er versuchte es zwar immer wieder, aber es gelang ihm nicht, so dass alle Beziehungen nur oberflächlich und flüchtig waren. Da er homosexuell war, suchte er gelegentlich Kontakt zu Strichjungen, mit denen er sich einige Male freundschaftlich zu verbinden versuchte. Er sagt von sich, dass er in seinem Leben nicht die Kraft hatte, sich mit etwas anderem zu beschäftigen als mit sich selbst. Herr Nu hatte nie produktive psychotische Symptome. Aber er war ein sehr skurriler Mensch. So schrieb er alles, was er am Tage erlebte, minutiös auf und sammelte es in unzähligen Aktenordnern.

Herr Nu hatte eine soziale Existenz, wenn auch eingeschränkt. Er hatte flüchtige Kontakte, verdiente sich etwas Geld und versorgte sich selbst. Sehr auffällig war sein Unvermögen zur Mentalisierung. Er konnte eigene Motivationen oder gar Fantasien nicht beschreiben. Noch weniger gelang es ihm, sich vorzustellen, was andere denken oder empfinden. Er stellte sich nie diese Frage, und wenn er danach gefragt wurde, äußerte er Unverständnis darüber. Es wäre berechtigt zu sagen, dass Herr Nu eine symptomarme Psychose hatte, also das, was in der ICD-10 Schizophrenia simplex heißt.

Psychose mit Beruf, ohne soziale Verankerung, ohne Partnerschaft: Der Lebenslauf von Herrn B illustriert, dass Schizophrenie und Beruf sich nicht ausschließen. Herr B war schon als Kind auffällig, was aber die Eltern nicht bemerkten oder bemerken wollten. Er war in der Schule gut und studierte nach dem Abitur Physik, da er mathematisch begabt war. Das Studium beendete er und war danach als Physiker angestellt. Freunde hatte er keine. Er wohnte bei den Eltern, »weil es billiger ist«. Als er im Alter von Ende 20 zu mir kam, war er beunruhigt, weil er ab und zu Stimmen hörte. Er war auch offensichtlich paranoid. Seinen Kollegen am Arbeitsplatz unterstellte er ständig ziemlich böse Absichten ihm gegenüber.

Herr B war weiter gekommen als Herr M und Herr Nu. Aber er scheiterte schließlich an den sozialen Anforderungen. Eine soziale Existenz unabhängig von der Familie hatte er nicht. Er sah sich auch außerstande, eine Freundin zu haben. Er sagte dazu, das sei zu anstrengend. Er wolle bei den Eltern bleiben. Die Diagnose Schizophrenie wurde im Fall von Herrn B durch die Symptome nahegelegt. Die berufliche Beschäftigung stellte psychisch relativ wenige Anforderungen an ihn, da er seine Arbeit am Schreibtisch ganz mit sich alleine tun konnte. Im Übrigen war die Prognose, auch hinsichtlich seiner beruflichen Tätigkeit, nicht gut, weil zu befürchten war, dass er sich mit den Kollegen und Vorgesetzten anlegen würde.

Bei Herrn B war es besonders deutlich, dass zwischen seiner Symptomatik und seinen Eltern eine enge Kollusion herrschte. So waren die Eltern ohne Herrn B zu mir gekommen, weil sie einen Psychotherapeuten für ihn suchten. Sie taten das aber nicht mit der Erklärung, wie man sie öfter hört, dass sie ihren Sohn nicht bewegen konnten mitzukommen, sondern begründeten es damit, dass sie den »richtigen Therapeuten« für ihn finden wollten. Nichts demonstriert mehr, dass Herr B den Schritt aus der Familie nicht hat tun können. Er wird darum auch keine soziale Identität oder gar eine Partnerschaft im Sinne Parsons erreichen können.

Psychose mit beruflicher Tätigkeit, schwacher sozialer Verankerung, mit Partnerschaft: Das folgende ist ein Beispiel dafür, dass eine Schizophrenie auch mit Beruf und Partnerschaft verbunden sein kann. Herr I schlug als junger Mann im Streit seine Frau so heftig auf den Kopf, dass er zu einer mehrjährigen Freiheitsstrafe verurteilt wurde. Die Frau ließ sich scheiden. Während der Haftstrafe wurde Herr I psychotisch. Er gewann die Überzeugung, die ihn nie wieder verließ, dass die NASA aus der Ferne Versuche mit ihm machte. Das hatte er am Kaffee gemerkt, der eines Tages »so merkwürdig aufschäumte«.

Nach der Entlassung aus der Haft fand er eine liebevolle Frau, die ihn heiratete. Mit ihr hatte er eine Tochter. Die Ehe wurde ganz von der Frau getragen, die so gut wie keine Ansprüche an ihn stellte, ihn aber versorgte. Herr I machte eine Ausbildung als Gärtner, was er viele Jahre bis zur Berentung praktizierte. Jedoch kam es immer wieder nach einiger Zeit zu Problemen mit den Kollegen oder Arbeitgebern, so dass er die Stelle wechseln musste. Manchmal hatte er auch Zustände, in der er völlig zerfahren wirkte, von großer Angst geplagt war und nach Neuroleptika verlangte, die er normalerweise nicht nahm.

Herr I hat den Schritt aus seiner Familie tun können. Erst unter der Belastung der Inhaftierung kam es zur Manifestation der Psychose. Man ist geneigt zu sagen, dass Herr I von seiner späteren Ehefrau so gestützt wurde, dass Beruf und Partnerschaft trotz Psychose möglich wurden. Aber möglicherweise ist es doch eher umgekehrt, so nämlich dass die psychische Organisation von Herrn I ihm beides möglich machte, wenn es auch eine rücksichtsvolle Frau sein musste, mit der er es aushalten konnte. Trotz allem kam es immer wieder in der Familie und am Arbeitsplatz zu Schwierigkeiten, die von der Ehefrau mit unendlicher Geduld ausgeräumt wurden.

2 Entstehung und Struktur der schizophrenen Psychose

2.1 Kommunikation und psychische Entwicklung

2.1.1 Verwirrende Kommunikation

Robert C, jetzt 36 Jahre alt, bekam im Alter von 24 Jahren eine akute paranoid-halluzinatorische Psychose. Nach längerem stationärem Aufenthalt war er deswegen in ambulanter Behandlung. Eines Tages erzählt er, dass er lange über die Art der Kommunikation mit seiner Mutter nachgedacht und das Ergebnis in einer Gesprächssequenz festgehalten habe. Er überreicht mir einen Zettel, auf dem steht:

»Meine Mutter und ich verlassen kurz meine Wohnung. Ich trage mit beiden Händen einen Wäschekorb. Die Mutter soll die Türe von außen schließen und vorher den Schlüssel abziehen.

Ich: (Provokant autoritär, halb lustig) »Aber, dass du mir ja nicht vergisst, den Schlüssel abzuziehen!«
Sie: »Ja, Robert. Da hast du Recht. Ist dir das schon mal passiert?«
Ich: »Nein. Noch nie.«
Sie: »Oho. Mir würde das auf jeden Fall passieren.«
Ich: (Resigniert) »Ja. Das glaube ich dir.«

Ich verstehe hieraus nur: »Komisch, dass dir das noch nicht passiert ist. Stimmt das wirklich?«
     Und selbst hierauf könnte ich dann mit »Es stimmt wirklich.« antworten. – Sie würde mir immer noch nicht glauben.«

Was ist hier passiert? Der Sachverhalt ist einfach. Robert sagt der Mutter, sie soll nicht vergessen, den Schlüssel abzuziehen. Die Mutter antwortet zunächst auf der gleichen Sprachebene affirmativ: »Du hast Recht [mich daran zu erinnern].« Sie schließt eine Frage an, die man als ihr Interesse an ihrem Sohn verstehen kann: »Ist dir das schon mal passiert?« Robert verneint. Die Mutter antwortet mit »Oho.« Das kann man ebenso als Ausdruck der Bewunderung wie des Zweifels verstehen. Jetzt sagt die Mutter: »Mir würde das auf jeden Fall passieren.« Mit dem Conditionalis »würde« identifiziert sie sich mit Robert, unterstellt aber gleichzeitig, was Robert als Zweifel an seiner Glaubwürdigkeit versteht.

Folgen wir den Gedanken Roberts, so wird auch der Grund deutlich. Die Mutter verbindet mit der Aufforderung Roberts, nicht zu vergessen, den Schlüssel abzuziehen, die Erinnerung an ihre eigene Schusseligkeit. Sie zieht daraus den Schluss, dass es Robert wie ihr passiert sein muss und dass er nicht die Wahrheit sagt – so versteht es Robert. Darum muss er ihre Bemerkung im Weiteren auch so verstehen, als wollte sie die uneingestandene Schusseligkeit von Robert vertuschen. Also erst zieht sie seine Antwort in Zweifel und unterstellt ihm Schusseligkeit, dann liefert sie eine Entschuldigung für seine angebliche Schusseligkeit.

Das Problem in dieser Kommunikation ist, dass unterschiedliche Erfahrungen der Mutter und von Robert keinen Raum haben. Eine einfache Frage erzeugt ein unentwirrbares Knäuel von Unterstellungen und Infragestellungen. Was nun wirklich der Fall ist, ist nicht mehr auszumachen. Folgen wir den Annahmen Roberts und suchen nach einem Grund, warum die Mutter so verworren reagiert, wird man vermuten müssen, dass die Mutter nicht in der Lage ist, die realitätsbezogenen Befürchtungen von Robert zu akzeptieren, weil sie auf ihn und in die Situation erstens ihre eigene Schusseligkeit und zweitens ihre Scham deswegen projiziert. Die Mutter entlastet sich von Schamgefühlen, indem sie sie Robert aufbürdet und ihn dann dafür entschuldigt.

Robert ist nun in einer Situation, dass seine Wahrnehmung (Schlüssel, Tür, Verlassen der Wohnung), sein Gefühl (Befürchtung, ausgeschlossen zu sein) und sein Handlungsplan (die Mutter zu bitten, den Schlüssel abzuziehen) die Situation nicht mehr angemessen bzw. vollständig beschreibt. Es ist ein neuer Faktor aufgetaucht, nämlich die Scham der Mutter. Diese Scham bestimmt unausgesprochen die Kommunikation. Die Mutter behält die Scham nicht bei sich, sondern bürdet sie Robert auf, obwohl er keinen Grund für die Scham hätte – jedenfalls versteht er es so. Resignierend akzeptiert er das. Schließlich wird er an seiner Wahrnehmung bzw. Erinnerung zweifeln, ob er nun schusselig ist oder nicht.

Nun kann man einwenden, dass die Reaktion der Mutter auch viel simpler verstanden werden kann. Sie fragt, ob es Robert schon mal passiert sei, den Schlüssel abzuziehen, er antwortet mit »Nein«, und sie meint dazu, ihr würde es aber passieren. Nicht die Mutter schafft Verwirrung, sondern Robert, der – vielleicht wegen seiner Psychose – etwas in die Antwort der Mutter hineinliest, was nicht darin enthalten ist. Die Unentwirrbarkeit der Bedeutungen und die Unklarheit der Realität sind von Robert verursacht.

Aber abgesehen davon, dass die Mutter nicht zwischen sich selbst und Robert unterscheidet (»Gut, dass es dir nie passiert ist, mir würde es passieren.«), müssten wir unterstellen, dass Robert mit seiner Sichtweise und seiner Analyse des Dialogs seine Mutter falsch verstanden hat. Wir würden Robert nicht glauben, dass seine Mutter ihm nicht glaubt. Wir könnten Robert nun belehren: Deine Mutter glaubt dir! Worauf dann Robert resigniert feststellen würde, dass ihm nicht geglaubt wird. Wir könnten bzw. müssten Robert belehren, dass er die Wirklichkeit falsch sieht. Das – so unterstellt es Robert – will die Mutter ja auch tun.

Diese Lesart ist nicht unbedingt abzulehnen. Roberts Sichtweise kann man als Ausdruck seiner paranoiden Verfassung ansehen, die in der Tat auch nach Abklingen der akuten Symptomatik noch vorhanden war. Aber egal, wie das Missverständnis zustande kam, Robert fühlt sich nicht verstanden, ob man ihm nun eine paranoide oder realitätsbezogene Sichtweise unterstellt. Es ist für ihn auch nicht erkennbar, dass es der Mutter darum ginge, ihn zu verstehen. Verstanden-Werden aber klagt er ein. – Die Szene zwischen Robert und der Mutter betrifft nur eine Bagatelle. Aber dahinter steckt möglicherweise ein elementares Problem seiner Identität.

Kommunikation kann Unklarheit stiften, wenn meine Selbstwahrnehmung und das, was andere mir über mich mitteilen, nicht übereinstimmen. Bedeutsam ist das, weil sich die Identität des Menschen durch die Kommunikation mit anderen bildet. Das soll im Folgenden untersucht werden. Wir fragen, was die Verwirrung zwischen Robert und seiner Mutter verursacht haben könnte, nach dem Ort, wo sie entstanden ist, und wo der Keim einer psychotischen Entwicklung liegt.

Robert hat auf subtile Weise demonstriert, was das Problem der Kommunikation in seiner Familie ist. Wenn das, was er mit seinem Zettel demonstriert hat, ihm von Beginn seiner psychischen Entwicklung ständig mit den Eltern passierte, konnte kein kohärentes Bild seines Selbst entstehen, in dem Wahrnehmung, Gefühle und Handlungsintention zusammenpassen. Er musste Gefühle der Eltern – also deren Gefühl der Unzulänglichkeit und Scham – als eigene Gefühle introjizieren. Dadurch wurde die Äquilibration der Ichprozesse (Piaget, 1976) gestört und es entstanden Verzerrungen. So konnte er z. B. nicht lernen, seine Bedürfnisse autonom zu regeln; denn die innerseelischen Prozesse mussten immer zugleich den Bedürfnissen der Eltern dienen. Je »unzulänglicher« Robert in den Augen der Mutter war, umso besser war es, weil die Mutter ihre Gefühle von Unzulänglichkeit durch Projektion loswerden konnte. Was der Mutter fehlt, ist die Fähigkeit, sich auf die emotionale Dimension der Kommunikation einzulassen und zu verstehen, was Robert hören will: »Vielleicht bist du ja nicht so schusselig, wie ich oft bin.« Es ist gleichgültig, ob Robert die Unterstellung der Mutter in die Kommunikation hineinliest oder, wie er meint, herausliest. Wenn die Mutter empathisch wäre, würde sie es merken und könnte den Sachverhalt richtigstellen.

2.1.2 Die Entwicklungsaufgabe des Kindes

Wir wissen einigermaßen, welche Anforderungen das Kind für seine psychische Entwicklung an seine Bezugspersonen stellt (Piaget, 1976; Stern, 1992; Fonagy, Gergely, Jurist & Target, 2004). Wir haben zweitens Kenntnisse von den spezifischen psychischen Defiziten, die wir eine Schizophrenie nennen. Wir haben drittens, wie oben beschrieben, eine Idee vom schizophrenen Kommunikationsstil. Von diesen drei Erkenntnisbereichen ausgehend, können wir rekonstruieren, wie es zu einer Entwicklung kommen kann, in der die Ichfunktionen gestört sind, wie es für eine schizophrene Störung typisch ist.

Doch heißt das nicht, dass wir dadurch wissen können, wie oder gar warum eine Schizophrenie entsteht. Das kann durch eine solche Betrachtung allein nicht bewiesen werden. Was wir gewinnen, ist eine Ebene, auf der wir uns mit unseren Patienten verständigen können. Das schließt allerdings ein, dass unsere Überlegungen auch nicht beliebig sind. Was wir versuchen, ist, ein in sich konsistentes Modell zu entwerfen, welches möglichst viele Fakten, die nicht in Frage stehen, in sich vereinigt.

Das neugeborene Kind hat Empfindungen, die von außen und von innen kommen, also körperliche Gefühle, sinnliche Wahrnehmungen, später gegen Ende des ersten Lebensjahres auch schon Vorstellungen, die festen Begriffen entsprechen. Hinzu kommen Handlungsintentionen. Die verschiedenen Wahrnehmungsmodalitäten, Gefühle, Vorstellungsqualitäten und die Handlungsintentionen müssen miteinander verknüpft werden. Also der Geruch der Mutter, ihre Stimme, die Art, wie sie sich bewegt, das Schreien, um sie herbeizurufen, das Lächeln, um ihre Ankunft zu begrüßen, dass sie für Sättigung sorgt usw., all das zusammen wird verknüpft zu einem inneren Bild der Mutter (Objektrepräsentanz in der Sprache der Psychoanalyse). Dieses Bild der Mutter ist verbunden mit Vorstellungen von Handlung und dem daraus resultierenden Ergebnis. Man kann vermuten, dass das Bild der Mutter und das, was sich um sie herum weiter darstellt, der Kristallisationspunkt ist, aus dem schließlich eine Welt entsteht. Diese Kennzeichnung entspricht im Wesentlichen den Ergebnissen der Säuglingsforschung, wie sie uns vorliegen.

Korrespondierend damit entsteht eine Repräsentanz vom Selbst. Das Gefühl des Hungers, das Schreien, die Beruhigung oder Nichtberuhigung durch die Mutter, das Gefühl der Sättigung, das sie erzeugt, oder des bleibenden Hungers wirken, so können wir annehmen, auf die Bildung einer inneren Repräsentanz der eigenen Identität ein.

Das Ergebnis dieses Prozesses wäre im günstigen Fall ein psychischer Apparat, den wir integriert nennen können. Das ist wohl die Regel. Die einzelnen verschiedenen Modi der inneren und äußeren Wahrnehmung, die rationalen Vorstellungen und die Handlungsintentionen »passen« im Wesentlichen zueinander, so dass angesichts einer gegebenen physischen und sozialen Umwelt Lebensfähigkeit entsteht. Entscheidend in dem hier diskutierten Zusammenhang ist, dass dies offensichtlich nicht zwangsläufig geschieht; denn manchmal gelingt das nicht. Es müssen also dafür bestimmte Entwicklungsbedingungen gegeben sein.

Bei der Schizophrenie gelingt diese Integration nur unvollkommen. Wie man sich das vorstellen kann, wird im Folgenden beschrieben. Und da wir uns dabei auf Säuglingsforschung, Familienbeobachtung, psychologische Erkenntnisse, psychiatrisches Wissen und psychodynamische Beobachtungen stützen, kann das, was wir hier als Entwicklungsprozess beschreiben, als empirisch einigermaßen gut untermauert gelten, zwar nicht in allen Einzelheiten, aber in den Grundzügen, auch wenn wir von einer Beweislage noch mehr oder weniger weit entfernt sind.

2.1.3 Die Rolle der Mutter

Die Säuglingsforschung hat gezeigt, dass das Kind für seine psychische Entwicklung die Hilfe der Mutter (oder einer analogen Bezugsperson) braucht (z. B. Fonagy et al., 2004). Hunger, Schreien, Auftauchen der Mutter, Vorgang des Fütterns und Gefühl der Sättigung allein reichen nicht aus, um diesen Prozess für das Kind positiv ablaufen zu lassen. Die Mutter muss noch etwas hinzutun, nämlich ihre affektive Reaktion und Bezogenheit auf das Kind. Die Mutter signalisiert dem Kind z. B., dass das Füttern auch ihr Spaß macht, dass sie über das Bauchweh des Säuglings auch traurig ist und erleichtert, wenn es schwindet. Ein Roboter, der auf die Bedürfnisse des Kindes prompt reagiert, würde nicht genügen. Fütterung allein reicht nicht einmal bei Affen aus (Harlow & Zimmermann, 1959).[12] Doch wenn auch außer Zweifel steht, dass das Kind eine menschliche Betreuung braucht, ist die Frage, was im Einzelnen gegeben sein muss, damit keine psychischen Defizite entstehen, noch weitgehend offen.

Anfangs braucht der Säugling für alle psychischen Prozesse ein zweckgerichtetes Handeln und die Moderation der Mutter. Sie bewirkt durch ihre Antwort auf das Bedürfnis des Kindes, dass sich ein Gleichgewicht zwischen den verschiedenen psychischen Prozessen herstellt. Solange also z. B. das Gefühl des Hungers noch nicht von der Fantasie der bald verfügbaren Nahrung erträglich gemacht wird, braucht das Kind die beruhigende Stimme oder das Aufnehmen durch die Mutter, um nicht in Panik zu geraten. Allmählich reift das Kind, weil es ein dynamisches Gleichgewicht der psychischen Prozesse ohne die affektive Moderation der Mutter in eigener Regie herstellen kann. – Das ist die Alltagserfahrung mit kleinen Kindern.

Reifung der kindlichen Psyche bedeutet, dass es dem Kind zunehmend gelingt, die psychischen Prozesse eigenständig zu integrieren. Integriert ist der psychische Zustand, wenn z. B. der Hunger, die Vorstellung der Mutter, die Handlungsintention »Mama rufen«, die Fantasie eines süßen Breis zusammenkommen. Neben dem unangenehmen Gefühl des Hungers gibt es die beruhigende Vorstellung, dass die Mutter für den süßen Brei sorgen wird.

Die Entwicklung des Kindes kann dadurch erschwert oder gestört werden, dass die Eltern ihre Fürsorge nur unvollkommen ausüben. Wenn das Kind den Hunger lange ertragen muss oder wenn nicht vorhersehbar ist, ob es bald gefüttert wird oder lange warten muss, dann – so können wir uns das vorstellen – wird das entstehende Selbst- und Weltbild von einer negativen aggressiven Tönung bestimmt. Oder die Mutter wird von Gefühlen der Verzweiflung überschwemmt, wenn ihr Kind wegen des Hungers schreit, was der affektiven Beziehung zu ihrem Kind möglicherweise generell einen Schuss Verzweiflung beimengen wird. Es ist sicher nicht spekulativ anzunehmen, dass solche Erfahrungen eines Kindes Einfluss auf die Ausbildung der Beziehungsmuster bzw. den Bindungsstil, wie es Main beschreibt (2012), haben. Doch wäre es auch voreilig anzunehmen, dass die Faktoren, die auf die Erfahrungen des Kindes einwirken, eins zu eins übernommen werden. Wir wissen, dass es solche Zusammenhänge gibt. Um ein Beispiel

---

12 Bick (1968) meint, dass die erste Kommunikation zwischen Mutter und ihrem Kind über die Haut vonstattengeht. Dadurch auch bekomme das Kind eine Wahrnehmung, dass sein Körper zusammengehalten wird und nicht zerfällt. Die Beobachtung von Harlow und Zimmermann ebenso wie die Tatsache, dass Säugetiere ihre Neugeborenen ablecken, könnte man in diesem Sinne so interpretieren, dass die Jungtiere den Hautkontakt brauchen. Ähnliches gibt es auch bei Vögeln (Fischer-Mamblona, 1999).

zu nennen: Es ist zweifelsfrei, dass frühe Verlusterlebnisse des Kindes die spätere Entwicklung einer Depression begünstigen (Birtchnell, 1970). Aber es gibt auch protektive Faktoren, die negative Einflüsse kompensieren können. Darüber wissen wir noch wenig.

2.1.4 Die Bezogenheit von Mutter und Kind

Zwischen der Mutter und ihrem Kind gibt es von Anfang an Beziehung und Kommunikation. Die erste Kommunikation stützt sich überwiegend auf einen Austausch, den man auf Seiten der Mutter empathisch, auf Seiten des Kindes körperlich reflexhaft nennen könnte. Die Mutter fühlt, was das Kind ihm mitteilt, und das Kind seinerseits ist darauf angewiesen, dass seine inneren und äußeren Wahrnehmungen von der Mutter verstanden und angemessen verarbeitet werden. So lehrt es uns die Säuglingsforschung (Stern, 1992; Fonagy et al., 2004). Aber was passiert dabei im Einzelnen?

Ausgangspunkt ist wohl eine sehr enge Verbindung von Mutter und Kind. Wir bezeichnen es als eine Dyade und erkennen noch keine Differenzierung. Am Anfang ist das Handeln der Mutter nicht das Ergebnis eines Dialogs. Die Mutter identifiziert sich mit den Bedürfnissen des Kindes. Der Hunger des Säuglings, den die Mutter empathisch wahrnimmt, verursacht bei ihr die Handlung des Stillens. Dabei, so können wir unterstellen, kann sie gar nicht oder braucht sie nicht zwischen dem Bedürfnis des Säuglings, gefüttert zu werden, und ihrem Bedürfnis zu stillen, unterscheiden.

Es fällt vielleicht leichter, diese Art der Identifizierung der Mutter mit dem Bedürfnis des Kindes zu akzeptieren, wenn man sich vor Augen hält, dass die Brutpflege ein vererbtes Verhaltensmuster ist, das weit älter ist als die Affekte, die es heute bei den Menschen begleiten, und natürlich auch älter als die kognitiven Ausformungen (Panksepp, 1998; LeDoux, 1996). Wir gehen davon aus, dass die Mutter ihr Kind versorgt, weil sie es liebt und weil sie weiß, dass das Kind die Versorgung braucht. Und es ist wohl auch so, dass die Kinder Liebe brauchen, um sich gut entwickeln zu können. Das Bedürfnis zu lieben ist den Menschen von der Natur eingegeben. Aber diese affektive Bezogenheit und mehr noch die rationale Begründung sind eine Zutat zu den vorgeformten Reflexen der Brutpflege und nicht deren Ursache.

Das heißt, die natürlichen Bedürfnisse des Neugeborenen treffen auf komplementäre Bedürfnisse der Mutter, die durch die Schwangerschaft auf ebenso natürliche Weise vorbereitet werden. Dabei soll hier die Kontroverse, ob man dem Baby unmittelbar nach der Geburt ein »auftauchendes Selbst« (Stern, 1992) zusprechen kann oder ob man bei Mahler (Mahler, Pine & Bergman, 1996) bleiben will, dass Mutter und Baby zu Anfang wie ein einziges Wesen zu betrachten sind, gar nicht entschieden werden, wenn sie denn überhaupt entschieden werden kann. Tatsache ist, dass das Baby in allen seinen Lebensäußerungen zunächst auf eine betreuende Person angewiesen ist, wie auch umgekehrt die Mutter entsprechend auf das Kind bezogen ist. Es ist vorstellbar, dass das Kind mit dem Beginn seines extrauterinen Lebens den Keim einer Selbstvorstellung schon hat und zugleich doch, wie es Winnicott z. B. (2002) annimmt, Mutter und Kind eine undifferenzierte Einheit sind.

2.1.5 Frühe projektive Identifizierung

Mit der Geburt des Kindes sind Mutter und Kind aufeinander bezogen. Diese Bezogenheit kann man aber noch nicht Kommunikation nennen; denn bei einer Kommunikation müssen Sender, Empfänger und Botschaft unterschieden werden können. Das ist aber bei dieser ursprünglichen Bezogenheit zwischen Mutter und Kind noch nicht der Fall. Möglich, dass sich Kommunikation vom ersten Tag an entwickelt. Aber sie ist nicht der Ausgangspunkt. Es gibt dazu keinen besseren Vergleich als die Bezogenheit von Muttertier und Jungem bei den Säugetieren. Die koordinierten Handlungen der beiden würde man auch nicht einer Kommunikation zuschreiben.

Aber es muss Kanäle geben, wie diese Bezogenheit vermittelt wird. Alle unbewusst bleibenden Äußerungen kommen dabei in Betracht, also Reflexe, der Gebrauch der Stimme, die Art der Stimmmodulation, motorische Reaktionen, vegetative Reaktionen, wie Herzschlag, Geruch, Schweißbildung. Die Mutter merkt so, ihr unbewusst, was das Baby will, und das Baby bekommt Signale von der Mutter. Diese Art Bezogenheit bleibt möglicherweise auch später in schwacher Form erhalten, wenn sich längst schon die sprachliche Kommunikation entwickelt hat. Die Erfahrung, dass man in bestimmten Situationen ähnlich denkt wie der Freund, dass Gruppen von Menschen manchmal gleichförmige Intentionen oder Fantasien haben, könnte auf dieser Form wechselseitiger Bezogenheit basieren.[13] Dass eine Art der Bezogenheit zwischen der Mutter und ihrem Säugling existiert, die koordiniertes Handeln zwischen ihnen möglich macht, dafür gibt es auch direkte Hinweise. Die folgenden beispielhaften Beobachtungen mögen das erläutern.

Vor Jahren bin ich mit einer jungen Frau, die wenige Wochen zuvor ein Kind bekommen hatte, im Auto gefahren. Ich saß am Steuer, die junge Mutter auf dem Rücksitz hatte den Säugling auf dem Schoß. Nach einiger Zeit sagte sie: »Bitte halte mal kurz an, mir ist übel.« Ich fuhr an den Straßenrand, die Mutter stieg mit dem Kind auf dem Arm aus, und es übergab sich der Säugling. Dann ging es der Mutter wieder gut und wir konnten weiterfahren.

In meiner psychiatrischen Sprechstunde melden sich gelegentlich Frauen, die bei der telefonischen Absprache über den Termin mitteilen, dass sie ein kleines Kind haben. In solchen Fällen schlage ich den Frauen vor, das Kind mitzubringen. Wenn die Mutter dann bei mir ist, hat sie normalerweise den Säugling auf dem Schoß. Oft kommt es dabei vor, dass der Säugling während des Gespräches unruhig wird, weint oder gar schreit. Schließlich kam ich auf

---

13 Nimmt man die Schwarmtheorie noch hinzu, hätte man eine Erklärung, warum in Gesellschaften etwas Allgemeingut sein kann, bevor es öffentlich diskutiert wird.

die Idee, ob es nicht manchmal eine Irritation der Mutter durch das gerade erörterte Thema ist, die das Kind schreien lässt. Wenn diese These stimmt, dann sollte eine Beruhigung der Mutter das Schreien des Kindes beenden. In der Tat ließ sich das in fast allen Fällen erreichen.

In meiner Erinnerung an die ersten Jahre nach dem Zweiten Weltkrieg in Deutschland sind Menschenansammlungen immer mit verzweifeltem Kindergeschrei verbunden. Ich nehme an, dass die Kinder die Angst der Eltern gespürt haben. Menschenansammlungen gab es vor Bahnhöfen, über die man entkommen wollte, vor Geschäften, in denen es begrenzt Nahrungsmittel zu kaufen gab, usw.

Was hier »Bezogenheit« genannt wird, entspricht ziemlich genau dem, was Ogden (1982) in Anlehnung an M. Klein als projektive Identifizierung beschreibt (vgl. auch Frank & Weiß, 2017). Eine Person projiziert eine Empfindung, wohl meist ein Gefühl, in einen anderen. Dieser andere, der Rezipient, ist einem Druck ausgesetzt, den Projektionen zu entsprechen. Ogden betont, dass dies ein realer Druck ist, nicht nur eine Fantasie des Rezipienten. Er betont ferner, dass darum projektive Identifikation nur dort stattfinden kann, wo es eine reale Interaktion zwischen Menschen gibt. Den Transfer von der einen Person in die andere kann man sich so vorstellen wie bei Mutter und Kind. Unbewusste Äußerungen des einen werden ebenso unbewusst vom anderen wahrgenommen. Die projektive Identifizierung wird meist so beschrieben, dass sie vom Kind ausgeht und auf die Mutter projiziert wird (z. B. Bion, 1984, S. 90). Der umgekehrte Vorgang, dass wie hier die Mutter auf das Kind projiziert, ist wenig untersucht, wurde aber z. B. von di Ceglie (1987) beschrieben.

Das kleine Kind ist bestimmt besonders empfänglich für Projektionen der Mutter und natürlich auch des Vaters. Man könnte sogar vermuten, dass ein Großteil der Charakterbildung, im Guten wie im Schlechten, über diesen Prozess läuft. Es sind nicht nur die genetisch festgelegten Anlagen und die Vorgaben von Eltern, Lehrer und anderen, sondern auch Prozesse wie die projektive Identifizierung, die vom ersten Tag an auf die Entwicklung des Kindes wirken und dabei unbewusst bleiben.

2.1.6 Verbale Kommunikation

Aber es bleibt ja nicht bei dieser nonverbalen Kommunikation. Nehmen wir das Stillen als Beispiel. Ursprünglich ist es ein Vorgang, der der Worte nicht bedarf. Auf Seiten der Mutter ist es eine Handlung, auf Seiten des Kindes das Gefühl der Befriedigung. Auch wenn die Mutter dabei mit ihrem Kind spricht, ist das Sprechen zunächst nur ein die Handlung begleitender Ausdruck ihrer Verfassung. Aber früher oder später realisiert die Mutter, dass es ihres Entschlusses bedarf, ob sie stillt oder nicht. Damit hat die explizite Kommunikation mit ihrem Kind begonnen. Der Rückgriff auf einen Entschluss, der später vielleicht in Worten ausgedrückt wird, verändert die ursprüngliche Einheit der sprachlosen Handlung.

Wir können das Stillen jetzt als die Lösung eines Konfliktes zwischen Mutter und Kind betrachten, nämlich des Konfliktes, dass der Säugling Hunger hat und die Mutter über die Fähigkeit verfügt, diesen Hunger zu stillen.

Wenn die Mutter diesen Unterschied wahrnimmt, dann gibt es die Mutter, die über die Brust verfügt, und den Säugling, der die Brust verlangt. Vielleicht ist das zunächst nur eine schwache, schemenhafte Unterscheidung. Umgekehrt ist die anfängliche Identifizierung der Mutter mit ihrem Säugling bestimmt nie ganz vollkommen.

In dieser Unterscheidung zwischen ihrer Bereitschaft, ihr Kind zu stillen, und dem Verlangen des Kindes, gesättigt zu werden, und erst in dieser, steckt potenziell auch die Verweigerung. Ein Tier kann dem Jungen nicht verweigern, es zu säugen. Das Säugen passiert, oder es passiert nicht. Die Mutter aber kann eine Unterscheidung machen zwischen ihrer Bereitschaft und dem Verlangen des Kindes. Wenn sie diese Unterscheidung macht, kann sie entscheiden oder hat schon entschieden, ob sie dem Verlangen ihres Kindes folgt oder nicht. Das Kind muss von diesem Augenblick an seine Abhängigkeit realisieren, wie schemenhaft auch immer. Würde nichts hinzukommen, so würde mit zunehmender Differenzierung das Kind aus der Beziehung fallen. Am Ende würde die Mutter nicht mehr stillen wollen und das Kind würde realisieren müssen, dass es die Brust nicht mehr gibt. Wenn sich das so fortsetzte, würden Mutter und Kind zwei Wesen sein, die nichts mehr zusammenhält – wie wir uns das bei den Tieren vorstellen.

Das Stillen und die Verweigerung, die ein willentlicher Akt geworden sind, werden nun nicht mehr allein durch Verhaltensreflexe gesteuert, sondern überlagert sind Affekte, die die Steuerung der Beziehung zwischen Mutter und Kind mehr und mehr übernehmen.

Die Unterscheidung zwischen Bereitschaft der Mutter und Verlangen des Kindes ist auch Ablösung, die die Grundlage dafür bildet, dass die Mutter und das Kind sich als je eigene Wesen wahrnehmen. Mutter und Kind sind nun nicht mehr eine Dyade, in der Empfindungen noch ohne Worte ausgetauscht werden. Die Sprache, die zwischen Mutter und Kind entsteht, schafft etwas Neues. Die Mutter verweist mit dem Wort auf ein Drittes. Dieser Verweis bezieht sich auf etwas Abstraktes, was wir die semantische Bedeutung des Wortes nennen. Wenn sie z. B. zum Kind vom Papa spricht, dann meint sie eine konkrete Person, obwohl der Begriff »Papa« allgemein ist in dem Sinne, dass er alle Papas bezeichnet. Der semantische Teil der Botschaft muss für das Kind in diesem Sinne Eindeutigkeit gewinnen, damit es die Sprache beherrscht.

Zugleich ist die Ansprache des Kindes ein konkretes Ereignis. Die Mutter spricht hier und jetzt zum Kind, und das Kind hört hier und jetzt, was die Mutter sagt. Dieses Sprechen-Hören-Ereignis ist relativ unabhängig von der semantischen Bedeutung dessen, was kommuniziert wird, wie es Felsberger (2017) ausführlich beschreibt. Das Sprechen-Hören-Ereignis ist in seiner Bedeutung komplex. Darin geht ein, was die Mutter mit dem Papa, der ihr Mann ist, kurz vorher gesprochen hat, ihre Erfahrung mit ihrer eigenen Mama, einfach nur ihre gute Laune usw. Es ist eine ganze Welt mit bewussten und unbewussten Bereichen, womit sie das Kind konfrontiert, ohne es direkt auszusprechen. Es wird so eine Wirklichkeit zwischen der Mutter und dem Kind geschaffen, die komplex und affektiv hoch besetzt ist.

2.1.7 Sprache

Mit der Entwicklung der kognitiven Fähigkeiten lernt das Kind, dass mit Worten Dinge oder Sachverhalte gemeint sind. Offensichtlich geschieht das so, dass das Kind und die dem Kind nahe stehenden Personen sich unausgesprochen darauf verständigt haben, dass ein bestimmtes Ding oder ein Sachverhalt mit definierten Attributen, die sinnlich und emotional erfahren werden, belegt wird und mit anderen Attributen eben nicht belegt wird. Brei ist süß, kann man schlucken, macht satt. Brei ist nicht hart, nicht holzig, nicht traurig und nicht Sommer usw. So gibt es Begriffe und damit eine Kommunikation zwischen Kind und Mutter, die ein Drittes, nämlich die Welt zwischen ihnen entstehen lässt. Die Wirklichkeit, so könnte man sagen, differenziert sich zu einer Welt, die aus benennbaren Dingen und Wesen besteht. Es ist das die vorödipale Triangulierung.

Der Begriff, das Wort oder das Gesetz ist ein Drittes, dem sich Mutter und Kind in gleicher Weise unterwerfen. Der Begriff »Brust« ist etwas anderes als die Brust. Der Begriff meint etwas Allgemeines und zugleich etwas, was sich dem unmittelbaren Zugriff entzieht. Man kann auch sagen, der Begriff symbolisiert insofern den Vater, vielleicht ist er es in einem archaischen Sinn immer. Der Vater repräsentiert so das Gesetz, das für alle in gleicher Weise gilt (Lacan, 2002). – In der schizophrenen Psychose verlieren die Worte diesen Charakter. Sie sind einerseits nicht scharf von den Sachverhalten unterschieden, die sie bezeichnen. Andererseits ist auch die Eindeutigkeit der Bedeutung nicht mehr so klar.

Die Trennung zwischen der ursprünglichen Einheit von der Mutter und ihrem Kind lässt also zwei verschiedene Wesen, Affekte, die beide verbinden, die Sprache und eine Welt entstehen. Die undifferenzierte Dyade, wie wir sie beschrieben haben, ist vielleicht nur ein Konstrukt und das, was in der Ablösung deutlich auftaucht, ist wahrscheinlich ansatzweise immer schon vorher vorhanden und entwickelt sich stetig von Beginn an. Aber wie dem auch sei, die Ablösung lässt eine neue Art der Verbindung, die durch die Affekte gestiftet wird, aber auch eine Welt, die unabhängig und durch die beschreibende Sprache zugänglich ist, entstehen. Man kann es auch von der anderen Seite sehen. Wenn das Dritte auftaucht, nämlich eine Welt, der sich auch die Mutter unterwerfen muss, hat die ursprüngliche Dyade keinen Bestand mehr. Mutter und Kind differenzieren sich zu zwei unabhängigen Wesen.

2.1.8 Die Welt

Mit dem Wort wird das, was ursprünglich nur eine Empfindung ist, Dingen oder Personen zugeschrieben. Die Empfindung »süß« wird als Attribut der Brust verstanden. In diesem Sinne kann man es als eine Projektion verstehen. Die reale, physische und soziale Welt, in der wir leben, ist in diesem Sinne eine Abstraktion unserer persönlichen Erfahrung. Wir nennen die Welt objektiv, insofern sie eine kollektive Projektion der Menschen ist. Die je einzelnen Projektionen müssen einigermaßen zusammenpassen, damit wir in einer gemeinsamen Welt leben können. Wenn die emotionale und rationale Bedeutung, die für mich in den Begriffen aufgehoben ist, zu sehr und grundsätzlich von der Bedeutung, die die Begriffe für andere Menschen haben, abweicht, dann können wir uns nicht auf eine gültige Weltsicht einigen.

Das Kind muss also lernen, dass die Mutter nicht der Vater ist, der Bauklotz kein Stein usw. Die Menschen schreiben den Dingen mit relativ großer Übereinstimmung bestimmte Attribute zu. Aber trotz dieser Übereinstimmung, was nämlich eine Mutter ist, was ein Bauklotz, so hat ein jeder doch seine sehr individuellen Erfahrungen mit diesen Dingen gemacht. Es gibt sanfte Mütter und strenge Mütter, mit Bauklötzen kann man spielen, man kann sie aber auch als Wurfgeschosse benutzen. Das sind Bedeutungen, die wahrscheinlich beeinflusst werden von den ersten Erfahrungen der Kindheit, die vom emotionalen Klima in der Familie geprägt sind und wohl auch großenteils unbewusst bleiben. Es spricht vieles dafür, dass es die Eltern sind, die diese Bedeutungen wesentlich beeinflussen. – Diese Klarheit, was man Sachverhalten zuschreiben kann und was nicht, besteht bei Menschen mit einer schizophrenen Psychose so nicht.

Wie die Dinge, die Personen und die Erfahrungen, die man gemacht hat, zu einer Welt zusammengefügt werden, das ist wohl bei jedem Menschen anders. Aber die Bedeutung der Dinge und die Affekte, die mit ihnen verbunden sind, dürfen sich bei den einzelnen Menschen auch nicht allzu sehr unterscheiden, weil der soziale Konsens darauf beruht. Mütter in unserer Kultur sind gut und fürsorglich und brauchen ihre Kinder. Väter sind eher Kumpel als strenge Richter usw. Auf diese oder ähnliche Weise entsteht eine Welt, die nicht nur von Begriffen beschrieben wird, sondern durch einen unbewussten Konsens zu einer kulturellen Identität einer Gesellschaft wird.

Die soziale Wirklichkeit, in der wir leben, also unsere Kultur, ist somit in gewisser Hinsicht eine Projektion emotionaler und sinnlicher Erfahrungen, die (durch Abwehrprozesse) zu einer Form denaturieren, die wir objektiv nennen. Auf der anderen Seite ist aber die Welt per definitionem etwas, das nicht gemacht ist, sondern die Grundlage von allem. Diesen Widerspruch können wir nicht auflösen, müssen ihn vielmehr als gegeben hinnehmen.

2.1.9 Familie und Gesellschaft

Die Beziehung zwischen Mutter (Vater) und Kind hat zwei Pole. Es gibt einmal eine affektive Beziehung. Man darf annehmen, dass sie eng verwoben ist mit der Bindung (und Loyalität), und sie ist wohl auch die Grundlage der Vorstellung, einer Familie anzugehören. Die Familie ihrerseits begründet die Zugehörigkeit zu einer Ethnie. In der Familie herrschen Tradition und Loyalität, nicht das Gesetz. Auf der anderen Seite ist die soziale Welt, die sich mit der Sprache den Menschen erschließt. Die Sprache öffnet den gesellschaftlichen Raum. Dieser gesellschaftliche Raum wird aufgespannt durch Regeln und Gesetze, die sich schließlich als Staat organisieren.

Die Identität des Menschen ist eine doppelte. Die Zugehörigkeit zu einer Familie, schließlich einer Ethnie, begründet die eine Form der Identität. Sie repräsentiert die Abstammung des Menschen und sie hat eine enge Beziehung zu seiner Körperlichkeit. Die Zugehörigkeit zu einer Gesellschaft, in der Regeln und Gesetz herrschen, begründet die andere Form der Identität. Diese Form der Identität entsteht aus der Kommunikation des Einzelnen mit der Gesellschaft, wie es der amerikanische Soziologe Mead (2015) dargestellt hat. Der Einzelne gehört unterschiedlichen sozialen Gruppen an, wie einer Religionsgemeinschaft, einer politischer Gruppierung, einer Berufsgruppe usw. Entwicklungsziel des Menschen ist, dass er sowohl Bindungen zu Menschen eingehen kann, als auch, dass er sich als Mitglied einer Gesellschaft fühlt, in der nicht Bindung und Loyalität, sondern Gesetze und Regeln für das Miteinander bestimmend sind.

Dafür braucht der Mensch Fähigkeiten, die erworben werden müssen. Der Erwerb dieser Fähigkeiten ist eng gekoppelt an die Ablösung von den Primärobjekten. Diese Ablösung ist zwar nie vollständig, aber ohne sie kann der Mensch sich nicht als ein gleichwertiges Mitglied der Gesellschaft fühlen, wie das Beispiel der Schizophrenie zeigt. Diese spezifische Form der Ablösung nennen wir »erwachsen werden«. Man kann es auch umgekehrt formulieren. Sich als Mitglied einer Gesellschaft fühlen, führt zu einer Distanz zu den Primärobjekten. Aber die Primärobjekte werden nicht aufgegeben. Vielleicht kann man es so sagen: Die erwachsene Position ist, dass sowohl die familiäre Bindung als auch die Zugehörigkeit zu einer Gesellschaft sowie die daraus erwachsenen Verpflichtungen akzeptiert werden.

Wenn sich auch beides, also Ethnie und Staat, überlappen mag, so ist damit die Differenz zwischen Familie und Gesellschaft bzw. Staat, zwischen privatem und öffentlichem Raum entstanden. Beides ist ohne das andere nicht möglich (z. B. Lenz, 2005), und das eine ist nur vor dem Hintergrund des anderen zu verstehen. Wenn der Staat mit seiner Struktur auch in der Familie herrschen will, nennen wir das Totalitarismus. Wenn umgekehrt die Stammesstrukturen (Familien, Clans, Ethnien) die staatlichen Strukturen in den Hintergrund drängen, schwächt das den Staat und befördert im Extremfall Anarchie. Aber die Zugehörigkeit zu einer Ethnie ist das Ursprünglichere. In Krisenzeiten, wenn staatliche Strukturen nicht mehr geeignet sind, die soziale Realität überzeugend zu gestalten, findet darum leicht eine Regression auf Stammesstrukturen statt.

Ausgangspunkt der Entwicklung, die schließlich dazu führt, dass der Mensch eine familiäre und eine gesellschaftliche Identität hat, ist, dass der Säugling mit der Geburt in eine enge Bindung fällt und nun in einem langen Prozess seine individuelle Identität entwickelt. Dabei verlaufen Ablösung von den Eltern und Einbindung in gesellschaftliche Organisationen parallel. Nach drei Jahren, wenn die Ichbildung des Kleinkindes einen ersten Abschluss findet, stecken wir die Kinder in den Kindergarten, mit sechs Jahren, wenn die ödipale Konfliktsituation sich beruhigt hat, schicken wir sie in die Schule, und wenn sich nach der Pubertät die Sexualität unabweisbar meldet, wird die Peergroup wichtig, und die Jugendlichen sind nach einer Übergangszeit vollwertige Mitglieder der Gesellschaft, wie wir das nennen. Bei schizophrenen Menschen kann die enge Verzahnung von Ablösung und Entwicklung gut beobachtet werden. Beides, nämlich die Ablösung von den Primärobjekten wie die Integration in die Gesellschaft, ist nicht gut gelungen.

Vielleicht erwächst aus dieser engen strukturellen Verbindung zwischen der Notwendigkeit von Familie ebenso wie von staatlichen Strukturen der Trost, dass ein totalitärer Staat auf die Dauer nicht existieren kann. Menschen können auf familiäre Strukturen, in denen der Staat nicht herrschen darf, nicht verzichten. Die Familie, so Walter Benjamin (1965), ist im Prinzip ein rechtsfreier Raum. Die Menschen werden jede Form des Totalitarismus unterleben – jedenfalls gibt es Grund, das zu hoffen. Aber dass die Menschen sich nie ganz staatlichen Strukturen unterwerfen, ist auch eine der Quellen von irrationalem gesellschaftlichem Verhalten. Die großen Autoren der Utopie, wie Plato (»Der Staat«) und Thomas Morus (»Utopia«), haben darum in ihren Entwürfen vorgesehen, dass es kein von staatlichen Einflüssen freies Familienleben gibt. Aber wie gesagt, das wäre eine Form von Totalitarismus.

2.1.10 Identität und Gesellschaft

Die Beziehung des Menschen zu seiner sozialen Umgebung, seine Einbettung in eine Gesellschaft, scheint also die Basis zu sein für seine psychische Integrität. Es ist also nicht übertrieben zu sagen, dass die Menschen gesellschaftliche Strukturen brauchen, um psychotische Ängste zu vermeiden. Wenn die gesellschaftliche Situation so ist, dass wenig Möglichkeiten bestehen, sich in anerkannten Gruppen ausreichend zu integrieren, bekommen die Menschen Schwierigkeiten. Dazu im Folgenden drei Beispiele.

> Ben ist von Beruf Drucker und war Mitglied einer politischen Partei. Drucker braucht man nicht mehr und seine politische Partei hat sich mit der Wiedervereinigung Deutschlands aufgelöst. Ben ist in keinem Verein und er hat kaum Freunde. Geblieben ist eigentlich nur die Familie. Seine Identität ist zwar nicht zerstört, aber sie ist geschwächt. So ist er dankbar, als er registriert, dass er mit diesem Problem nicht allein ist. In der Gruppe von Menschen, denen es ähnlich ergangen ist, fühlt er sich besser. Ja, er betrachtet diese Gruppe nun als etwas, was ihn definiert, seine Identität stärkt. Diese Zugehörigkeit zu einer Gruppe macht ihn ruhiger, wie das für die meisten Menschen gilt (Ketturat, Frisch, Ullrich, Häusser, van Dick & Mojzisch, 2016). Das Problem ist freilich, dass Ben und seine Gesinnungsfreunde einen Ausweg nur darin erkennen können, dass alte Verhältnisse teilweise wiederhergestellt werden.

> Ein krasses Beispiel dafür, welche Folgen der Zusammenbruch der Sozialstruktur haben kann, ist der Bürgerkrieg in Sierra Leone zwischen 1991 und 2002. In diesen Auseinandersetzungen hatten sich die jungen Männer Gruppen angeschlossen, die sich gegenseitig und die Zivilbevölkerung auf grausame Weise drangsalierten. Einer der Gründe, vielleicht besser Voraussetzungen, für diese Entwicklung war die soziale Perspektivlosigkeit der Jungen (Mitton, 2015). Die älteren Männer in Sierra Leone hatten alle sozial relevanten Posi-

tionen besetzt, so dass die jungen Leute keine Möglichkeit hatten, irgendeine sozial anerkannte Position zu erwerben.

Als drittes Beispiel sei die Lage der indigenen Völker in Amerika und Australien genannt. Diese Völker haben ihre sozialen Strukturen eingebüßt, ohne gleichwertige Positionen in der neuen Gesellschaft erreichen zu können. Der häufige Alkoholismus und Drogengebrauch in diesen Völkern (z. B. Kirmayer, Brass & Tait, 2000) ist wohl mitbedingt dadurch, dass diese Menschen in der Gesellschaft, in der sie nun leben, keine ausreichende soziale Identität finden.

Gemeinsam ist diesen drei Beispielen, dass die Sozialstrukturen den Menschen keine ausreichende Möglichkeit zur Bildung einer sozialen Identität geboten haben. Unterschiedlich sind die Antworten der Menschen. Es sind also zusätzlich noch andere, je besondere Gründe für die Entwicklung verantwortlich. Aber das Problem der Identität berührt tiefe Ängste der Menschen und scheint darum ein mächtiges Movens zu sein, koste es, was es wolle, einen Ausweg zu finden. Der Versuch, Vergangenes wiederzubeleben, Gewalt und Selbstschädigung, im schlimmsten Fall eine Kombination aus allem, sind die Folge.

Man kann sich einen anderen Weg denken. Wenn soziale Strukturen nicht mehr zeitgemäß sind, können die Menschen und Gesellschaften einen progressiven Weg gehen und neue Sozialstrukturen, die den veränderten Bedingungen angepasst sind, herausbilden. Aber, wie immer in lebendigen Systemen, können sich neue Strukturen nur entwickeln, wenn vorher eine Entdifferenzierung stattgefunden hat. Differenzierte Strukturen können nicht in neue übergehen, sondern sie müssen erst aufgegeben werden, damit sich Neues entwickeln kann. So entsteht zwangsläufig eine Übergangszeit, in der die Menschen und die verbliebenen Strukturen besonders anfällig sind.

Nun wird aber die soziale Identität der Menschen nicht allein durch die Sozialstrukturen gebildet. Die Abstammung, die sich durch die Beziehung zur Mutter manifestiert, und die daraus folgende Zugehörigkeit zu einer Ethnie, begründet auch ein Identitätsmerkmal. Dieses Merkmal ist zwar ziemlich allgemein, weil man es mit sehr vielen anderen teilt, aber es hat die Besonderheit, dass es nicht veränderbar ist und nicht abgelegt werden kann. Es kann lediglich durch Heirat in eine andere Ethnie an Bedeutung verlieren. Wenn die soziale Identität geschwächt ist, bekommt die ethnische Identität wahrscheinlich ein größeres Gewicht.

Auch Ethnien können das Problem haben, sich ihrer Identität vergewissern zu müssen, und greifen darum mitunter zu dem Mittel gewaltsamer Abgrenzung von anderen Ethnien (Cederman, Wimmer & Brian, 2010; United Nations, 2018).

2.2 Familie und psychische Entwicklung

2.2.1 Untersuchungen zur Familienkonstellation psychotischer Menschen

Empirische Untersuchungen haben belegt, dass die Eltern schizophrener Menschen eine Fülle von psychischen Auffälligkeiten aufweisen. Dieser Sachverhalt wird allerdings von den verschiedenen Autoren im Sinne ihrer theoretischen Orientierung verschieden interpretiert. Familiendynamiker, wie die im Folgenden zitierten Autoren, sehen darin den Beweis, dass das Familienklima die Entwicklung einer Schizophrenie fördert. Die Psychoanalytiker sehen es ähnlich. Die Genetiker erkennen darin die Bestätigung für die Erblichkeit der Schizophrenie (ausführliche Literaturhinweise zur psychoanalytischen Literatur bei Alanen (2001), zur Genetik bei Moises & Gottesmann (2000)). Die Untersuchungen zur Familiendynamik der Schizophrenie sind wie die zur Psychodynamik in den 70er-Jahren des vorigen Jahrhunderts mehr oder weniger abgebrochen.

1931 veröffentlicht Levy seine Beobachtungen über »maternal overprotection«, die er 1943 in einer Monographie zusammenfasst (Levy, 1943). Levy hatte nicht primär die Schizophrenie im Auge. Er interessierte sich generell für die psychische Situation von Kindern. Er unterschied an Hand seiner Beobachtungen eine nachgiebige und eine dominante, überprotektive Mutter, was heißt, dass der Grundzug der Overprotection mit verschiedenen Erziehungsstilen kombiniert sein kann. Im Rahmen der hier aufgeworfenen Fragestellung ergaben die Beobachtungen von Levy, dass die Mütter (und Väter) der von ihm beobachteten Familien die Bedürfnisse ihrer Kinder gröblich missverstanden bzw. nicht beachtet haben. Das lässt noch keine sicheren Aussagen zur Situation der Kinder zu, die später schizophren werden. Es macht nur plausibel, dass das, was als Fürsorglichkeit erscheinen mag, unter Umständen mehr den Bedürfnissen der Eltern als denen des Kindes dient.

1934 beschreiben Kasanin u. a. die »pathogenen Eltern-Kind-Beziehungen« in Familien mit einem schizophrenen Kind. 1949 veröffentlichen Lidz und Lidz ihre ersten Untersuchungen über 50 Familien mit einem schizophrenen Mitglied. In einer weiteren Untersuchung stellten sie fest, dass der Einfluss des Vaters wohl nicht weniger von Bedeutung ist als der der Mutter (Lidz, Cornelison, Fleck & Terry, 1957). 1966 fassten Lidz und Mitarbeiter (Lidz, Fleck & Cornelison, 1966) die Ergebnisse in einer Monographie zusammen. Die Eltern schizophrener Kinder waren zu einem hohen Prozentsatz selbst schwer gestört, was dazu führte, dass die Eltern ihre Kinder emotional überforderten. Emotionale Überforderung heißt, dass die Eltern den Kindern keine ausreichende Stütze in ihrer psychischen Verfassung waren, sondern umgekehrt eher von den Kindern emotionale Unterstützung forderten.

Bowen (1975), der zwischen 1949 und 1959 Familien mit einem schizophrenen Mitglied über lange Zeit, unter anderem im stationären Rahmen, beobachtete, hat den Begriff der »undifferenzierten Ichmasse der Familie« geprägt. Damit will er sagen, dass es innerhalb von Familien Bindungen gibt, die einzelnen

Mitgliedern ermöglichen, eigene Gefühlszustände durch einen anderen in der Familie auszudrücken. Bowen legt Wert auf die Feststellung, dass es diese Art Bindung in jeder Familie gibt. Aber in den psychotischen Familien sind die Differenzierung und Abgrenzung der einzelnen Mitglieder schwächer als üblich. Die Eltern in solchen Familien projizieren die eigenen Probleme auf ein Kind. Bowen formuliert es so, dass »… die Mutter nach einem Defekt beim Kind sucht und ihn diagnostiziert, der am besten ihrem Gefühlszustand entspricht« (S. 256).

Brown und Mitarbeiter (Brown, Birley & Wing, 1972) sowie Vaughn und Leff (1976) haben mit Hilfe einer operationalisierenden Methode in direkter Beobachtung die kritischen und emotionalen Äußerungen der Eltern zu den Kindern gezählt. Die Unterschiede zwischen »normalen« Familien und solchen mit einem schizophrenen Mitglied waren deutlich. Bei Letzteren reagierte die Mehrheit der Angehörigen emotional sehr negativ auf das schizophrene Kind. Die Autoren nannten diese Familien »high expressed emotions families« (HEE-Familien). Ohne dass es die Autoren so formuliert hätten, ist doch aus ihren Befunden herauszulesen, dass in den HEE-Familien die kritischen Äußerungen der Eltern über ihr psychotisches Kind großenteils Projektionen sind.

> Es gehört zu den alltäglichen Erfahrungen eines Psychiaters, dass Eltern zu ihm kommen und im Beisein von psychotischem Sohn oder psychotischer Tochter über deren Defizite klagen. Nicht selten macht es größte Schwierigkeiten, positive Seiten von Sohn oder Tochter zu erfragen. Man spürt, dass diese Eltern ein unbewusstes Interesse daran haben, ihrem Kind diese negativen Eigenschaften zuzuschreiben.

Schließlich sind noch Bateson und Mitarbeiter (Bateson, Jackson, Haley & Weakland, 1969) mit ihrem Konzept des Double Bind zu nennen. Damit ist gemeint, dass in der Kommunikation der Eltern schizophrener Kinder oft ein Gegensatz zu beobachten ist zwischen dem, was sie sagen, und dem Gefühl, das sie zugleich averbal ausdrücken. Sie sagen z. B. »Wie schön!«, drücken aber durch Betonung, Gestik oder Mimik aus, dass sie angewidert sind. Man kann das Double Bind als eine Form einer projektiven Identifizierung ansehen.

Es gibt nicht viele Untersuchungen, die »schizophrene Familien« mit »normalen Familien« vergleichen. Soweit es aber geschehen ist, wird der Unterschied deutlich. Wynne (1978) sowie Singer und Mitarbeiter (Singer, Wynne & Toohey, 1978) haben mit dem Rorschachtest mit einer 90-prozentigen Sicherheit Eltern schizophrener Kinder identifizieren können. Im Vergleich finden sich in Familien schizophrener Patienten zu fast zwei Dritteln schwere Störungen (Alanen, Rekola, Stewen, Takala & Touvinen,1966) gegenüber ca. 20 % der Eltern neurotischer Patienten.

Searles (1974), dessen Arbeiten in dieser Hinsicht besonders aufschlussreich sind, hat einem seiner Aufsätze den Titel gegeben: »Das Bestreben, die andere Person zum Wahnsinn zu treiben – ein Bestand der Ätiologie und Psychotherapie von Schizophrenie.« Die Familien behandeln den »… späteren Kranken … als das Behältnis der Verrücktheit aller anderen Familienmitglieder« (S. 79).

Gegen all diese Untersuchungsergebnisse kann man einwenden, dass das auffällige Verhalten der Eltern eher eine Folge der gestörten Kommunikation ist, die vom schizophrenen Kind ausgeht, nicht aber primär bei den Eltern liegt. Durch diese These wird allerdings wiederholt, was das Dilemma der schizophrenen Menschen ist, dass sie nämlich Verantwortung für die Schwächen anderer übernehmen müssen. Man muss ferner berücksichtigen, dass nichts so schwer ist, wie den Kommunikationsstil eines Menschen zu ändern. Darum ist es unwahrscheinlich, dass es einem Kind gelingt, den Kommunikationsstil der Eltern zu verändern, zumal der auch dann erhalten bleibt, wenn das Kind sich in einem symptomfreien Intervall befindet. Ferner müsste es dann möglich sein, den Eltern zu helfen, ihren alten »normalen« Kommunikationsstil wieder aufzunehmen, weil sie damit ihren Kindern am besten helfen können. Das aber gelingt nicht. In meiner Praxis ist es mir nicht ein einziges Mal gelungen, einem Menschen mit einem schizophrenen Kind zu helfen, seinen Kommunikationsstil gegenüber dem Kind grundsätzlich zu verändern. Auch wenn ich diesen Elternteil intensiv behandelt habe, hat das nicht zu einer Veränderung geführt. Was ich allerdings habe erreichen können, war, dass die Eltern eine Entwicklung dulden konnten, wenn diese aktiv vom Kind ausging.

2.2.2 Zur Frage der organischen Verursachung

Die Absicht dieses Buches ist es, die psychologischen, familiendynamischen und sozialen Bedingungen besser zu verstehen, die zur Entwicklung einer schizophrenen Psychose führen bzw. führen können. Aber es wäre töricht, die Möglichkeit, dass bei der Entstehung der Schizophrenie auch organische Faktoren beteiligt sind, auszuschließen. Die Körperlichkeit ist das, wodurch sich Leben vollzieht, und natürlich sind auch alle psychischen Prozesse körperlich begründet. Aber wie das vonstattengeht, ist uns nicht bekannt. Hinzu kommt, dass viele Forschungsergebnisse nicht eindeutig sind. So spricht z. B. die Beobachtung von Kläning (1999) dafür, dass genetische Faktoren weniger Bedeutung für die Entstehung einer schizophrenen Störung haben als Umwelteinflüsse. Sie hat bei 42 187 (sic!) Zwillingspaaren, die über 30 Jahre beobachtet wurden, festgestellt, dass eine Konkordanz hinsichtlich der Schizophrenie bei heterozygoten Paaren häufiger ist als bei homozygoten. Man kann das so erklären, dass sich homozygote Zwillinge wegen ihrer Ähnlichkeit besser gegenseitig gegen verwirrende psychische Einflüsse schützen können als heterozygote. Darum sind hier all die möglichen organischen Prozesse, die ursächlich oder als Folge mit der Schizophrenie verbunden sein mögen, nicht behandelt. Das nicht, weil ein solcher Zusammenhang bestritten würde, sondern weil wir darüber einfach noch zu wenig wissen.

2.2.3 Misslingende Ichbildung – die schizophrene Störung

Die Ergebnisse der Familienforschung sind in einer Hinsicht ziemlich eindeutig. Sie legen nahe, dass das Kind, das später schizophren wird, in einer Familie aufwächst, in der die Kommunikation für das Kind schwierig ist. Mit »schwierig« ist hier gemeint, dass die Regeln der familiären Kommunikation den üblichen Regeln der sozialen Umwelt nicht entsprechen. Doch folgt daraus noch nicht, dass eine bestimmte Kommunikationsstruktur der Familie eine schizophrene Entwicklung zwangsläufig macht. Dafür reichen die Belege nicht aus. Wir können nur sagen, dass die Familien, in denen Schizophrenie vorkommt, auffällig sind. Meistens können wir auch die besondere Kommunikationsstruktur nachvollziehen und können erkennen, wie die Beziehung zu der Mutter oder dem Vater[14] das Kind überfordert hat, weil eine ausreichende Abgrenzung zwischen Mutter bzw. Vater und Kind nicht möglich war.

Die Säuglingsforschung liefert dazu konkrete Details, die erklären können, wie die Ichbildung gestört wird. Fonagy et al. (2004, S. 175 ff.) beschreiben, dass der Säugling, wenn er einen negativen, z. B. schmerzlichen, Affekt hat, eine Reaktion der Mutter braucht, die den Affekt in seiner spezifischen Qualität spiegelt. Das heißt, die Mutter drückt durch Mimik, Sprache und andere Äußerungsformen diesen negativen Affekt aus. Aber sie signalisiert dem Kind zugleich, dass der negative Affekt, den sie mit dem Kind teilt, doch nicht ihr eigener ist. Die Mutter spürt den Schmerz des Kindes, ist selbst beunruhigt, aber für den Säugling erkennbar nicht darum, weil sie auch den Schmerz selbst hätte. Nur so kann sie trösten und dem Säugling vermitteln, dass es Abhilfe gibt und dass er nicht allein ist. Fonagy et al. nennen es »Markierung des Affekts«. Bion (1984) formuliert es so, dass die Mutter die unangenehmen Gefühle des Säuglings aufnimmt (»containing«) und so zurückgibt, dass sie für den Säugling erträglicher sind.

> Die klinische Erfahrung zeigt vielfach, dass die Mütter oder Väter schizophrener Kinder nicht Anteilnahme zeigen, sondern sich mit Affekten des Kindes, auch wenn es heranwächst und schließlich erwachsen ist, identifizieren. Die Mutter oder der Vater wird selbst von Panik ergriffen, wenn das Kind Schmerzen empfindet. Eine einsichtige Mutter formulierte es so: »Sie (die psychotische Tochter) meinte, ich soll nicht ihr Leben leben.« Die Tochter selbst erzählte die Geschichte, dass sie, schon erwachsen, einmal in der U-Bahn eine andere Richtung einschlug als die Mutter. Als die Mutter das merkte, habe sie so laut und verzweifelt nach ihr geschrien, dass sie dachte, die Mutter sei in Not.

---

14 Ich habe den Eindruck, dass nichts so sehr die psychische Entwicklung eines Kindes beeinflusst wie die psychische Stabilität des gleichgeschlechtlichen Elternteils. Darum scheint es so zu sein, dass z. B. bei einem schizophrenen Mann das problematische Verhältnis in der Regel zu seinem Vater besteht, bei einer Frau zur Mutter. Natürlich wird man annehmen müssen, dass die Paarbeziehung der Eltern sehr entscheidend für die Beziehung eines jeden Elternteils zu dem Kind ist. Aber diese Verhältnisse sind sehr kompliziert und kaum erforscht.

Unbewusste aggressive Gefühle dem Kind gegenüber können der Grund dafür sein. Die Eltern projizieren eigene Gefühle auf das Kind. Oder die Mutter oder der Vater sucht »... nach einem Defekt beim Kind ... diagnostiziert [ihn], der am besten ihrem [eigenen] Gefühlszustand entspricht«, wie es Bowen (1975) formuliert. Wenn wir bei dem Beispiel von Fonagy et al. bleiben, wird sie oder er den schmerzlichen Affekt des Kindes unbewusst dazu benutzen, einen eigenen schmerzlichen Affekt loszuwerden. Wie auch immer, die beschriebenen Möglichkeiten führen alle dazu, dass für das Kind nicht unterscheidbar ist, ob der schmerzliche Affekt der eigene oder der des Elternteils ist.

Dies scheint der entscheidende Webfehler bei der Entwicklung zumindest mancher Kinder zu sein, die später schizophren werden. So war es auch bei Robert und seiner Mutter, deren Unterhaltung am Anfang dieses Abschnitts wiedergegeben wurde. Doch wissen wir nicht, ob es allein die frühesten Erfahrungen sind, die für die Ichabgrenzung prägend sind, welche Bedeutung in dieser Hinsicht die Erfahrungen der späteren Jahre haben oder inwieweit ein Elternteil eine protektive Funktion haben kann. Jedenfalls ist es wohl nicht Vernachlässigung in der Kindheit, die ein Bedingungsfaktor der späteren Schizophrenie ist. Im Gegenteil kann man eher sagen, dass die Eltern das Kind nicht lassen können.

Das Ergebnis ist eine Schwäche der Ichgrenzen. Gleichbedeutend damit wäre zu sagen, dass die Integration der psychischen Prozesse nicht sicher gelingt. In der manifesten Psychose ist die Ichgrenze zusammengebrochen, die Integration gelingt gar nicht mehr. Das wiederum hat Folgen für die Ichfunktionen, die mehr oder weniger gestört sind; denn nur wenn eine Integration der Ichfunktionen geschieht, können sie sich entfalten. Umgekehrt ist Integration nur möglich, wenn die Ichfunktionen voll zur Verfügung stehen. Die beste Analogie dazu ist der Organismus. Auch bei ihm müssen alle einzelnen Stoffwechselprozesse normal funktionieren, damit er leben kann. Umgekehrt ist die Funktion der einzelnen Prozesse davon abhängig, dass sie im Gesamtorganismus integriert sind, was heißt, dass die einzelnen Prozesse sich wechselseitig steuern.

2.2.4 Projektive Identifizierung als Ursache von Verwirrung

Die Analyse des Kommunikationsmusters zwischen Robert und seiner Mutter hat ergeben, dass die Mutter oder der Vater eigene Gefühle so in die Kommunikation einbringen, dass sie dem Kind die Verarbeitung überantworten. Robert hat dargestellt, dass seine Mutter ihr Gefühl der Scham nicht als ihr eigenes Problem wahrnehmen konnte, sondern es auf ihn projiziert hat, und er hat dieses Gefühl introjiziert. Eine projektive Identifizierung wäre das (Ogden, 1982). Im Falle des Säuglings würde das bedeuten, dass die Mutter ein eigenes negatives Gefühl, z. B. der Panik, nicht an sich selbst wahrnehmen kann, sondern nur am Kind. Sie wird darum unter Umständen unbewusst so lange mit der Fütterung warten, bis das Kind in Panik gerät, um die Panik dann am Kind zu beseitigen. Oder aber sie kommuniziert ihren Affekt der Panik direkt mit dem Kind; denn Kinder spüren die Affekte der wichtigen Bezugspersonen und teilen sie ungefragt.

Das Besondere der projektiven Identifizierung ist, dass es eine Abwehr ist, die auf einer Kommunikation beruht. Die Mutter, die ihre Angst auf das Kind projiziert, wird sie auf diese Weise los. Aber das Kind muss, damit die Abwehroperation der Mutter für diese erfolgreich ist, die Angst auch introjizieren. Die Mutter muss die Angst am Kind bemerken, vorher wird sie keine Ruhe geben. Aber es kommt noch ein viertes Element hinzu: Die Mutter wird, wenn die Operation erfolgreich verläuft, sich doch nicht damit zufriedengeben, dass das Kind nun die Angst spürt. Sie wird sich genötigt fühlen, die Angst des Kindes zu mildern. Damit aber entsteht das eigentliche Dilemma. Wenn die Angst verschwindet, muss die Mutter unter Umständen sie neu in das Kind projizieren. Wie immer das Kind reagiert, es macht es falsch.

Was Racamier (1982) paradoxe Beziehungssituation nennt, Mentzos (2007) Beziehungsdilemma, kommt dem nahe. Naracci (2008) beschreibt es ähnlich, wie hier geschehen, und fügt den Gesichtspunkt hinzu, dass schließlich das Kind später die Kommunikationsstruktur, die für es so verwirrend war, umkehrt und die Eltern verwirrt, wie es möglicherweise bei Robert der Fall war.

Für die Entwicklung des Kindes entsteht aus dieser Situation ein ernsthaftes Problem. Es wird große Schwierigkeiten haben, seine psychischen Prozesse eigenständig zu integrieren. Unter Umständen wird es ganz unmöglich. Es hat ja immer zugleich so zu reagieren, dass damit auch emotionale Bedürfnisse der Eltern befriedigt werden. Diese elterlichen Bedürfnisse werden mit integriert, ohne dass sie im Sinne von Piaget und Inhelder (1986) assimiliert werden können. Sie bleiben ein abgekapseltes Introjekt, das von der realen Reaktion der Eltern gespeist wird und mit der Reifung zwangsläufig in Gegensatz zu den Bedürfnissen des Kindes gerät. In einer Arbeit (Matakas, 2008) habe ich den Begriff des »Nebenich« dafür benutzt.

2.2.5 Das »Nebenich«

Der Begriff »Nebenich« mag etwas abenteuerlich klingen[15], meint aber eigentlich einen einfachen Sachverhalt, mit dem sich das Dilemma der schizophrenen Psychose gut erklären lässt.

> Ein Vater geht mit seinem Jungen im Alter von acht Jahren in ein Geschäft. Während er mit dem Verkäufer spricht, macht sich der Junge an den Regalen zu schaffen und wirft vieles heraus. Der Ladeninhaber protestiert, der Mann nimmt den Jungen und geht hinaus. Draußen sagt er ihm: »Das hast du gut gemacht.« Nehmen wir an, dieser Vater macht es ständig so oder so ähnlich mit seinem Sohn. Er pflanzt in ihn den Grundsatz, dass man nicht rücksichtsvoll sein und fremdes Eigentum respektieren muss, sondern dass man in der Hinsicht seinen Launen folgen kann. Das Verhalten des Jungen wäre vergleichsweise stark von aggressiven Impulsen geleitet, aber dennoch könnte er damit, auch wenn er erwachsen ist, wahrscheinlich leben, nicht unbedingt mit Nachteilen.

---

15 Fairbairn (1952, S. 105) spricht vom »central ego« und zwei anderen Ich.

Nun wird der Junge durch andere Instanzen auch mit anderen Grundsätzen konfrontiert, nämlich dass man weniger aggressiv und dass man rücksichtsvoll sein soll. Eine mögliche Lösung dieser widersprüchlichen Situation ist, dass der Junge versucht, Kriterien zu entwickeln, wann er besser rücksichtsvoll ist und wann das nicht nötig erscheint. Das Kriterium kann sein, wenn es keiner sieht, wenn ich Lust habe, wenn ich die Interessen anderer nicht über die Maßen verletze usw.

Nehmen wir an, er hat das Bedürfnis, aggressiv zu sein. Er kann sich nun anhand seiner Kriterien fragen, ob er es befriedigt und welche sozialen Folgen das gegebenenfalls hat. Oder die Situation ist so, dass er dieses Bedürfnis nicht befriedigen kann, und er muss die entstehende Frustration verarbeiten. Bedürfnis, Entscheidungskriterium und Folgen müssen aufeinander abgestimmt werden. Nur so kann sich ein konsistentes Welt- und Selbstbild entwickeln.

Ein Problem entsteht, wenn der Junge die Aggression bzw. die Bedürfnisse des Vaters ausagiert und nicht unterscheiden kann, was eigene Aggression ist, was die des Vaters. Es ist ja ein Unterschied, ob der Vater die Aggression des Jungen duldet oder ob er den Jungen unbewusst dazu bringt, aggressiv zu sein, um so sein eigenes Bedürfnis zu befriedigen. Dennoch kann auch das zunächst funktionieren. Wenn wir uns die Sache vereinfachen, können wir annehmen, dass der Junge aggressiv ist entweder aus eigenem Bedürfnis oder im Interesse des Vaters. Beides kann ihn befriedigen – wenn auch unterschiedlich. Im einen Fall kann er etwas für sich erreichen, weil er sein aggressives Bedürfnis befriedigt, im anderen Fall ist er befriedigt, weil der Vater signalisiert, dass er zufrieden ist. Das »Erfolgskriterium« ist also im einen Fall das eigene Interesse, im anderen das des Vaters. Wenn wir nun die Annahme machen, dass diese Verquickung beiden unbewusst ist, dem Vater wie dem Sohn, wird es für den Sohn schon schwieriger. Die Sache wird vollends unlösbar, wenn der Vater, anders als in dem anfangs erwähnten Beispiel, den Sohn für die Aggression (die von ihm stammt) schilt. Ebenso schwerwiegend wäre es, wenn diese Verquickung auf allen Ebenen der Beziehung zwischen Vater und Sohn besteht.

Es sind nicht nur verschiedene, vielleicht gegensätzliche Bedürfnisse, mit denen es der Junge zu tun hätte. Damit hat mehr oder weniger jeder Mensch zu tun. Es sind die unterschiedlichen Organisationsprinzipien des Ich, die das Problem darstellen. Das Ich muss zwischen Bedürfnissen, sozialen Regeln, die als Moral verinnerlicht werden, und der Realität vermitteln, und zwar so, dass sich dabei eine Identität ausbildet. Das machen die Menschen unterschiedlich. Der eine wehrt seine Aggression ab, z. B. indem er Pazifist wird, der andere wird Soldat. Der Unterschied zwischen beiden ist nicht, dass der eine wenig Aggression hat, der andere viel. Aggression ist uns durch die Natur gegeben und wahrscheinlich ziemlich gleich verteilt. Der Unterschied zwischen Pazifist und Soldat ist die andere Art, wie die Aggression im psychischen Apparat integriert ist. In dem Beispiel mit dem Jungen läuft es darauf hinaus, dass er nach zwei verschiedenen Prinzipien sein Ich organisieren muss.

Solange der Junge noch nicht erwachsen ist, mag es gehen. Er bleibt bei dem väterlichen Prinzip seiner Ichorganisation. Er ist z. B. aggressiv, wenn der Vater es induziert, und wird dafür gescholten, was er mit Schuldgefühlen quittiert. Er kann so kein gutes Selbstgefühl entwickeln, weil er ja alles falsch macht, wenn er es im unbewussten Interesse des Vaters richtig macht. Wahrscheinlich bringt ihn das, wie es die meisten Menschen mit einer schizophrenen Psychose berichten, in einen Gegensatz zu seiner Peergroup, weil er auch eigene Aggression nur mit Schuldgefühlen abrufen kann. Aber dem Vater fällt nichts auf. Erst wenn der Junge versucht, Autonomie zu gewinnen, vielleicht weil er sich verliebt hat und seine Sexualität erwacht ist, funktioniert das Ganze nicht mehr. Er muss jetzt seine psychischen Prozesse allein regulieren und das Organisationsprinzip des Vaters aufgeben. Man kann Bedürfnisse aufgeben, Abwehrmechanismen, Überzeugungen, aber die Organisationsform des Ich kann man nicht aufgeben, ohne dass es zum Zusammenbruch kommt. Autonomie im erforderlichen Umfang ist für den Jungen nicht möglich. Es ist so, wie wenn in einem Staat zwei Regierungen bestimmen wollten. Wenn so etwas eintritt, hat es die gleichen Folgen, wie wenn gar keine Regierung wäre, also Anarchie.

2.2.6 Konkurrierende Ichorganisation

An zwei unserer Kronzeugen, Schreber und Herrn A, soll das exemplifiziert werden.

Daniel Paul Schreber war Richter und erkrankte im Jahre 1884 mit 42 Jahren erstmals an einer Paranoia, nach den heutigen Kriterien an einer schizophrenen Psychose. In seiner Autobiographie »Denkwürdigkeiten eines Nervenkranken« hat er seine psychotischen Gedanken im Jahre 1903 veröffentlicht. Für die Lebensgeschichte von Schreber ist bedeutsam, dass sein Vater, der Orthopäde Dr. Daniel Gottlob Moritz Schreber, vielfältige orthopädische Apparaturen zur Haltungskorrektur von Kindern entwickelt hat, die er an seinen beiden Söhnen ausprobierte. Er meinte auch wohl, damit kindliche und juvenile Masturbationspraktiken unterbinden zu können. Man kann es nicht anders sehen, als dass er damit sadistische Impulse an seinen Söhnen ausgelebt hat. Schreber nimmt in den »Denkwürdigkeiten« immer wieder verschlüsselt auf die Praktiken des Vaters Bezug. In einem Selbstzeugnis hat der Vater von den schweren psychischen Problemen, die er selbst hatte, berichtet (Niederland, 1974; Israëls, 1989). Von seinen beiden Söhnen wurde Paul schizophren und schrieb später die »Denkwürdigkeiten«, die Freud zum Anlass nahm, seine Theorie zur Paranoia darzustellen. Der drei Jahre ältere Bruder August erkrankte ähnlich wie Paul noch vor diesem und hat sich erschossen.

Schreber hatte sich zunächst sozial gut anpassen können. Er war verheiratet und hat seinen Beruf als Richter erfolgreich ausgeübt. Er schreibt in seiner Autobiographie (1995[16]), dass er einen ersten Zusammenbruch in den Jahren 1884, 1885 hatte, der zu einem Aufenthalt in einer psychiatrischen Klinik führte. 1886 war das überstanden, so dass er im gleichen Jahr in seinen Beruf als Richter zurückkehren konnte. Schreber meint, dass er beruflich überlastet gewesen sei und darum 1893 den zweiten Nervenzusammenbruch hatte. Von

---

16 Verfügbar ist eine Ausgabe von 1995, auf die hier Bezug genommen ist.

dem erholte er sich nicht mehr. Nach dem zweiten Zusammenbruch erreichte die Psychose ein chronisches Stadium.

Es war wohl wirklich die Überlastung, die zum Ausbruch der Psychose führte. Die Arbeit als Richter war für Schreber eine Herausforderung, weil er sich dabei ganz auf seine Autonomie stützen musste. Das aber stellte für ihn ein Problem dar. Die Notwendigkeit, autonom zu denken und zu handeln, hieß, den Einfluss des Vaters auf die Organisation seiner psychischen Prozesse aufzugeben. Offensichtlich hat ihn das in große Schwierigkeiten gebracht. Vielleicht kamen weitere Probleme hinzu. Schreber schreibt z. B., dass seine Frau wiederholt Fehlgeburten hatte, so dass die Ehe kinderlos blieb.

Was zur Psychose führte, war nicht, was Schreber als Kind wahrscheinlich leugnen musste, nämlich dass die »orthopädische« Behandlung durch den Vater quälend war und dass er ein sadistisch-sexuelles Interesse des Vaters an seinem Körper spürte. Diese Traumatisierung begründet noch nicht den psychotischen Zusammenbruch. Die Erfahrung des Psychotherapeuten ist, dass auch schwere traumatisierende Kindheitserfahrungen nicht zur Psychose führen. Das Problem Schrebers muss gewesen sein, dass er eine widersprüchliche Ichorganisation hatte, die auf den Vater zurückging.

Man muss annehmen, dass der Vater Lust verspürte, wenn er den Sohn der quälenden Behandlung unterzog. Dafür gibt es in den »Denkwürdigkeiten« ebenso wie in anderen Zeugnissen ausreichend Hinweise (Niederland, 1974; Israëls, 1989). Unsere Annahme ist weiterhin, dass er diese Lust in den Sohn projizierte. Das geschah im Sinne einer projektiven Identifizierung, so dass der Sohn diese Lust spürte. Andererseits war die Behandlung schmerzhaft. Der Widerspruch, der sich daraus ergab, war nicht lösbar. Die väterliche Projektion und eigene körperliche Sinneswahrnehmungen ließen sich in wichtigen Bereichen nicht auf einen Nenner bringen. Dieser Widerspruch betraf aber nicht nur die orthopädischen Maßnahmen des Vaters. Das allein hätte vielleicht durch aggressive Abwendung oder depressiven Rückzug gelöst werden können. Es muss so gewesen sein, dass der Vater den Sohn nicht so richtig zu einer eigenen Empfindung kommen ließ, sondern dass seine Einmischung die ganze Beziehung zum Sohn bestimmte. Die Lösung für Schreber war, bei der eigenen Wahrnehmung zu bleiben, und die väterlichen Projektionen als ein abgekapseltes Introjekt zu bewahren. So blieb er zunächst ohne manifeste Psychose.

Das väterliche Introjekt war vielleicht nie so ganz ohne Einfluss auf die Ichorganisation Schrebers, aber die inneren Widersprüche, die sich daraus für Schreber ergaben, waren irgendwie durch Abwehroperationen zu meistern. Erst als Schreber seine Ichorganisation angesichts der verantwortungsvollen Aufgaben rigoros strukturieren musste, war das Introjekt nicht mehr durch Abwehr zu neutralisieren. Die Schwierigkeiten der neuen Aufgabe machten schon kleine Störungen, die vom väterlichen Introjekt ausgingen, so verheerend.

Das chronische Stadium der Psychose war von einem systematisierenden Wahn gekennzeichnet. In dem Wahn anerkannte Schreber die Bedeutung des Vaters, den er zu Gott machte, und er machte die Funktion, die er für den Vater hatte, nämlich Objekt von dessen sexuell sadistischen Fantasien zu sein, zum

Weltprinzip. Durch diese Veränderung der Realität konnte er seine Identität mit dem väterlichen Prinzip verbinden. Der Preis, den er dafür zahlen musste, war die Aufgabe einer realistischen Weltsicht.

> Von Herrn A ist nicht viel aus seiner Biographie bekannt, weil er dazu schwieg. Sein psychotisches Symptom, dass er den Nachbarn an die Wand klopfen hörte, war isoliert. Weitere psychotische Symptome waren nicht erkennbar. Aber er wirkte skurril. Er konnte auch weder irgendwelche Fantasien noch Affekte äußern. Er wollte etwas oder ihm gefiel etwas, aber dazu konnte er nur rationale Gründe angeben. So sah er auch andere Menschen. Er konnte also nicht mentalisieren. Hinzu kam, dass er untergründig Angst spürte, wenn er sich vorstellte, mit anderen Menschen in näheren Kontakt zu kommen. Das hat er aber nicht geäußert, sondern war meine Beobachtung. Kurz nachdem er in meine Behandlung kam, sprach er viel davon, dass er sich eine Partnerin wünschte. Er gab deswegen auch eine Kontaktanzeige in die Zeitung, auf die er sehr viele Zuschriften bekam. Aber auf keine antwortete er, und er blieb auch die folgenden Jahre bis zu seiner Berentung allein.

Eine psychotische Struktur bestand wohl immer schon bei ihm. Zur Entwicklung des produktiven Symptoms kam es, so kann man vermuten, als er seine Sehnsucht nach einer intimen Verbindung realisieren wollte. Aber sich mit einer Frau zusammenzutun, erforderte ein Maß an Autonomie, das er gar nicht hatte. Wie bei jedem Menschen setzt dieser Schritt Ablösung von den Eltern voraus. Die Beziehung zu Eltern muss gelockert werden, was heißt, dass den Eltern weniger Einfluss auf die Organisation der psychischen Prozesse eingeräumt wird. Zwar lebten die Eltern von Herrn A nicht mehr, aber das schließt ja nicht aus, dass er seine psychischen Prozesse nach Maßgabe der Eltern organisierte. Den Schritt zur Ablösung konnte er nicht tun. Also hat er seine Absicht, eine Frau zu finden, boykottiert.

Aber damit nicht genug. Er hat es ja nicht dabei belassen, seinen Wunsch nach Partnerschaft einfach nur zu ignorieren. Das wäre eine neurotische Lösung gewesen. Es ging für ihn nicht nur um diesen Wunsch und die damit verbundenen Triebregungen, sondern um seine Ichorganisation. Die ursprüngliche Beziehung zu den Eltern erlaubte eine weitgehende Anpassung an die sozialen Gegebenheiten. Er war nicht auffällig und im Beruf einigermaßen erfolgreich. Aber als die Sehnsucht nach Partnerschaft zu stark wurde, musste er die mit den Eltern verbundene Ichorganisation aufgeben. Eine autonome Ichorganisation, die ihm Partnerschaft und Nähe erlaubt hätte, war nicht möglich. Der Wunsch nach Partnerschaft verband sich jetzt mit dem Gefühl der Bedrohung. Bedrohlich war der Wunsch, weil die mit einer Partnerschaft verbundene Nähe seine Ichgrenzen gefährdet hätte. So entstand das psychotische Symptom, das ja beides ausdrückte, nämlich Nähe und Bedrohung.

Herr A hat das psychotische Symptom, nachdem er in Behandlung zu mir kam, aufgegeben. Wenn die oben gegebene Erklärung stimmt, würde das bedeuten, dass er seine psychische Autonomie wieder eingeschränkt hat, indem er sich an mich angelehnt hat. Das ist nicht im Sinne einer Besetzung gemeint, wie es die Psychoanalyse versteht, sondern indem er mir Einfluss auf seine Ichorganisation einräumte.

2.2.7 Das Schicksal der Beziehung zu den Eltern

Die Kinder erfüllen für die Eltern durch ihre Introjektion eine wichtige Funktion. Sie sind auf extreme Weise parentifiziert. Robert entlastet die Mutter von ihrem Gefühl der Unzulänglichkeit. Das erklärt, warum die psychische Entwicklung der Patienten zu mehr Autonomie später für die Familie eine Bedrohung sein kann. So signalisiert es oft die Familie bei einer Psychotherapie psychotischer Patienten. Die Patienten andererseits bleiben auf die reale Beziehung zu den Eltern angewiesen. Nur so können sie ihre seelischen Zustände einigermaßen ins Gleichgewicht bringen.

Wenn sie in einem akuten psychotischen Zustand stationär aufgenommen werden, ist die Anwesenheit der Eltern oft ein wirksames Mittel, um den Patienten zu beruhigen. Die Patienten können auf ein frühes Beziehungsmuster zu den Eltern zurückgreifen. Sie sind extrem regrediert. Diese Regression, die alle Autonomiebestrebungen des Patienten suspendiert, kann die Situation beruhigen; jedenfalls einige Zeit, bis der Konflikt um die Autonomie wieder aufflackert.

Wenn die Eltern schließlich sterben, bleiben die Patienten mit einer chronifizierten Symptomatik zurück. Die Dramatik der frühen Jahre, die vom Kampf um die Autonomie geprägt ist, weicht dem ruhigen, aber defizitären Residuum der Schizophrenie im Spätstadium. Manchmal auch suchen sie sich andere Personen, mit denen sie die Beziehung zu den Eltern neu inszenieren können.

2.2.8 Parentifikation

Dass Eltern in ihrer Beziehung zu den Kindern auch eigene Bedürfnisse befriedigen, ist wohl irgendwie immer der Fall. Vielleicht ist es für die Entwicklung sozialer Kompetenzen in einem gewissen Umfang auch notwendig, weil es am Beispiel der Eltern das Gefühl, verantwortlich für jemanden zu sein, bei den Kindern erzeugt. Und selbst wenn die eigenen Bedürfnisse so sehr im Vordergrund stehen sollten, dass den Kindern wenig Spielraum für eine eigenständige Entwicklung bleibt, muss es nicht die verheerenden Folgen haben, dass es zu einer schizophrenen Entwicklung kommt. Viele Patienten, die nicht psychotisch sind, erzählen in der Psychotherapie, dass sie als Kind für die Mutter oder den Vater elterliche Funktionen hatten und sich selbst vernachlässigt fühlen. Das hat oft Folgen für die Identitätsbildung, weil diese Kinder mit dem Gefühl aufwachsen, ihre Aufgabe nicht erfolgreich erfüllen zu können. Die Ablösung von den Eltern ist erschwert, weil mit Schuldgefühlen belastet. Es ist das Verdienst von Alice Miller (1983), auf die Bedeutung der Parentifikation in der Entwicklung von Kindern hingewiesen zu haben. Man könnte Parentifikation auch als eine notwendige Bedingung für die Entwicklung einer Schizophrenie ansehen, aber wohl kaum als hinreichende. Für die Schizophrenie muss mehr hinzukommen.

Herr P, ein 30-jähriger Mann, der seit vielen Jahren psychotisch ist, erzählt: »Wenn ich früher auf eine Party ging, fuhr mein Vater die ganze Nacht mit dem Auto langsam um den Häuserblock, wo die Party war. ›Fährt dein Vater wieder Streife?‹, haben mich die Freunde gefragt.«

Diese Kontrolle des Sohnes durch den Vater ist zwar nicht besonders förderlich für den Sohn, aber noch nicht unbedingt desaströs. Solange der Vater anerkennt, dass es sein Bedürfnis nach Nähe und Kontrolle ist, ist wenigstens zwischen Vater und Sohn die Identitätsgrenze klar. Erst wenn der Vater sein Bedürfnis auf den Sohn projiziert, also z. B. meint, dass der Sohn das will oder braucht, und der Sohn das introjiziert, kann eine Situation entstehen, die dem Sohn die Identitätsbildung erschwert. Es ist dann unklar, wessen Gefühl und Bedürfnis es denn nun ist, das da agiert wird.

Herr P setzt sich weiter mit dem Gedanken auseinander, dass sein Vater ihn nicht lassen konnte, ihn brauchte, und erinnert sich:
»Mein Vater hatte Tomaten gekauft, aber zu viel. Da hat meine Mutter einen Wutanfall bekommen, die Tomaten auf die Erde geschmissen und zertreten und gebrüllt.« Er macht es vor, trampelt wütend auf den Boden. »Beide sind dann zu mir gekommen, wahrscheinlich um sich zu beruhigen.« Nach einer Pause: »Sie haben mich gefickt, emotional gefickt.«

Herr P war als Kind oder Jugendlicher nur beschränkt in der Lage, die Situation als ein Problem der Eltern, mit dem sie ihn konfrontiert hatten, zu erkennen. Er hat die Situation im Wesentlichen als sein eigenes Problem angesehen, hat aber inzwischen erkannt, dass er der emotionalen Befriedigung der Eltern diente. Darum demonstriert er das Verhalten der Eltern und benutzt das starke Wort »ficken«, um zu verdeutlichen, was die Eltern mit ihm gemacht haben. Sie haben ihm ihre Gefühle aufgeladen, und zwar so, dass er sie als eigene empfinden musste.

Herr Q, ein 19-jähriger Mann in präpsychotischer Verfassung:
»Mein Vater kommt immer in mein Zimmer, fragt, wie es mir geht, fragt, ob er in meinem Zimmer bei mir schlafen soll.«
»Haben Sie das mit Ihrer Mutter besprochen?«
»Die meint auch, das nützt nichts. Er macht es doch. Dann werde ich aggressiv und bekomme aber Schuldgefühle. Nehmen Sie ihn in die Klinik auf, nicht mich.«

Offensichtlich braucht der Vater die Nähe des Sohnes, der das spürt. Aber der Vater knüpft diese Tendenz, beim Sohn zu schlafen, an die Frage, wie es dem Sohn gehe. Wahrscheinlich wird er diese Maßnahme so erklären, dass es dem Sohne nicht gut gehe und er darum bei ihm schlafen wolle. Möglich, dass es dem Sohn wirklich nicht gut geht (z. B. weil der Vater ihn nicht in Ruhe lässt). Und wenn wir erzwingen würden, dass der Vater nicht beim Sohn schläft, ginge es dem Sohn auch nicht besser, sondern er würde zusätzlich von Schuldgefühlen geplagt. Das ständige Gefühl der Kinder, mit ihren Reaktionen immer falsch zu liegen, beeinträchtigt aufs Schwerste ihr Selbstwertgefühl. Dass sie mit ihrem Verhalten den Eltern nützen, ahnen sie, aber aus dem Munde der Eltern hören sie das Gegenteil, dass sie den Eltern durch ihre Erkrankung Arbeit machen – was ja andererseits auch stimmt. Der Vater von Herrn Q würde vielleicht sagen, dass der Sohn ihn um seine Ruhe bringe, weil er, der Vater, nicht in seinem Schlafzimmer schlafen könne. Für den Sohn ist es eine ausweglose Situation.

2.2.9 Ist die Familie schuld?

Neuere Untersuchungen haben bestätigt, was frühere Beobachtungen (z. B. Jablensky et al., 1992) schon nahegelegt hatten. Die Häufigkeit der Schizophrenie ist weltweit sehr unterschiedlich, und die Inzidenz ist auch abhängig von sozioökonomischen Faktoren. So ergab eine multinationale Studie des European Network of National Schizophrenia Networks – Studying Gene-Environment Interactions (Jongsma, Gayer-Anderson, Lasalvia et al., 2018) in fünf europäischen Ländern und in Brasilien einen je nach Region 8-fachen Unterschied der Inzidenz psychotischer Zustände (zwischen 6 und 46 pro 100 000 Personen-Jahre). Knapp 80 % davon waren nicht affektiv, gehörten also in den Formenkreis der Schizophrenie. Die Inzidenzrate war zudem deutlich höher bei ethnischen Minderheiten und bei weniger begüterten sozialen Schichten.

Man kann dies alles als eine Untermauerung der Auffassung ansehen, dass an der Entstehung einer Schizophrenie familiäre Kommunikationsstile maßgeblich beteiligt sind und dass die Grundlage für eine Schizophrenie in der Kindheit gelegt wird. Aber damit ist natürlich nicht ausgeschlossen, dass biologische, insbesondere genetische Faktoren oder soziale Faktoren, die sich außerhalb der Familie finden, beteiligt sind. Vielleicht lässt sich auch gar nicht oder vorerst gar nicht entscheiden, wie weit der Einfluss der verschiedenen Faktoren geht.[17]

Es gibt ein anderes Problem. Wenn man die hier dargelegte Theorie zur Entwicklung der Schizophrenie übernimmt, scheint es so, dass die Verantwortung für die Entwicklung einer Schizophrenie den Eltern aufgebürdet wird. Der schi-

---

17 Wahrscheinlich gilt ja für die Vernetzung der Neuronen ebenso wie für die Wirkung psychischer Faktoren auf die psychische Entwicklung, möglicherweise auch für die Wirkung sozialer Faktoren ebenso wie einzelner Gene auf die Entwicklung, nur die schwache Kausalität. Das heißt: Zwar sind alle Ereignisse determiniert, aber ähnliche Ausgangszustände führen nicht notwendig zu ähnlichen Endzuständen. Das bedeutet, dass fast identische Ausgangszustände zu sehr unterschiedlichen Endzuständen führen können. Da überdies alle Systeme, also neuronale Vernetzung, psychische Faktoren, soziale Faktoren und genetische Determiniertheit, ineinanderwirken, ist eine Korrelation, wenn überhaupt möglich, extrem schwierig. – Hinzu kommt, dass wir auch nicht wissen, welche Grundfunktion der Psyche gestört sein muss, damit sich eine schizophrene Störung entwickeln kann. So gibt es z. B. in der ländlichen Subsahara eine Form der Psychose, die sehr häufig ist, aber sich doch deutlich von der Schizophrenie, wie wir sie definieren, unterscheidet und von der wir darum nicht sagen können, ob es sich um eine sozial bedingte Konfiguration der Schizophrenie handelt oder ob es etwas ganz eigenes ist (Read, Doku & de-Graft Aikins, 2015).

zophrene Mensch erscheint als Opfer einer Familienkonstellation. Dagegen sträubt sich aber viel. Vor allem den betroffenen Eltern ist es nicht egal, was man als Ursache der Schizophrenie ansieht. Sie gehen meist davon aus, dass sie die Entwicklung ihres Kindes steuern konnten, haben also Schuldgefühle. Wenn sie dabei gerne auf die Genetik zurückgreifen, hat das den Vorteil, von den Schuldgefühlen einigermaßen entlastet zu werden.

Aber wenn die Familiendynamik auch bestimmend für die psychische Entwicklung eines Kindes ist, sie entzieht sich weitgehend dem Zugriff der Beteiligten. Insofern ist es faktisch kaum ein Unterschied, ob die Gene oder das familiäre Beziehungsmuster als bestimmend für die Entwicklung der Kinder angesehen wird. Etwa die Zuversicht einer Mutter, die Lebensangst eines Vaters, die vielen unbewussten Projektionen, all das ist von Eltern nicht kontrollierbar, weil es überwiegend unbewusst ist.

Das zugrunde liegende Problem ist auch nicht begrenzt auf psychotische Familien, sondern gilt für jede Familie. In Kapitel 2.1.5 wurde beschrieben, wie das Kleinkind die affektive Verfassung der Eltern ausdrückt, so dass man zunächst gar nicht zwischen den Affekten des Kindes und denen der Mutter oder des Vaters unterscheiden kann (▶ Kap. 2.1.5). Nehmen wir als Beispiel einen Vater, der mit überwiegend negativen Gefühlen auf das Kind reagiert, aber diese auf das Kind projiziert. Das Kind wird seinerseits mit negativen Gefühlen reagieren und vielleicht viel schreien. Der Vater denkt nun, dass er ein schwieriges Kind hat, und wird sich in seiner Ablehnung bestärkt fühlen. Das kann sich fortsetzen bis in die Jugend des Kindes. Wenn umgekehrt die Mutter oder Vater glücklich ist über das Kind, wird sich dieses Gefühl ebenso dem Kind mitteilen.

Die charakterliche Entwicklung eines Kindes ist auf diese Weise abhängig von der familiären Situation. Wenn ein Kind sich nicht gut entwickelt, wenn es z. B. den Eltern viel Kummer macht, ist es eben nicht automatisch so, dass es die schlechte Entwicklung des Kindes ist, was den Eltern Kummer macht. Ebenso muss man in Betracht ziehen, dass der Kummer der Eltern der Grund ist, warum sich das Kind schlecht entwickelt.

Das ist, zugegeben, eine sehr provokante These. Sie stimmt vielleicht auch nicht in dieser radikalen Formulierung. Sicher gibt es noch viele Faktoren, die bei der Entwicklung eines Kindes eine Rolle spielen.

2.2.10 Interaktion Familie und Gesellschaft

Möglicherweise hilft es mehr, die Familie in einer Position zu sehen, die der des schizophrenen Mitglieds analog ist. Vielleicht ist es so, dass die psychotischen Familien in ähnlicher Weise einen stabilisierenden Faktor für die Gesellschaft darstellen. Man könnte dies als soziale projektive Abwehr verstehen. Unvermeidbare strukturelle Schwächen oder Widersprüche in der Kultur werden auf bestimmte Familien projiziert bzw. von diesen introjiziert, so dass schließlich eine psychotische Situation entsteht. Diese These, obwohl spekulativ, ist doch ganz abwegig auch nicht.

Wir gehen davon aus, dass die Eltern psychotischer Menschen meist psychische Schwierigkeiten haben. So haben es die Untersuchungen ergeben. Psychische Schwierigkeiten haben bedeutet, dass diese Menschen die soziale Realität, in der sie leben, und die emotionale Bedeutung, die das für sie hat, nicht in eine Übereinstimmung bringen können, die sie einigermaßen befriedigt.

> Die Mutter von Lisa z. B., die das Leben von Lisa lebt, wie Lisa sagt, findet in ihrer sozialen Situation keinen Halt, nicht in ihrer Ursprungsfamilie, nicht in ihrer Ehe, nicht im Beruf. Für alle ist sie schwach und lebensuntüchtig. So sagt sie es selbst und beschreibt es überzeugend. Ein jeder kann eigene Schwächen auf sie projizieren, und sie kann sich dagegen nicht wehren. Ihr Ausweg ist es, ihrerseits ihre Schwäche auf Lisa zu projizieren und sie wie ein Teil ihres selbst (Selbstobjekt) zu sehen. So ist sie durch Lisa auch nicht allein.

Umgekehrt ist denkbar, dass die menschliche Gesellschaft davon profitiert, dass es psychotische Familien gibt. Abweichendes Verhalten, also Fremdheit, Kriminalität und psychische Auffälligkeit, hat eine strukturbildende Funktion für die Gesellschaft. Die Fremdheit der anderen begründet die Zugehörigkeit zu einer Ethnie. Wenn wir annehmen, dass es keine Kriminalität gäbe, dass die Menschen die Gesetze immer einhalten, hätten wir keine Vorstellung von Freiheit. Die Vorstellung, dass die Menschen immer nur vernünftig handeln, ist mit Wahrheit nicht verträglich; denn Wahrheit ergibt sich erst, wenn sie sich gegen den Widerspruch behauptet. Es ist auch nicht wahrscheinlich, dass wir eine bessere Gesellschaft hätten, wenn sich die Menschen nur von der Vernunft leiten ließen. Eine solche emotionsfreie Gesellschaft wäre wie eine Ansammlung von Computern und hätte mit Menschen wenig gemeinsam.

Auf solche verborgene Weise ist die Gesellschaft vielleicht an der Entstehung psychotischer Zustände beteiligt. Das wäre etwas ganz anderes als die These, dass schwierige soziale Umstände eine psychotische Entwicklung befördern können. Das mag so sein (vgl. Jongsma et al., 2018). Hier geht es um die Frage, ob psychische Störungen, im Besonderen die Psychose, nicht eine Bedingung dafür sind, dass gesellschaftliche Systeme überhaupt funktionieren. So erscheint es möglich, dass psychische Störungen im Prozess der Zivilisation unausweichlich sind, ähnlich wie es Freud in »Das Unbehagen in der Kultur« (1930) für die Depression beschrieben hat.

Nun kann man mit diesen Überlegungen den Familien auch nicht direkt helfen. Aber dem Psychiater und Psychotherapeuten kann es helfen, den Respekt vor den Familien nicht zu verlieren, wenn er sich in das Dickicht der Familiendynamik hineinwagt.

2.3 Klinische Formen der schizophrenen Störung

Der folgende Abschnitt beschäftigt sich nicht mit der Diagnostik und der Epidemiologie der verschiedenen schizophrenen Störungen. Dafür gibt es die gängigen Manuale. Hier geht es nur darum, was aus den bisherigen Überlegungen an Besonderheiten für die verschiedenen Formen folgt. Zum Verlauf der schizophrenen Störung ist nur kursorisch Stellung genommen, weil die Therapie natürlich einen erheblichen Einfluss darauf hat.

2.3.1 Das Prozesshafte der Schizophrenie

Es ist eine Eigentümlichkeit der Schizophrenie, dass in vielen Fällen Phasen relativer Organisiertheit mit Phasen akuter Desorganisation abwechseln. Selbst im Falle einer Hebephrenie geht die Entwicklung von einer relativ guten Organisation zu einer schlechteren. Das ist einer der Gründe, die Schizophrenie, in Abgrenzung von den Persönlichkeitsstörungen, die stabil sind, eine Krankheit zu nennen. Wie eine körperliche Krankheit ist die Schizophrenie prozesshaft, chronisch oder intermittierend.

Bei einer akuten oder langsam fortschreitenden Desorganisation bricht die Psyche auseinander. Das geschieht, wenn die gegensätzlichen Organisationsstrukturen (Ich und »Nebenich«) gleichermaßen aktiviert werden, z. B. durch äußere Anforderungen. In der späten Adoleszenz, in der viele Schizophrenien erstmals manifest werden, sind es die Anforderungen des sozialen Lebens, oft das Verlangen nach einer Liebesbeziehung. Das verlangt Autonomie, die mit der Organisationsform, die die Bindung an die Eltern als integralen Bestandteil enthält, in Widerspruch gerät. Das ist einer der Gründe, warum die Schizophrenie oft in einer Schwellensituation auftritt.

> Eva z. B. ist eine junge, sehr hübsche Frau Ende 20, die nach der Schule friedlich bei ihrer begüterten Mutter lebt. In allen ihren Entscheidungen richtet sie sich nach der Mutter. Eva nimmt die Entscheidungen der Mutter vorweg. Eva scheint besser als die Mutter zu wissen, was diese will, und tut das dann auch. So hat man den Eindruck einer großen Harmonie zwischen beiden. Aber dann verliebt sich Eva, und es kommt aus nichtigem Anlass zu einem großen Streit. Eva will nun von der Mutter nichts wissen, bleibt nächtelang weg, schreit und wird wütend, wenn sie die Mutter nur sieht. Die Mutter ihrerseits meint, dass sie nichts gegen die Verliebtheit der Tochter habe und dass es keinen Grund gebe, warum Eva so aggressiv ist. Sie sieht keinen Gegensatz zwischen dem alten Zustand der Harmonie zwischen ihr selbst und Eva und der Liebesbeziehung ihrer Tochter zu einem Mann. Sie meint das Verhalten von Eva sei Ausdruck einer psychischen Krankheit und drängt Eva in die Klinik.

Die Mutter hat Recht. Was sie aber nicht verstehen kann ist, dass die Verliebtheit von Eva eine Autonomie verlangt, die diese nicht hat. Eva kann die Bindung an die Mutter nur notdürftig lockern, indem sie unterstellt, die Mutter wolle sie verderben und die Beziehung zu dem Geliebten zerstören. Aus ihrer Perspektive stimmt das. Die Mutter will die alte Harmonie wiederherstellen. Aber das würde bedeuten, dass Eva die kindliche Abhängigkeit wiederbelebt, was aber erwachsene Sexualität nicht zulassen würde. Im Gegensatz zu der rationalen Überzeugung der Mutter schien es so, dass die Mutter jeden Versuch der Abgrenzung der Tochter dadurch verhindert hatte, weil sie diese wie ein Teil ihres Selbst empfand. Eva ihrerseits konnte sich nicht einfach über die Haltung der Mutter hinwegsetzen, weil sie gar nicht die innere Unabhängigkeit dazu hatte. Sie war in der Tat wie ein Kind. Als nun das sexuelle Verlangen gepaart mit Verliebtheit zu stark wurde, versuchte sie die Bindung an die Mutter gewaltsam zu lösen. Sie musste Ichfunktionen aktivieren, die sie normalerweise nur so weit benutzen konnte, als sie sich dabei in Einklang mit der Mutter fühlte. Den Geliebten besuchen, bei ihm zu nächtigen, hieße aber, die Mutter allein zu lassen, sie traurig zu machen, vielleicht sogar, bei dieser Panik auszulösen. Wenn sie das als ein Problem der Mutter hätte realisieren können, wäre das für Eva zwar schwer auszuhalten gewesen, aber erträglich. Doch hat Eva die Reaktionen der Mutter so verinnerlicht, als ob es ihre eigenen Probleme wären. Sie ist es, die die Panik hat, und sie wird traurig. Sie kann nicht realisieren, dass es eigentlich emotionale Reaktionen der Mutter sind. So bekommt sie Verliebtheit und Autonomie nicht zusammen. Die Aggression gegen die Mutter ist der Versuch, die Bindung an die Mutter zu lösen, was die Mutter als verrückt empfand – nicht zu Unrecht.

Die Lösung dieses Konflikts geschah, wie heute üblich, über Medikamente. Neuroleptika haben die emotionale Reaktion von Eva gedämpft. Damit schwand auch das Gefühl der Verliebtheit. Mutter und Tochter fanden bald in ihre alte Harmonie zurück. Doch hat die Episode bei Eva eine Enttäuschung ausgelöst. Im Folgenden wollte sie sich gegen die innere Aufruhr schützen und nahm eine Erhaltungsdosis der Medikamente. Damit hat sie die Chance, sich erneut zu verlieben, reduziert. Eine Psychotherapie, die ihr vielleicht die Möglichkeit verschafft hätte, ohne Psychose autonomer zu werden, hat sie nicht gemacht.

So kann es gut sein, dass sich bei Eva der Wunsch nach Partnerschaft oder Sexualität irgendwann wieder unabweisbar meldet. Das wird wohl erneut zur Dekompensation mit akuter psychotischer Symptomatik führen. Aber wahrscheinlich wird niemand erkennen, was der Auslöser ist, Eva selbst am wenigsten. Man wird es der »Krankheit« und deren intermittierendem Verlauf zuschreiben.

In der Regel wird eine solche Geschichte, wie die von Eva, anders gelesen, und zwar so: Kindheit und Jugend von Eva waren nicht auffällig. Eva war in der Schule gut, hat Abitur gemacht und wurde auch nicht zum Kiffen durch Freunde verführt (die sie auch gar nicht hatte). Sie war häuslich und sehr anhänglich. Dann, mehr oder weniger plötzlich, wurde sie akut psychotisch. Mutter und Freund waren entsetzt. Der Vater von Eva, der schon lange getrennt von Evas Mutter lebte und sich wenig um Eva gekümmert hatte, war hilflos. Es gelang schließlich, Eva in eine Klinik zu bringen, wo sie medikamentös behandelt wurde. Die Symptome gingen zurück und Eva wurde nach Hause entlassen. Der junge Mann hat sich danach zurückgezogen. Jetzt geht es ihr gut. Sie nimmt eine Erhaltungsdosis Neuroleptika, weil der behandelnde Psychiater einen Rückfall verhindern will. Es bleibt zu hoffen, dass Eva seine Empfehlung beachtet.

Die produktive psychotische Symptomatik ist schließlich eine Reparatur, wenn die Rückkehr zur Normalität nicht möglich ist. Selbst- und Objektrepräsentanzen bleiben ungenau geschieden, die Ichgrenze bleibt mehr oder weniger durchlässig oder die Integration der psychischen Funktionen bleibt defizitär. Die widersprüchliche Organisation der psychischen Funktionen kann nicht aufgelöst bzw. wirksam abgewehrt werden. Wahn und Halluzination sind verzerrte Formen, eine soziale Wirklichkeit zu schaffen, die den widersprüchlichen psychischen Strukturen entsprechen. Herr A und Schreber waren Beispiele für diese Entwicklung.

Oft bleibt aber eine Minussymptomatik übrig. Bedürfnisse, die nicht integriert werden können, werden gänzlich verdrängt. Es gibt nun keine Konflikte. Aber die Vitalität wird dadurch reduziert und es kann keine Progression im Leben dieser Menschen geben. Vielfach wird dieser Zustand durch eine Medikation mit hohen Dosen von Neuroleptika erreicht.

> Herr Wo z. B., dessen Beschreibung seiner Minussymptomatik in Kapitel 1.2.4 schon erwähnt wurde (▶ Kap. 1.2.4), träumt, in einem Straßencafé zu sitzen. Um ihn herum laufen die Menschen geschäftig mit Aktentaschen, während er müßig ist. Schließlich erhebt er sich in die Lüfte und schwebt davon. Den Konflikt zwischen seinem Müßiggang und der Forderung, etwas zu tun, löst er durch Wunschdenken. Herr Wo ist zwar ohne produktive Symptome, aber sein Wirklichkeitsbezug ist defizitär. Er schafft sich, was wie Realität aussieht, doch schwebt er über allen Dingen und hat so keinen Kontakt zur Erde. Zu mehr Realität ist er offensichtlich nicht in der Lage.

Wenn in der Remission die produktiven Symptome verschwinden, bleibt doch die brüchige Struktur der Psyche mit ihren defizitären Anteilen zurück. Das lässt sich in der psychoanalytischen Behandlung beobachten. Eine sichere Stabilität besteht eben nicht, auch wenn keine produktiven Symptome manifest sind. Aber auch das scheint ein Prozess zu sein mit graduellen Ausprägungen. Ein Mensch, der nur der einmal, und zwar in einer Extremsituation, psychotisch wird, hat eine stabilere psychische Struktur als ein Mensch, den schon Berufstätigkeit überfordert und psychotisch werden lässt.

2.3.2 Die exogene Psychose

Natürlich können auch andere Faktoren als der familiäre Kommunikationsstil einen psychotischen Zustand bedingen. Der Rausch, die Demenz, das Delir, das Durchgangssyndrom sind Zustände, die den Kriterien einer Psychose entsprechen. Eine unspezifische Störung des Gehirns kann dazu führen, dass eine integrierte Reaktion auf innere und äußere Zustände nicht mehr möglich ist. Die Realitätskontrolle ist gestört. Man kann das als Folge einer schweren Regression verstehen. Eine angemessene Realitätskontrolle und eine stabile Ichgrenze sind komplizierte psychische Leistungen, die im Laufe des Lebens erworben werden müssen und bei unspezifischen Störungen schnell nicht mehr erhalten werden können.

Ähnlich verhält es sich mit der Psychose, die man gelegentlich als Folge eines Kulturschocks beobachtet. Menschen, die plötzlich in eine soziale Umwelt geraten, die mit der Gesellschaft, die sie gewöhnt sind, wenig gemeinsam hat, können schon mal psychotisch werden. Ungewohnte soziale Verhältnisse erfordern eine starke Autonomie, die aufzubringen eben manchmal überfordert. In der gewohnten heimatlichen Situation tritt dieses Problem nicht auf, weil die Organisation der Psyche auf die besonderen sozialen Verhältnisse abgestellt ist. Nach meinen sporadischen Beobachtungen solcher Ereignisse geht die Psychose schnell zurück, wenn wichtige Personen, die dem Betreffenden bekannt und mit Autorität ausgestattet sind, zur Verfügung stehen. Offensichtlich wird dadurch eine Regression ermöglicht, die die Anforderungen an Autonomie reduziert.

Bei Herrn Oga z. B., der aus Zentralafrika kam, um bei einem Rundfunksender des Ortes ein Praktikum zu machen, war es der Clanchef, der anreiste. Die Psychose verschwand nach zwei Tagen vollständig. Herr Oga konnte sich auf die Beziehung zu seinem Clanchef stützen, wie sich z. B. Kinder auf ihre Eltern stützen. Diese Regression, die durch die Beziehung aufgefangen wurde, bedeutete, dass er weniger eigene integrative Kraft aufwenden musste.

2.3.3 Paranoia, wahnhafte Störung

Eine besondere Erklärung braucht die Paranoia. Sie hat oft den Charakter einer Persönlichkeitsstörung, entwickelt sich schleichend ohne wesentliche affektive Beteiligung und lässt viele Ichfunktionen intakt erscheinen. So wirken paranoide Menschen einerseits sehr gestört, können aber u. U. trotzdem wichtige soziale Funktionen erfüllen, z. B. berufstätig sein. Die Tatsache, dass die Paranoia meist stabil ist, weder spontan noch durch Behandlung Veränderungen erfolgen, könnte zu der Schlussfolgerung Anlass geben, dass bei ihr nicht die Gefahr eines Zusammenbruchs der Ichgrenzen besteht. Aber es geht wohl doch darum, dass die Paranoia der Sicherung der Ichgrenzen dient. Die Paranoia kann sehr unterschiedlich ausgeprägt sein. Bei jüngeren Menschen ist sie oft eher schwach oder sie ist nur in Stresssituationen manifest. So sind Paranoiker oft Menschen, die in der Lage sind, mit den üblichen sozialen Anforderungen zurechtzukommen, sofern sie nicht besonderen Anforderungen ausgesetzt sind. Aber in anderen Fällen ist sie auch so ausgeprägt, dass die Menschen sich sozial isolieren. Wenn die Paranoia sich im Rahmen einer altersbedingten Demenz entwickelt, kann sie progredient sein.

Frau Tet z. B., jetzt 85 Jahre alt, hat eine Tochter, die sie allein großgezogen hat. Mit dem Vater des Kindes hatte sie so gut wie keinen Kontakt nach der Geburt. Sie war berufstätig, aber immer schon eigenbrötlerisch, und hatte wenig soziale Kontakte. Nachdem die Tochter die gemeinsame Wohnung verlassen hatte und Frau Tet in Rente ging, entwickelte sich zunehmend ein Messie-Syndrom bei ihr. Nach einigen Jahren war auch der Fußboden vollgestellt, weil sie nichts wegwerfen konnte. Jeden Versuch von außen, Ordnung in ihre Wohnung zu bringen, blockte sie ab. Der Tochter verwehrte sie den Zutritt. Doch genoss es Frau Tet auf der anderen Seite, sich in einer ordentlichen Wohnung anderer Leute aufzuhalten, wenn das schon mal geschah. Nur allmählich wurde durch gelegentliche Bemerkungen von Frau Tet deutlich, dass sie paranoid war. Sie war sich sicher, dass sie abgehört wurde. Sie hatte zudem etwas Querulatorisches an sich. Immer mal wieder ging sie zur Polizei oder anderen Institutionen, um sich darüber zu beschweren, dass man ihr etwas wegnehmen wolle.

Hier wird man annehmen, dass die Unfähigkeit, etwas wegzuwerfen, und die paranoiden Gedanken zusammenhängen. Frau Tet kann nichts wegwerfen, weil sie alles, was sie in den Händen hielt, als Teil ihres Selbst betrachtet. Sie kann keine sichere Unterscheidung treffen zwischen ihrem Körper und den Dingen um sie herum. Die paranoiden Gedanken verraten ihre Angst. Sie hat keine sicheren Grenzen ihrer Intimität.

Frau G, deren Paranoia ziemlich plötzlich im Leben aufgetreten ist und mit heftigen aggressiven Affekten einhergeht, schreibt alles, was ihr geschieht, einer verfolgenden Nachbarin zu. Sie sagt von sich, dass sie einsam sei und kein Mensch, was sie wörtlich meint, sie verstehe. Sie erzählt auch nichts von anderen Menschen, außer dass ein jeder ihr feindselig gesonnen ist. Für Frau G gibt es keine Objekte mehr. Ihre Feindseligkeit ist eine Notlösung, um so etwas wie Ichgrenzen zu etablieren.

2.3.4 Paranoia und Identität, paranoide Führer

In diesem Zusammenhang kommt die Frage auf, wie es paranoiden Menschen manchmal gelingt, an die Spitze eines Staates zu gelangen. Paranoide Menschen haben oft genügend Rücksichtslosigkeit, keine Moral und keine Selbstzweifel. Im politischen Geschäft sind das bestimmt Eigenschaften, die es leichter machen, sich durchzusetzen. Aber wie gelingt es ihnen, die Unterstützung von vielen Menschen zu bekommen, obwohl sie für jeden erkennbar psychisch schwer gestört sind?[18]

Der Paranoiker ist getrieben von der Furcht, dass man ihn vernichten will. So fühlt er sich an der Spitze einer Organisation vergleichsweise sicher, weil er nun die Macht hat, seine Gegner unschädlich zu machen. Stalin hat das auf eine Formel gebracht. »Das größte Vergnügen ist, einen Feind aufs Korn zu nehmen, alle Vorbereitungen zu treffen, sich gründlich zu rächen und sich dann schlafen zu legen,« soll er gesagt haben (Tucker 1973, S. 211). Das Vergnügen, das er so be-

---

18 Bion (2001) meint, dass sie nicht trotz, sondern wegen der erkennbaren psychischen Störung an die Spitze gewählt werden.

tont, ist am besten damit zu erklären, dass er die Befreiung von der Angst meint, selbst vernichtet zu werden. So reagiert auch Frau R. Aber natürlich entsteht diese Angst immer wieder neu, und der Paranoiker erzeugt die realen Gründe für seine Ängste, weil er sich durch seine Verfolgung Feinde macht, die ihn gerne vernichten wollen.

Wenn ein Anführer sehr autokratisch herrscht, also keinen Widerspruch in seiner Umgebung duldet, verstärkt das die Paranoia. Vielleicht wird sie durch diesen Umstand manchmal sogar erst erzeugt. Ein solcher autokratischer Herrscher findet nicht die Negation, an der er sich seiner Identität versichern kann. Es redet ihm ja jeder nach dem Mund. So ist dann die Vorstellung, da draußen gibt es viele Menschen, die ihn vernichten wollen, einerseits beruhigend. In zustimmenden Massenveranstaltungen holt er sich die Legitimation, diese Andersdenkenden zu verfolgen und zu vernichten. Natürlich gibt es kein Ende dieses Prozesses.

Paranoide Anführer versprechen ihren Leuten vieles und das mag sehr zu ihrer Popularität beitragen. Folgen wir den Gedanken von Jaques (1955) und Menzies (1960, ▶ Kap. 1.1.7), dann muss man annehmen, dass die Identifizierung mit dem paranoiden Anführer auch hilft, Ängste abzuwehren. Nach dem Grundsatz, dass das Abgewehrte in der Abwehr wiederkehrt, wären es bei den Gefolgsleuten die gleichen Ängste wie die des paranoiden Anführers selbst, nämlich die Angst, vernichtet zu werden. Dabei geht es vielleicht weniger um die Furcht, das Leben als die Identität zu verlieren, die den Menschen gemeinhin wichtiger ist als das Leben[19]. Es scheint ja auch so, dass paranoide Menschen dann eine gute Chance haben, an die Macht zu kommen, wenn die gesellschaftlichen Verhältnisse besonders unsicher sind, also die soziale Identität der Menschen massiven Veränderungen ausgesetzt ist.

2.3.5 Schizotype Störung, akute vorübergehende psychotische Störungen

Die schizotype Störung ist gekennzeichnet durch Verhaltensweisen, wie sie auch bei der Schizophrenie vorkommen. Die ICD listet verschiedene Symptome auf: eingeschränkter Affekt, exzentrisches oder skurriles Verhalten, merkwürdige Überzeugungen, eingeschränkte soziale Beziehungen, ungewöhnliche Wahrnehmungen, paranoide Ideen usw. Der Unterschied zu einer schizophrenen Psychose ist fließend. Vielleicht könnte man sagen, dass die Symptome nicht mehr so deutlich den inneren Konflikt verraten, sie sind mehr ichsynton. Der innere Aufruhr fehlt, den man bei einer schizophrenen Psychose so oft beobachtet. Das macht sie, ebenso wie die wahnhafte Störung, einer Persönlichkeitsstörung vergleichbar.

---

19 In dem Roman »Einer flog über das Kuckucksnest« von Kesey (2003) wird der Protagonist von seinem Indianerfreund getötet, nachdem an ihm eine Lobektomie vorgenommen worden war. Der Leser (und der Zuschauer des gleichnamigen Films) ist erleichtert – weil die Zerstörung der Identität durch die Lobektomie ein Weiterleben unmöglich macht.

Wenn ein innerer Konflikt nicht wahrgenommen wird, ist eine Therapie, in welcher Form auch immer, kaum möglich. Manchmal ist der Umweg gangbar, dass diese Menschen ständig in Konflikte mit Menschen geraten und darüber allmählich verstehen, dass es etwas mit ihnen selbst zu tun hat.

Zu der akuten vorübergehenden psychotischen Störung fehlen umfassende und systematische Untersuchungen. Das symptomatische Erscheinungsbild ist von Fall zu Fall, aber auch im einzelnen Fall sehr wechselhaft. Die Diagnose wird sehr oft nach einiger Zeit revidiert, z. B. weil sich herausstellt, dass Drogen beteiligt waren. Die Diagnose ist generell umstritten (López-Diaz, Lara & Fernández-González, 2018). Die ICD unterscheidet bei dieser Störung, ob sie nach Belastung oder ohne erkennbare Belastung auftritt. Aber was eine Belastung ist, lässt sich nicht so leicht sagen. Es muss nicht das sein, was man üblicherweise so empfindet, also z. B. Tod eines nahe stehenden Menschen, Krankheit, ernste Probleme am Arbeitsplatz.

> Herr Let z. B., der ungewöhnlich erfolgreich in seinem akademischen Beruf war, geriet einige Male in einen psychotischen Zustand mit heftigen Symptomen, wie psychomotorischer Unruhe, Wahngedanken (»Ich muss mich jetzt gebären.«), aggressivem Verhalten. Dieser Zustand klang jedes Mal unter neuroleptischer Medikation spätestens nach zwei Wochen ab, so dass Herr Let voll arbeitsfähig war. Den ersten Einbruch hatte er erstmals, als seine Frau ein Kind bekam, später war ein Auslöser nicht erkennbar. Die schließlich endgültige Trennung von der Ehefrau bedeutete für ihn nach einer schwierigen Durchgangsphase eine Stabilisierung.

2.3.6 Psychotische Depression

Psychotisch mit paranoiden Symptomen kann auch eine Depression werden. Die anfängliche Gefühllosigkeit macht starken Schuldgefühlen Platz. Wahnhafte Vorstellungen beschreiben die Verfehlungen. Nicht selten gibt es zusätzliche Gedanken, dass die Öffentlichkeit den Betreffenden beobachtet und überwacht. Die unerträgliche Lähmung der tiefen Depression weicht nun einer psychischen Aktivität, wenn das Ganze auch an der Realität vorbeigeht. Diese paranoide Verfassung ist erkennbar die wahnhafte Aufrichtung des narzisstischen Zusammenbruchs. Der Depressive wähnt sich im Zentrum der Aufmerksamkeit.

Depression wird durch Entzug einer stützenden Beziehung ausgelöst (Matakas, 2019). Sie entsteht dann, wenn der Mensch in einer Beziehung lebt, in der er auf eine wichtige Unterstützung seiner psychischen Prozesse verzichten muss, aber nicht so ohne weiteres kann. Depression setzt also voraus, dass der Mensch in der Lage ist, einem Anderen weitreichenden Einfluss auf die eigenen Ichfunktionen einzuräumen. Er kann sich auf diese Weise abhängig machen, aber anders als in der schizophrenen Situation, ohne dass dies seine Ichgrenzen und grundsätzlich seine Autonomie in Frage stellt. Wenn diese Abhängigkeit bewusst ist und aufgegeben wird, entsteht Trauer. Es entsteht Depression, wenn sie unbewusst ist und nicht aufgegeben werden soll. Grundlage für die Depression ist also eine Beziehung, in der sich der Betroffene mit einer eigenen Identität erleben und den Anderen anerkennen kann. Die schizophrene Psychose dagegen entsteht in einer Beziehung, in der die eigene Identität zweifelhaft und die Grenze zu dem Anderen unklar ist.

> Herr No war depressiv geworden, einige Monate nachdem seine Mutter, zu der er eine sehr intensive Beziehung hatte, gestorben war. Aber bald schlug die anfängliche apathische Niedergeschlagenheit in Aktivität um. Er machte seiner Frau das Leben schwer und beschuldigte sich, sie mit verschiedenen Mitarbeiterinnen seiner Firma betrogen zu haben. Er ging zu seinen Vorgesetzten und erzählte ihnen davon. Herr No hatte Neuroleptika bekommen, die ihm aber, wie bei einer Depression nicht unüblich, nicht halfen. Eine psychotherapeutische Akutbehandlung befreite ihn sehr schnell von der Symptomatik.

Der paranoiden Symptomatik wegen wird die psychotische Depression oft als schizophrene Störung missdeutet. Da der tiefen Depression auch manische Elemente oder Phasen beigemischt sein können, entsteht manchmal ein buntes Bild, das in der Tat große Ähnlichkeit mit einer schizophrenen Störung hat. Aber es gibt bedeutsame Unterschiede. Bei der psychotischen Depression gibt es Selbstvorwürfe, bei der Paranoia werden andere beschuldigt. Typisch für einen Depressiven mit psychotischen Zügen ist, dass er glaubt, irgendwie, vielleicht mit verborgenen Kameras, überwacht zu werden, weil er so schlecht ist. In der schizophrenen Form wäre dieser Gedanke mit der Empörung über das Unrechtmäßige verbunden. Ein Paranoiker stellt darum gerne Strafanzeige gegen andere. Ein Depressiver zeigt sich selbst an. Doch sind aggressive Verhaltensweisen auch nicht ausgeschlossen.

Die psychotische Depression ist mit einer tiefen Regression verbunden. In der anaklitischen Depression lässt sich der Depressive bereitwillig darauf ein und sucht die regressive Abhängigkeit von einem anderen Menschen. Wenn er sich aber gegen eine solche Abhängigkeit sträuben sollte, wie bei der »introjektiven Depression« (Blatt, 1974), verschafft es ihm doch Erleichterung, wenn er dazu, etwa im Rahmen einer stationären Behandlung, mehr oder weniger gezwungen wird (Matakas, 2019). Bei einer schizophrenen Paranoia wird jede zusätzliche Regression vermieden und hat auch unmittelbar keine positive Wirkung, weil sie die Ichgrenzen und Identität tendenziell schwächt.

Das Gemeinsame von schizophrener Verfassung und psychotischer Depression sind gegebenenfalls wahnhafte Symptome. Bei der Schizophrenie werden Andere, Objekte in der Sprache der Psychoanalyse, soweit sie nicht als wirklich Andere wahrgenommen werden können, illusionär geschaffen. Auch der psychotisch Depressive schafft sich u. U. eine eigene Wirklichkeit, wenn er z. B. davon erzählt, dass man ihn beobachte. Das ist ja auch der Grund, warum man die Depression dann psychotisch nennt. Aber der Depressive hat nicht die Schwierigkeit, dass ihm der Andere als das Gegenüber für seine Ichwahrnehmung fehlen würde, warum also weicht er auf ein so schwerwiegendes Symptom wie die Realitätsverkennung aus?

Dieses Problem, wie es außerhalb der schizophrenen Psychose zur massiven Realitätsverkennung kommt, hatten wir schon einmal, und zwar im Zusammenhang mit dem Beispiel der beiden Alten, die ein traumatisierendes Ereignis ihrer Vergangenheit als gegenwärtig erlebten (▶ Kap. 1.1.5). Die aktuelle Angst, allein zu sein, wurde zur Angst vor Stalins Schergen bzw. der Gestapo, wie es ihrer Erfahrung entsprach. Die Erklärung dafür war eine starke Regression, die unter anderem dazu führte, dass die Abwehr des vergangenen traumatischen Ereignisses zusammenbrach. Der panische Gefühlszustand, in den die beiden Alten aus aktuellem Anlass gerieten, setzte die Unterscheidung zwischen Erinnerung und dem aktuellen Erleben außer Kraft.

Auch für die schwere Depression wird man annehmen, dass ihr eine traumatisierende Erfahrung vorausgegangen ist. Anders wäre es schwer zu erklären, warum es zu so einer massiven Symptomatik wie dem Wahn, man werde beobachtet, kommt. Nehmen wir das als Hinweis für den Ursprung der Depression, dann kommt heraus, dass der depressive Mensch sich in wichtigen Beziehungen nicht ausreichend anerkannt fühlte. Da nun fast alle Menschen depressive Zustände kennen, wird das auch eine allgemeine Erfahrung sein – was ja nicht weiter überrascht. Aber bei einem Menschen, der eine psychotische Depression bekommt, muss das Ausmaß dieser fehlenden Bestätigung erheblich gewesen sein. Der Wahn ist insofern der Versuch einer Reparatur auf dem Wege der Kompromissbildung. Die Entwertung der eigenen Person wird beibehalten und nicht projiziert, sondern nun zum Grund der besonderen Aufmerksamkeit. So rückt die psychotische Depression, auch was ihre Genese betrifft, in die Nähe der Schizophrenie.

Die schizoaffektive Störung ist nicht nur im Hinblick auf die Symptome eine Kombination von Depression und schizophrener Psychose. Es geht auch um verschiedene Beziehungsformen, die betroffen sind. Die Depression setzt Beziehungsfähigkeit voraus, die bei einer schizophrenen Störung, die insofern eine tiefergehende Störung ist, gerade nicht besteht. Dass sich Depression und schizophrene Störung abwechseln können, heißt, dass die »Tiefe«, mit der die psychische Verfassung eines einzelnen Menschen gestört ist, wechseln kann.

2.4 Freud und Melanie Klein

2.4.1 Freuds Theorie der Paranoia und was Schreber sagen wollte

Die Überlegungen Freuds zur Schizophrenie sind, was die Pathogenese betrifft, nur noch historisch interessant. Doch lässt sich an der Autobiographie von Schreber, den »Denkwürdigkeiten eines Nervenkranken« (1995), exemplifizieren, was ein Kernproblem der Psychose ist. Es ist auch interessant, wie seine Symptomatik verstanden werden kann bzw. sollte.

Ausgerechnet die Homosexualität, die er als harmlose Variante des Seelenlebens bezeichnet, hat Freud dazu benutzt, die schwerwiegendste aller psychischen Störungen zu erklären, nämlich die Paranoia (Freud, 1911c). Die klinischen Beispiele, die er dazu in verschiedenen Arbeiten wählte, insbesondere Daniel Paul Schreber, würden heute unter die Diagnose Schizophrenie fallen.

Freuds Theorie ist, dass homosexuelle Triebregungen vom Ich nicht mehr abgewehrt werden können und das Ich nun zur äußersten Form der Abwehr greift, die Realität wird verändert. Die andrängende homosexuelle Vorstellung »Ich liebe ihn« oder »Ich liebe sie« wird abgewehrt durch eine doppelte Verkehrung. Erstens wird das Objekt mit dem Subjekt vertauscht, dann das Lieben mit Verfolgen. Also aus: »Ich liebe ihn« wird im ersten Schritt: »Er liebt mich« und dann: »Er verfolgt mich« (Freud, 1911c, III Abschnitt).

Freud folgt auch im Fall der Psychose seinem Erklärungsmuster der Neurosen. Ein autochthoner Triebkonflikt, also das Andrängen der homosexuellen Libido auf der einen Seite und das Verbot des Überich auf der anderen Seite, sind Ausgangspunkt der psychotischen Entwicklung. Freud hat so die Bedeutung sozial bedingter Traumatisierungen gering veranschlagt, bzw. nicht in seine Überlegungen einbezogen. Später hat er allerdings (1924e) seine Meinung korrigiert und im Zusammenhang mit der Psychose von einer unerträglichen Realität gesprochen.

Kernpunkt der Theorie von Freud ist, dass in dem Wahn von Schreber, er müsse Gott und dem Direktor der Anstalt, in der er untergebracht war, sexuell zu Diensten stehen, die homosexuelle Triebausrichtung verborgen war. Mit Gott und dem Anstaltsdirektor war der Vater Schreber gemeint. Diese Erklärung verlangte, dass es »zärtliche« Erinnerungen des Sohnes an den Vater (Freud, 1911c, S. 287) waren, die die Beziehung zwischen Vater und Sohn bestimmten. Aber die wahren Verhältnisse waren anders, und es bleibt ein Geheimnis, warum der Entdecker der Ödipusproblematik ausgerechnet bei Schreber den schweren Konflikt zwischen Vater und Sohn nicht sehen wollte.

Der Wahn Schrebers kreist um das Thema, dass er eine Frau sei, die Gott und dem Vater sexuell zu Diensten sein muss. Dieser Wahn ist ein Bild, das nicht die homosexuelle Triebausrichtung von Schreber erklärt, sondern seine familiäre Realität korrigierte. Die Schwierigkeiten in der Entwicklung Schrebers resultierten nicht aus seinen Triebbedürfnissen, sondern aus der Unmöglichkeit, eine eindeutige Identität zu gewinnen. Und die Verfälschung der Realität wurde nicht notwendig, weil ein Triebanspruch »Ich bin homosexuell« unabweisbar wurde, sondern weil die Realität, dass der Vater sadistisch war, nicht tolerabel war. Wenn eine Triebausrichtung problematisch war, dann die des Vaters.

Der Wahn legitimiert das Interesse des Vaters an dem Körper des Kindes als normales sexuelles Interesse, nämlich wie das Interesse eines Mannes an einer Frau. Sexualität ist mit Lust verbunden, und so negiert der Wahn das Sadistische am Vater und macht ihn, wenn man das auch als höhnische Verzerrung verstehen kann, zu einem guten Vater, der einem Gott gleichkommt. Schließlich weist der Wahn auf die Verletzung des Sohnes durch den Vater hin, indem er von Missbrauch spricht. Wenn er dabei auch in seinem Bild bleibt und explizit den sexuellen Missbrauch meint, dem er als Frau ausgesetzt ist, so ist damit auch gemeint, was wir heute als Parentifizierung bezeichnen. Parentifizierung ist ja unter Umständen eine Art des Missbrauchs. So kommt im Wahn die eigentliche Wahrheit über die Beziehung des Vaters zum Sohn zum Vorschein, wenn auch verzerrt.

Paul Schreber beschreibt seinen Vater in der Person Gottes und in der Person seines behandelnden Arztes als einen Mann, der von lebenden Menschen nichts verstand, der nicht fähig war, aus der Erfahrung zu lernen. Wir wissen heute, dass er damit wohl recht hatte (Niederland, 1974; Israëls, 1989). Aber Missbrauch und Benutzung des Kindes erzeugen noch keine Schizophrenie. Hinzukommen muss die Manipulation des Fühlens und der Wahrnehmung des Kindes, so dass die eigene Wahrnehmung daneben keinen Bestand hat. Eine Katastrophe wird es dann, wenn der Schmerz, den das Kind fühlt, zur Lust erklärt wird, wenn der Vater die Deutungshoheit beansprucht für das, was das Kind fühlt, und in ihm die eigenen Gefühle induziert. Der Schmerz des Kindes an den Korrekturapparaten des Vaters war dessen Lust, die er – so unsere Erklärung – in das Kind hineinprojiziert hat. Das Ergebnis ist verwirrend. Wenn Schreber der Wahrheit, was nämlich die Praktiken des Vaters wirklich sind, Raum gibt, gerät er in Gegensatz zu dem, was als Wahrheit gilt, nämlich dass die Praktiken des Vaters eine heilsame orthopädische Maßnahme sind. Nur als Verrückter kann er die Wahrheit sagen.

2.4.2 Melanie Klein und der psychotische Kern des Menschen

Melanie Klein[20] (1946, 1960) geht davon aus, dass von Beginn des Lebens an Objektbeziehungen bestehen. Das erste Objekt ist die Mutterbrust, die in eine gute (befriedigende) und eine böse (versagende) aufgespalten wird. So sind auch von Anfang an Liebe und Hass vorhanden. Das schließt, so Klein, Prozesse der Projektion und Introjektion ein. Es mag verwegen klingen zu unterstellen, dass der Säugling dazu schon in der Lage ist. Aber sobald so etwas wie ein Bewusstsein beim Kind auftaucht, also z. B. das auftauchende Selbst, wie es Stern annimmt, ist auch eine wie auch immer geartete Vorstellung von Objekten vorhanden. Wir können uns Bewusstsein nicht ohne Bewusstseinsinhalte denken. Also werden auch die Gefühle entweder an das Selbst oder die Objekte geheftet. Dabei zeigen die Beobachtungen an Kindern und Erwachsenen, dass die Projektion unangenehmer Gefühle und Vorstellungen nach außen das Primäre zu sein scheint. Soweit ist die Theorie von Klein also gar nicht spektakulär.

Aber es braucht einen Motor der Entwicklung. Bei Freud ist es der anfangs noch ungeformte Sexualtrieb. Klein nimmt an, dass gleichberechtigt daneben der aggressive Trieb (Todestrieb) existiert. Gut und schlecht sind anfangs noch geschieden und nicht in einem Ich oder einem Objekt integriert. Das Kind projiziert schlechte Empfindungen bzw. deren Ursache, also auch Triebanteile, in das frühe Objekt, also die Mutter. Das aber führt zu Verfolgungsangst bzw. Vernichtungsangst. Klein nennt das die paranoid-schizoide Position. Die Abwehr von

---

20 Eine instruktive Darstellung der Kleinianer Rosenfeld, Segal und Bion bei Aguayo (2009).

Angst treibt das Ich zu seiner weiteren Entwicklung. Die kann nur überwunden werden, wenn die guten Erfahrungen die schlechten überwiegen. Eine spätere schizophrene Psychose ist die Regression auf die paranoid-schizoide Position.

Mehr noch als Freud berücksichtigen die Kleinianer wenig den Einfluss äußerer Faktoren auf die Entwicklung einer Psychose. Es bleibt ferner offen, warum die Basis zur Psychose in der frühen Kindheit gelegt wird, die Psychose aber erst nach der Pubertät manifest wird. Es muss ja Faktoren geben, die dann wirken, wenn die Psychose ausbricht. Die Antwort dieses Buches darauf ist, dass bis zur Adoleszenz die psychischen Funktionen noch durch die elterliche Bindung beeinflusst werden. Es ist die zunehmende Anforderung an autonome Funktionsweisen, die zum psychotischen Zusammenbruch führen können. Schließlich legt die Theorie Kleins nahe, dass es vor allem ein Übermaß an frühen Versagungen ist, was zu einer Schizophrenie disponiert. Das aber lässt sich empirisch nicht belegen. Folgt man den Gedanken von M. Klein, kann man die schizophrene Psychose auch als Abwehr verstehen und nicht wie hier vertreten als Defekt.

Im Rahmen der Theorie Kleins kann man auch vom psychotischen Kern des Menschen sprechen. Es wäre die schizoid-paranoide Position, die im Menschen als Möglichkeit der Reaktion oder als untergründige unbewusste Reaktionsweise erhalten bleibt. Ein psychotischer Kern im Sinne des hier vorgestellten Schizophreniemodells wäre dagegen, dass Ichgrenzen und Realitätskontrolle immer Defekte, kleiner oder größer, aufweisen. Unter bestimmten Bedingungen können sie darum bei allen Menschen, wenn auch nicht ganz zusammenbrechen, so doch geschwächt werden. Es bleibt zwar eine Schwierigkeit, sich vorzustellen, dass diese Funktionen auch partiell gestört sein können, aber die Erfahrung lehrt, dass dies möglich ist.

3 Therapie

3.1 Psychotherapie

3.1.1 Warum Psychotherapie?

Die Soteria, wie Mosher (1999) seine Einrichtung nannte, hat gezeigt, dass die Symptome einer akuten Schizophrenie auch dann verschwinden, wenn der Kranke freundlich begleitet, aber nicht mit speziellen Maßnahmen »behandelt« wird (vgl. auch Ciompi, Hoffmann & Broccard, 2001). Mosher hat den Kranken in einer stationären Einrichtung lediglich Begleiter an die Seite gestellt. Aber selbst, wenn die Umstände widrig sind, kann sich die Psychose ganz zurückbilden. Paul Schreber war nach einer ersten akuten Psychose, die 1884 begann, nach etwa zwei Jahren genesen, so dass er seine Arbeit als Richter wieder aufnehmen konnte. Was er an Zuständen in der psychiatrischen Anstalt, in der er untergebracht worden war, beschreibt, war mehr Misshandlung als Behandlung. Erst nach der zweiten Erkrankung, knapp acht Jahre später, erreichte die Psychose ein chronisches Stadium, in dem er schließlich seine Autobiographie schrieb (Schreber, 1903).

Es kann inzwischen als bewiesen gelten, dass nur eine multimodale Behandlung der Schizophrenie, was die Rehabilitation lebenspraktischer und beruflicher Fertigkeiten, Pharmakotherapie, soziale Unterstützung sowie Psychotherapie umfasst, den Verlauf einer schizophrenen Erkrankung verlässlich und nachhaltig verbessern kann. Dass dabei Psychotherapie im engeren Sinne einen günstigen Effekt auf die Entwicklung der Schizophrenie hat, scheint auch bewiesen. Pfammatter, Junghan und Brenner (2006) kommen zu diesem Schluss in einer Studie, in der sie 21 Metaanalysen, basierend auf 485 Originalarbeiten aus den Jahren 1990 bis 2005, ausgewertet haben. Gottdiener und Haslam (2007) haben dies für die psychoanalytische Behandlung an Hand von 37 Originalarbeiten aus den Jahren 1954 bis 1999 gezeigt.

Es ist also nicht übertrieben zu sagen, dass nur durch eine Psychotherapie eine Schizophrenie den bestmöglichen Verlauf nehmen kann, nämlich dass die produktive Symptomatik oder eine Minussymptomatik verschwindet oder geringer wird, Psychopharmaka wenig oder gar nicht gebraucht werden und sich die soziale Kompetenz des Patienten bessert. Aber eine wirkliche Heilung, wenn sie denn überhaupt möglich sein sollte, ist bestimmt nur selten. In der Literatur findet man allenfalls Berichte über Einzelfälle. Ich selbst habe keinen solchen Fall vorzuweisen, und was mir von Kollegen berichtet wurde, weckte in mir oft genug Zweifel an der Diagnose. Die schwere, psychotische Depression weist oft paranoide Symptome auf, was dazu verführt, eine schizophrene Psychose zu diagnostizieren.

3.1.2 Kann Psychotherapie schaden?

Ja, sie kann bestimmt auch schaden. Es ist schwer vorstellbar, dass eine Psychotherapie, die zu einer akuten Verschlimmerung, also zu heftigen psychotischen Symptomen führt, dem Patienten nützen soll. In der Klinik Chestnut Lodge, USA, war es üblich, dass psychotische Patienten sehr intensiv psychoanalytisch behandelt wurden, was die psychotischen Symptome heftiger werden ließ (z. B. Fromm-Reichmann, 1948, 1959). Die Ergebnisse der Behandlung waren auch, wie sich bei einer späteren Untersuchung ergab, keineswegs befriedigend (Mcglashan, 1984a, 1984b, 1986). Die intensive Form der Behandlung hatte offensichtlich einen übergriffigen Charakter, was psychotische Patienten nicht gut tolerieren. Das ist eine Gefahr, die bei einer psychoanalytischen Therapie immer besteht. Ein Patient mit stabilen Ichgrenzen kann eine Deutung zurückweisen, wenn sie ihn überfordert. Das kann ein Mensch mit einer psychotischen Struktur nicht so ohne Weiteres. Die Geschichte von Frau D (▶ Kap. 3.2.4) ist ein Beispiel dafür. Frau D war ihren Eltern widerspruchslos ergeben und vermied jeden Schritt in die Selbstständigkeit. Die Deutung ihres Verhaltens als Aggression brachte sie für lange Zeit in große Schwierigkeiten, ohne dass daraus irgendein Vorteil entstanden wäre. Gerade weil die Deutung wohl zutreffend war, war sie schädlich. Besonders prekär wird die Sache, wenn ein Mensch mit einer psychotischen Persönlichkeitsstruktur, der aber noch nicht manifest psychotisch ist, behandelt wird, ohne dass auf diese besondere Situation Rücksicht genommen wird. Im günstigen Fall wird er nicht davon profitieren, im ungünstigen psychotisch dekompensieren.

3.1.3 Womit fängt Psychotherapie an?

Ein Mensch mit einer Psychose hat ein beschädigtes Selbstbild. Er hat die Erfahrung gemacht, dass er sich selbst nicht trauen kann. Er ist sich nicht sicher, wer er ist. Wenn er den Ärzten folgt und seine Psychose für eine Krankheit hält, kann oder muss er die Inhalte seines psychotischen Denkens ablehnen und denken, dass er dafür nicht die Verantwortung übernehmen müsse. Das ist in gewisser Hinsicht eine Erleichterung. Aber der Preis dafür ist, dass er eben nicht bei Verstand ist. Selbst wenn die Psychose einen glücklichen Ausgang nimmt und nur ein vorübergehendes singuläres Ereignis ist, bleibt die Beschämung. Ein psychotischer Mensch muss sich mit dieser schweren narzisstischen Beschädigung abfinden. Das alles ist eine schwierige Ausgangslage für eine Psychotherapie. – Ausgesprochen oder unausgesprochen steht diese Problematik am Anfang jeder Psychotherapie der Psychose.

Eine Aufklärung darüber, was mit ihm geschehen ist, und gegebenenfalls auch, warum das passieren konnte, kann die Situation für den Patienten leichter machen. Er erfährt, dass er nicht einfach ein seelischer Krüppel ist, sondern dass man ihm, als er noch ein Kind war, Verantwortung für die Familie aufgebürdet hat, womit er heillos überfordert war. So konnte er in seiner Entwicklung vieles nicht erreichen. Er hatte nicht die Möglichkeit, ein abgegrenztes Ich zu entwickeln, weil er in Prozesse mit einem Elternteil verstrickt war, die dessen Stabilität dienten. Eine solche Erklärung verleugnet nicht die enormen psychischen Probleme, gibt aber auch eine Erklärung dafür, die auch die Verdienste des Patienten um seine Familie würdigen. »Man hat Sie nicht gefragt, ob Sie das wollen, und die Eltern haben es auch nicht bewusst so gemacht. Ihre Psychose ist nicht Ausdruck einer schlechten Anlage, sondern Folge einer Überforderung in der Kindheit.« Ein Patient drückte es so aus: »Mein Bruder hatte nicht die Opferhaltung wie ich. ... Ich habe stark mit ihm [dem Vater] sympathisiert. Ich habe mich nicht von ihm abgewandt.«

Diese Erklärung ist auch ein Programm. Sie eröffnet dem Patienten eine Perspektive, nämlich dass es die Möglichkeit gibt, die Verantwortung und damit die spezifische Abhängigkeit von der Familie zu mindern. Eine regelrechte Ablösung des Patienten von seinen Eltern ist wohl in der Regel illusorisch. Die psychischen Strukturen können ohne den spezifischen Bezug auf die Eltern nicht funktionieren. Eine etwas bessere Differenzierung ist schon ein großer Fortschritt, so wie es die Familie kann und will.

Aber wenn der Therapeut eine solche Erklärung zur Entstehung der Psychose abgibt, erzeugt er damit auch ein Problem. Er ergreift eindeutig zu Gunsten des Patienten Partei gegen die Eltern. Der psychotische Mensch wird erkennen, was er immer schon gespürt hat, aber nicht so denken und aussprechen konnte. Anfangs ist es eine große Erleichterung, die Sache so sehen zu können und darin auch Unterstützung zu finden. Erst später, wenn er schon mehr an Individuation erreicht hat, wird der Patient auch das Kritische in dieser Erklärung erkennen können und versuchen, die positiven Seiten seiner Bindung an die Eltern zu würdigen und gegebenenfalls auch seine Liebe zu ihnen wieder zu entdecken. Aber nicht alle psychotischen Patienten nehmen diese Erklärung an. Nach meiner Erfahrung bedeutet die Ablehnung, dass der Patient nicht an einer Aufklärung seiner psychotischen Entwicklung und an einer Psychotherapie interessiert ist.

3.1.4 Leiden und Widerstand der Familie

Sieht man von den Formen ab, die ihrer Erscheinung nach wie eine stabile Persönlichkeitsstörung aussehen, kann man sagen, bei den prozesshaften Formen geht ohne die Familie nichts. Manche Therapeuten haben das schon früh bemerkt (z. B. Matussek & Triebel, 1976). Angesichts der engen Bindung des psychotischen Patienten an die Herkunftsfamilie wundert es nicht, dass die Familie auch bei der Entscheidung für eine Therapie und in deren Verlauf eine große Rolle spielt; denn eine Veränderung des Patienten hat auch Folgen für die Familie. Jeder Einzelne in der Familie ist davon betroffen und wird seinerseits sein Verhalten oder sein Verständnis, das er von den Mitgliedern der Familie hat, verändern müssen. Nun ist das nichts Ungewöhnliches. Im Prinzip gilt das für jede Psychotherapie. Schon Freud (1905) berichtet in seiner Arbeit über die Behandlung von Dora (»Bruchstücke einer Hysterie-Analyse«), dass der Vater Doras erst an einer Psychotherapie, wie er sie verstand, interessiert war, dann sie wohl eher ablehnte. Doras Entschluss, die Behandlung bei Freud abzubrechen, war bestimmt davon beeinflusst. Aber in psychotischen Familien ist die Bindung so eng, dass nur ein beschränkter Entscheidungsraum für den psychotischen Patienten gegeben ist. Die Konsequenz davon ist, dass man es nicht nur mit dem Widerstand des Patienten, sondern auch mit dem Widerstand der Familie zu tun hat (Martindale, 2008).

Eine Haltung, wie sie viele Ärzte vertreten, nämlich dass die Schizophrenie eine organische Krankheit ist, wird darum von vielen Familien bevorzugt. Verspricht sie doch die Möglichkeit einer Heilung oder wenigstens Besserung, ohne dass die Familie ihre Verhaltensweisen in Frage stellen oder gar ändern müsste. Man hat es vielleicht schon vorher vermutet oder gar gewusst, dass nämlich das psychotische Familienmitglied krank ist. Darauf will die Familie gerne Rücksicht nehmen. Aber das bedeutet eben nicht unbedingt, eigene Verhaltensweisen und Beziehungsmuster in der Familie in Frage zu stellen.

Auf der anderen Seite sind die meisten Familien ehrlich bemüht, alles zu tun, was eine Besserung des Kranken möglich machen würde. Und man darf nicht unterschätzen, dass oft nicht nur der Patient selbst, sondern fast immer auch die Familie eine lange Leidensgeschichte hinter sich hat. Der Therapeut wird jedenfalls gut daran tun, der Familie zu vermitteln, wie es der Familientherapeut Boszormenyi-Nagy (mit Spark, 1981) betont, dass eine Psychotherapie des psychotischen Patienten am Ende allen guttun sollte. Das impliziert, dass er freundlich und mit Interesse der Familie begegnet, die sich bei ihm melden wird. Wenn sie das nicht tut, sollte er sie einladen. Damit eine Therapie überhaupt Erfolge haben kann, muss die Beziehung des Therapeuten zur Familie und die Bedeutung, die eine Therapie für den Patienten und seine Familie haben kann, geklärt werden. Das steht auf die eine oder andere Weise am Anfang.

Wenn man mit der Familie des psychotischen Patienten spricht, ist man oft beeindruckt von der familiären Dramatik. Häufig erlebt man, dass die Eltern nur schlecht von der Tochter oder dem Sohn sprechen, auch in deren Beisein. Sie erwähnen keine gute Eigenschaft und verraten dabei keine Beschämung, die sich doch aus der Familienloyalität ergeben würde. Aber dieser Eindruck entsteht eben nur dann, wenn man psychotische Patienten und Eltern als getrennte Wesen versteht. Das sind sie natürlich auch. Aber die Identifizierung der Angehörigen mit dem Patienten ist so stark, die Abgrenzung so unvollkommen, dass es gewissermaßen eigene Beschwerden sind, über die die Angehörigen klagen. Jedenfalls meinen die Angehörigen mit ihrer Beschreibung auch ihr eigenes Leiden.

> Frau Lo z. B. beklagt, dass ihr Sohn nichts selbstständig regle, nimmt ihm aber mit der Begründung, dass er das nicht könne, alles aus der Hand. Der Hinweis, dass sie ihm doch wenigstens kleinere Sachen lassen sollte, damit er selbstständiger werden kann, verändert an ihrem Verhalten nichts. Frau Lo weist darauf hin, dass sie unzählige Male versucht hat, dem Sohn eine gewisse Verantwortung zu geben, und damit gescheitert sei. Aber wenn der Sohn

schon mal eigenständig etwas tut, ist sie damit immer unzufrieden. – Frau Mar erzählt, dass der 23-jährige psychotische Sohn nun wieder bei den Eltern im Bett schlafe. »Ja«, meint sie, »das verhindert sein Erwachsenwerden.« Aber sie will es ihm nicht verweigern und weint, weil sie die »Einsamkeit« beim Sohn so schmerzlich empfindet. Aber erkennbar ist es ihr Schmerz, den sie in den Sohn projiziert, wenn der Sohn Distanz sucht, und der sie weinen lässt.

3.1.5 Wie der Familie helfen?

Es liegt auf der Hand, was die Mutter Lo und die Mutter Mar tun sollten. Bei Frau Mar war der Hinweis des Therapeuten, dass ihr Verhalten für den Sohn nicht nützlich sei, ausreichend, um zu bewirken, dass er wenigstens nicht mehr bei ihr in ihrem Bett schlief. Bei Frau Lo hat der Sohn selbst die Lösung herbeigeführt. Nicht lange nach Beginn der Psychotherapie erzählte er von einem Traum, in dem er seine Mutter erschlagen hatte. Die Mutter war einsichtig und er konnte aus der Wohnung der Mutter, in der er mit ihr allein gelebt hatte, ausziehen.

Diese Geschichte von Frau Lo und ihrem Sohn demonstriert auch sehr deutlich, welchen Gewinn eine psychodynamische Sicht bietet. Wenn man sich damit zufriedengibt, die Diagnose Schizophrenie zu stellen, wie es oft geschieht, dann hat man nur die Wahl, den Traum als harmlos anzusehen, als Fantasien eines kranken Gehirns, oder man hält den Sohn generell für gefährlich, weil er krank ist. Man tut nichts oder sperrt ihn ohne Not ein. Die Wahrheit aber ist, dass er Abgrenzungsprobleme mit seiner Mutter hat. Die Krankheit bedingt lediglich, dass er keine anderen Lösungsmöglichkeiten sieht. Wenn man ihm hilft, die zu finden, hören auch die mörderischen Fantasien auf – wie es geschah.

Das, was Jugendliche normalerweise tun müssen, nämlich sich von den Eltern ablösen, kann ein psychotischer Mensch allenfalls sehr unvollkommen. Dabei geht es ja nicht um die äußere Ablösung, etwa dass der Jugendliche das Elternhaus verlässt. Das mag eine Erleichterung darstellen, weil damit Konfliktherde beseitigt werden, aber das eigentliche Ziel ist die Lösung oder Lockerung der psychischen Bindung. Bindung bedeutet, dass die Eltern durch das Beziehungsmuster Einfluss auf die psychischen Prozesse ihres Kindes haben, und zwar in der Weise, dass sie dadurch die Integration der psychischen Prozesse erst ermöglichen. Dieser Prozess ist natürlich wechselseitig. Die Eltern brauchen das Kind für ihre psychische Stabilität und parentifizieren es. Das ist das Besondere psychotischer Familien. Es ist für die Kinder oft möglich, wenigstens ansatzweise zu erkennen, welche Funktion sie für die Eltern haben. Aber die Eltern haben große Schwierigkeiten, die Besonderheit ihrer Beziehung zu den Kindern zu verstehen. Wenn das aber gelingt, wissen sie nicht, wie sie es verändern können.

Es ist eine typische Situation, dass die schizophrene Psychose in der Adoleszenz ausbricht und die folgenden Jahre vom Kampf des Adoleszenten um seine Autonomie geprägt werden. Der Therapeut kann helfen, den Spielraum auszuschöpfen, den die Familie hat. Die Erfahrung lehrt, dass es diesen Spielraum immer gibt, mal mehr, mal weniger. Wie in allen Familien ist es der Jugendliche, der die Initiative dazu ergreifen muss. Die Eltern z. B. können es nur dulden, und dabei kann ihnen der Psychotherapeut helfen; denn die Ablösung ist immer für alle Beteiligten schmerzhaft. Aber wenn sie auch nur partiell gelingt, gewinnt der Jugendliche mehr an Freiheit, und die Eltern können sich über das Wachstum ihres Kindes freuen.

Die Schritte, die gemacht werden können, sind oft nur klein, aber dennoch wirksam. Frau Lo war bereit, ihren Sohn ausziehen zu lassen. Frau Mar bezwang sich und quartierte ihren Sohn aus dem elterlichen Bett aus. Die Eltern von Herrn X, der sich Einstein ebenbürtig fühlte, ließen sich auf ein Gespräch mit ihm darüber ein, was ihm helfen würde. Die Mutter einer psychotischen Tochter konnte schließlich mit der Tochter darüber sprechen, was die Tochter für Fähigkeiten und Interessen hatte, und das Thema Psychose mal beiseitelassen. Wenn die Psychose erst im reifen Alter in Erscheinung tritt, ist sie oft nicht so tiefgreifend. Es sind nun andere Personen, wie Ehegatten, mit denen die Auseinandersetzung geführt wird.

Die Auseinandersetzung um die Autonomie wird nicht auf dem Feld der familiären Beziehungen geführt, sondern um die Frage, welche soziale Stellung der psychotische Mensch einnehmen soll und kann. Es geht also um die Frage, ob der Sohn bzw. die Tochter in der Lage ist, die Ausbildung oder das Studium zu beginnen, den Beruf weiter auszuüben usw. Autonomie bedeutet, dass der Mensch eine soziale Position außerhalb der Familie hat. Er hat so eine Identität, die nicht von der Familie bestimmt wird. In der außerfamiliären Gesellschaft werden die Beziehungen der Menschen zueinander von Recht, Gesetz, Verträgen und sachlichem Übereinkommen geregelt. Nur dadurch kann der Heranwaschsende den Eltern gleichrangig werden, ohne dafür die emotionale Bindung und die Loyalität aufgeben zu müssen. Es ist darum wichtig, dass mit dem Patienten und seiner Familie geklärt wird, welche soziale Position angestrebt wird und realistisch ist, bzw. welche Maßnahmen getroffen werden müssen, um das beurteilen zu können.

Die Geschichte von Lisa zeigt, wie schwierig das oft ist. Lisa, jetzt 22 Jahre alt, bekam vor einem Jahr eine floride schizophrene Psychose mit Wahngedanken und akustischen Halluzinationen. Unter neuroleptischer Medikation hat sie keine produktiven Symptome mehr, scheint aber unrealistisch in ihrer Lebensplanung. Es ist nicht zu entscheiden, was davon ihrer Persönlichkeit, der Psychose oder der Medikation zuzuschreiben ist. Die Eltern sind heillos zerstritten. Der Vater, hat man den Eindruck, kann und konnte nie verstehen, was seine Tochter will, und versucht ihr aufzuzwingen, was er für richtig hält. Die Mutter folgt willenlos der Meinung der Tochter, bedrängt diese aber unablässig mit panischen Ängsten, weil sie den Verlust der Tochter fürchtet.

Die ganze Sache ließe sich so entschärfen, dass Lisa eine hohe Medikation bekommt und den Eltern mitgeteilt wird, dass ihre Tochter sehr krank ist, so dass an ein Studium vorerst nicht zu denken ist. Die Neurolepsie wird gegebenenfalls jeden Widerstand Lisas unterdrücken. Lisa bleibt so den Eltern erhalten, wenn auch als Sorgenkind. Aber wenn Lisa eine Chance haben soll, muss sie den Konflikt in kleinen Schritten wagen. Das wird sie wahrscheinlich nur mit Unterstützung können. Dass ein Therapeut den elterlichen Konflikt auflösen kann, ist nicht zu erwarten. Aber er kann den Eltern zuhören und ihre Ängste ernst nehmen. So könnte er allen helfen, Änderungen in kleinen Schritten zuzulassen. Der Lohn wäre eine Entschärfung der Situation und Entwicklung von Lisa.

3.1.6 Fokus der Therapie

So wie es bei der Psychotherapie neurotischer Störungen – kurz gesagt – darum geht, abgewehrte Triebregungen bewusst zu machen, bei narzisstischen Störungen alle Selbstanteile im Selbstbild zu akzeptieren, bei der Depression verborgene Abhängigkeiten zu Gunsten von mehr Autonomie aufgeben zu können, bei Borderlinestörungen die Trennung zwischen »gut« und »böse« relativieren zu können, bei den Süchten eine psychische Beruhigung ohne Drogen herstellen zu können, bei der Anorexie zu akzeptieren, dass der Körper mit seinen Triebwünschen unabweisbare Rechte hat, so geht es bei der schizophrenen Störung darum, die Ichgrenzen zu stärken, wenn auch die Störung anderer psychischer Funktionen oft augenfälliger ist.

Das Ziel der Psychotherapie kann man darum je nach Sichtweise verschieden formulieren, womit aber im Kern immer das Gleiche gemeint ist. Man kann sagen:

- Die Ichgrenzen sollen gestärkt werden.
- Selbst- und Objektrepräsentanzen sollen deutlicher geschieden sein.
- Die Integration der psychischen Prozesse soll besser möglich werden. Bei der Psychose geht es um die Frage: Bin ich ein Ich?
- Die widersprüchliche (Racamier, 1982) bzw. dilemmatische (Mentzos, 2007) Situation, nämlich entweder in Beziehung seine Identität aufgeben zu müssen oder ohne Beziehung zu sein, soll gemildert werden.
- Der psychotische Mensch soll verstehen, dass es Andere gibt mit eigenen Vorstellungen und Interessen.
- Er soll erkennen können, dass zwischen Wirklichkeit und Gedanken ein unüberbrückbarer Gegensatz besteht.

Das sind Formulierungen, die auf das Kernproblem der Psychose zielen. In der Praxis stehen gestörte Einzelfunktionen des Ich im Vordergrund. Eine besondere Rolle spielen die Affekte, bzw. ihre Mobilisierung und Wahrnehmung. Die Affekte ermöglichen die Vorstellung der Meinhaftigkeit und damit auch eine bessere Abgrenzung. Im Folgenden zwei Beispiele:

> Ein Patient meinte, dass er bis zu seinem Ableben eine Maschine konstruiert hätte, die die Welt zerstören würde: »Alle Menschen sind dann ja auch schon tot.« Auf die Frage »Wie das?« antwortete er: »Meine Eltern sind doch schon jetzt alt, und die Menschen, mit denen ich es zu tun habe, auch.« »Und die

anderen?« »Welche anderen?« Dieser Mensch hatte Vorstellungen von einem Anderen, soweit er damit zu tun hatte. Die Vorstellung von einem Anderen, der ganz aus sich heraus ein Mensch ist, hatte er offensichtlich nicht.[21] Man muss aber nicht diese zentrale Frage mit dem Patienten diskutieren. Man kann sich z. B. über das Thema Alleinsein daran herantasten.

Herr To, ein 23-jähriger Mann mit einer hebephrenen Psychose, spricht auf der Straße Mädchen an, weil er eine Freundin haben möchte. Wie er das macht, sagt er nicht, aber zweimal haben sich die jungen Frauen an die Polizei gewandt. Offensichtlich hat er die Frauen so angesprochen, dass er deren Situation und Vorstellungen nicht berücksichtigt hat. Man könnte also zum Thema machen, dass andere Menschen zwar fühlen wie er, aber doch ganz andere Interessen und Weltvorstellungen haben. Man könnte aber auch sein sexuelles Begehren und seine Sehnsucht nach einem liebenden Menschen, der ihm nahesteht, besprechen. Schließlich könnte man auch darauf eingehen, welchen Regeln die Annäherung eines Mannes an eine Frau in unserer Kultur unterliegt.

Lempa, Montag und von Haebler (2013) beschreiben als therapeutische Ziele u. a. die Rekonstruktion der Zeit im Erleben des Patienten; dem Sekundärprozess Bedeutung geben; eine Wirklichkeit anerkennen, die von der Fantasie geschieden ist; mentale Repräsentation des Therapeuten bzw. die Wahrnehmung des Anderen; Affekte zulassen und ihnen eine Bedeutung geben; Entwicklung eines realistischen Selbstbildes; Verständnis der psychotischen Erfahrung.

3.1.7 Wie intervenieren?

Normalerweise findet Psychotherapie in ambulantem Rahmen statt. Das hat zur Folge, dass die Interventionen des Therapeuten verbal sind. Patient und Therapeut führen einen Dialog. Wenn es sich um Gruppentherapie handelt, findet der Dialog zwischen den Mitgliedern der Gruppe statt, und der Therapeut kommentiert diesen Dialog. Anders aber, wenn der Patient stationär aufgenommen wird. In dem Fall ist der Aufenthalt des Patienten auf einer Krankenhausstation schon eine Intervention. Die Interventionen der psychiatrischen Station sind also auch, vielleicht sogar überwiegend, Handlungen, die mit dem Patienten geschehen. Auch da ergibt sich die Frage, was ist nützlich, was schädlich? Eine ähnliche Frage ergibt sich für die tagesklinische Behandlung. Beides wird mit der Darstellung dieser Behandlungsformen erörtert. Im Folgenden sind die Grundsätze beschrieben, die mehr oder weniger für jedes Setting gelten.

---

21 Nach logischen Kriterien würden wir sagen, dass ein Mensch entweder die Vorstellung von einem Anderen hat, oder er hat sie eben nicht. Tatsache aber ist, dass es im Psychischen eine Graduierung für diese Fähigkeiten gibt. Man kann mehr oder weniger psychotisch sein, und man kann eine partielle Vorstellung von einem Anderen haben, wenn wir uns das auch schwer begreiflich machen können.

Die Frage ist also, was denn hilft, wenn man mit dem eben erwähnten Herrn To erörtert, wie er an eine Freundin kommen kann. Was oder wann ist es mehr als eine belehrende Erörterung? Was ist therapeutisch?

In Kapitel 2.1.6 wurde beschrieben, wie man sich den Prozess der Ichbildung beim kleinen Kind vorstellen kann (▶ Kap. 2.1.6). Die ursprüngliche Verbundenheit von Mutter und Kind löst sich und lässt ein Drittes auftauchen, nämlich die durch die Sprache repräsentierte Wirklichkeit. Die Wirklichkeit ist das, woran das Begehren scheitert. Die Befriedigung eines Begehrens ist nicht mehr einfach gegeben, sondern wird in einer asymmetrischen Beziehung nun realisiert oder auch nicht realisiert. Damit unterscheiden sich Mutter und Kind, indem das Kind begehrt, die Mutter befriedigt oder nicht befriedigt. Verallgemeinert gesagt, ist es die Versagung, die den Zugang zur Wirklichkeit ermöglicht. Aber die Versagung ist nicht total, und es gibt Möglichkeiten der Einflussnahme. Hinzu kommt eine affektive Beziehung, die an die Stelle der ursprünglichen bewusstlosen Verbundenheit tritt. An diesem Muster, das erklärt, wie die Vorstellung von Wirklichkeit entsteht, kann sich die Psychotherapie der Psychose orientieren.

Der Psychotiker soll eine bessere Fähigkeit erlangen, den begrenzenden Charakter der Wirklichkeit anzuerkennen. Wirklichkeit ist das, was sich unseren Fantasien als das im Voraus Gegebene entgegensetzt, aber auch das, was Befriedigung möglich macht. Der Patient, der mit mir aus dem Fenster davonfliegen wollte, sollte realisieren, dass man zwar solche Wünsche haben kann und darf, dass aber wir Menschen nicht wie die Vögel fliegen können und dass ich für diese Unternehmung nicht zur Verfügung stand. Dieser Patient hätte also die Spannung aushalten müssen, Freiheit und Freundschaft zu wollen, aber in der Situation nicht zu bekommen. Diese Frustration war zu groß für ihn, und es blieb ihm nur die psychotische Illusion.

Nehmen wir an, ein Patient erzählt, die Bahn kam zu spät, der Bruder hat gemeckert oder seine Fangemeinde hat ihm zugejubelt. Die Frage ist nun, ob der Patient die Befriedigung seiner Wünsche in der Fantasie vorwegnehmen und ob er diese Spannung zwischen seinem Wollen und der schließlichen Nicht-Erfüllung aushalten konnte. Also, er wollte die Bahn nehmen, was heißt, dass er diese Realität in der Fantasie vorweggenommen hat. Die Bahn wird dann und dann kommen. Aber sie ist nicht gekommen. Hat er die tatsächliche Verspätung anerkennen können? Ähnlich ist es mit dem Bruder. Hat er aushalten können, dass der Bruder unfreundlich zu ihm war? Oder, zum dritten Beispiel, hat der Patient aushalten können, dass jemand von ihm keine Kenntnis nahm? (Wir nehmen hier an, dass hinter der Vorstellung, die Fangemeinde hatte ihm zugejubelt, die Angst steckt, ein Nichts zu sein.) Der übliche Ausweg in solchen Situationen ist der Triebaufschub. Die Bahn kommt später, und was ich mit der Fahrt erreichen wollte, realisiert sich später. Der Bruder wird beim nächsten Treffen freundlicher sein oder die Mutter ist es. Wenn Triebaufschub aus verschiedenen Gründen nicht möglich ist, ist Abwehr möglich, wobei verschiedene Prozeduren zur Verfügung stehen. Man kann so tun, als sei es unwichtig, pünktlich zu sein, man kann die Unfreundlichkeit des Bruders verleugnen, man kann in der fehlenden Kenntnisnahme eine versteckte Bewunderung sehen usw. Den psychotischen Menschen aber überfordern beide Lösungen. Er ist weder zum Triebaufschub in der Lage, vielleicht weil das Ereignis einen bedeutsamen Konflikt in ihm mobilisiert, noch kann er auf die »normalen« Abwehrmechanismen ausweichen. Die Spannung zwischen Fantasie und Wirklichkeit kann er nicht aushalten. Der psychotische Mensch verzweifelt an seinem Begehren und muss sich mit der Illusion zufriedengeben, er könne die Wirklichkeit nach seinem Bedürfnis gestalten. So braucht er sie nicht auszuhalten. Die Wirklichkeit anerkennen hieße, Frustration aushalten zu können bzw. wenigstens abzuwehren.

Psychotische Menschen haben darum auch nur eine sehr begrenzte Fähigkeit, ihre Umgebung zu verändern oder Widerstand zu leisten, wenn sie ungünstigen Umständen ausgesetzt sind. Die damit verbundene innere Spannung halten sie nicht aus. Der Ausweg, der ihnen bleibt, ist, ihre psychotische Symptomatik zu verstärken. Darum haben die psychiatrischen Krankenhäuser der Vergangenheit die Symptomatik ihrer Patienten intensiviert und nicht gemildert. Umgekehrt können diese Menschen, wenn sie fürsorglich und respektvoll behandelt wurden, allein dadurch viel von ihrer psychotischen Symptomatik aufgeben.

Wenn also eine Psychotherapie dem psychotischen Menschen hilft, die Spannung zwischen Wollen und Wirklichkeit besser auszuhalten, wird sie ihm insoweit psychotische Symptome ersparen. Beim kleinen Kind ist es die affektive Anteilnahme der Mutter, die es ihm ermöglicht, die Spannung auszuhalten, die sich aus dem Gegensatz zwischen Wollen und Wirklichkeit ergibt. Bei Schmerz und Entbehrung tröstet die Mutter. Und auch, wenn die Beziehung der Mutter zu ihrem Kind nicht gut sein sollte, ist doch eine Beziehung da, die dem Kind hilft, sich zu organisieren.[22] Sollte dieses Muster für die Gestaltung einer Therapie übernommen werden, ergeben sich daraus zwei Konsequenzen für den Therapeuten. Er muss erstens die psychotisch veränderte Realität erkennen, die hinter dem Symptom steht, also das psychotische Verhalten des Patienten verstehen. Anders wüsste er ja nicht, worum es überhaupt geht. Zweitens muss der Therapeut diese Spannung durch die Beziehung zum Patienten reduzieren.

3.1.8 Verstehen und verstanden werden

Zunächst geht es also darum, den Patienten zu verstehen. Bestimmt ist es das Wichtigste bei einer Psychotherapie, und zwar nicht nur psychotischer Menschen. Aber es ist oft das Schwierigste. Verstehen ist ein komplexer Vorgang. Verstehen bedeutet erstens, dass Aussagen wahrgenommen und ihre Bedeutung erfasst wird. Doch ist dieser »rationale« Kern einer Botschaft meist nicht eindeutig. Sowohl für den Sender wie den Empfänger gibt es nämlich zweitens unbewusste Anteile. Jede Kommunikation wird drittens auch von Affekten begleitet, die auch verstanden werden wollen. Diese drei Komponenten sind in jeder Mitteilung des Patienten, aber auch in der Antwort des Therapeuten enthalten.

---

22 Ich habe in meiner Berufspraxis einige Menschen getroffen, die von Geburt an in Heimen groß geworden sind. Sie hatten als Kleinkind nie eine feste Bezugsperson. Diese Menschen hatten kein sicheres Urteil über die Realität. Aber sie waren nicht psychotisch.

Verstanden kann man sich fühlen, wenn man von einem Anderen Informationen über sich selbst bekommt, die mit dem Empfinden und den Vorstellungen vom eigenen Selbst übereinstimmen oder die als eine Bestätigung empfunden werden. Wie es scheint, spielt das Verstanden-Werden in der psychischen Entwicklung bei der Identitätsbildung eine wichtige Rolle. Das affektive Verstehen des Säuglings durch die nahe Bezugsperson hat zentrale Bedeutung bei der Ichbildung (Fonagy u. a., 2004; Stern, 1992).

Menschen haben das Bedürfnis, verstanden zu werden. Es ist wichtig, dass ich das, was ich empfinde oder denke, einem Anderen mitteile. Wenn der Andere mir seinerseits mitteilen kann, dass ich ihm etwas über mich mitgeteilt habe (er weiß etwas über mich, weil ich es ihm mitgeteilt habe), dann ist das eine Bestätigung, die anders nicht zu erlangen ist. Jeder kennt umgekehrt die Erfahrung, nicht verstanden zu werden. Wenn das Nicht-verstanden-Werden andauert oder sich wiederholt, lässt es daran zweifeln, ob die eigene Wahrnehmung stimmt. In der therapeutischen Situation verstanden zu werden, heißt, dass ich selbst verstehe, wer ich bin. Das aber ist gar nicht selbstverständlich. Die Deutung in der Psychoanalyse vermittelt, dass der Analytiker etwas am Analysanden erkannt hat, was bedeutsam ist, was der aber nicht sagen konnte und darum in ein Symptom verwandeln musste. Wenn verstanden ist, was das Symptom bedeutet, versteht der Analysand sich selbst besser.

Eine Haltung des Therapeuten, die davon ausgeht, dass es im psychotischen Symptom etwas zu verstehen gibt, ist sicher hilfreich für den Patienten und trägt wahrscheinlich dazu bei, dass der Patient sich besser organisieren kann. Das gilt besonders für die akute Phase einer schizophrenen Psychose. Dem psychotischen Patienten erklären zu wollen, dass seine Mitteilungen nur Ausdruck einer Krankheit sind, also keine kommunikative Bedeutung haben, ist, wenn nicht beleidigend, bestimmt demotivierend. Das hat auch nichts damit zu tun, wo wir die Ursache der Psychose suchen.

> Auch krankheitsbedingte Mitteilungen haben eine kommunikative Bedeutung, die verstanden werden will. Nehmen wir als Beispiel Herrn Ab, der an einer fortgeschrittenen Hirnatrophie und Demenz leidet. Er wird des Nachts oft von schweren Ängsten geplagt. Mit dem verzweifelten Ruf »Bombe!« wird er wach. Kein Zweifel, dass die Ängste und die Realitätsverkennung organisch verursacht sind. Das geschädigte Gehirn hat nicht mehr die Kraft, die nächtlichen Ängste zu bewältigen. Es ist ihnen hilflos ausgeliefert und zieht nun frühere Erfahrungen zur Erklärung heran. Aber dass dies so geschieht, offenbart auch, dass der alte Mann angstvolle Kriegserfahrungen gemacht hat, die er zeitlebens nicht loswerden konnte und die jetzt noch des Nachts getriggert werden.

Verstanden werden bedeutet auch: Du bist so, ich bin anders. Implizit ist darin eine Trennung enthalten.

3.1.9 Den psychotischen Menschen verstehen

Das Psychotische zu verstehen, ist eine doppelte Herausforderung. Einmal sollte der Therapeut verstehen, was der psychotische Patient meint. Das zweite aber ist, darüber ein Einvernehmen mit dem Patienten zu erzielen, also mit dem Patienten klarzustellen, dass und wie er verstanden wurde. Das ist meist die größere therapeutische Herausforderung, und zwar für den Patienten ebenso wie für den Therapeuten.

Searles (1974), der vielleicht wie kein anderer die psychoanalytische Erforschung der Psychose beeinflusst hat, unterscheidet den konkreten bzw. konkretistischen Inhalt des Symptoms von seiner metaphorischen Bedeutung. Die metaphorische Bedeutung ist das, was »eigentlich« gemeint ist. Das konkrete Bild repräsentiert die Verfälschung der Realität. Ein psychotischer Patient, den er zitiert, setzt Menschen und Aschenbecher gleich. Das Psychotische an dieser Gleichsetzung ist, dass nicht gemeint ist, Menschen seien wie Aschenbecher (metaphorische Bedeutung), sondern sie sind Aschenbecher (konkrete Bedeutung). Beim »Klopfer« war die metaphorische Bedeutung, dass er sich einsam fühlte, die konkrete, dass er es klopfen hörte. Der Musiker meinte nicht, er habe das Empfinden, als ob Strom in den Wänden sei, sondern er meinte es ernst. Searles empfiehlt, sich zunächst mit dem konkreten Inhalt des psychotischen Symptoms zu beschäftigen (1974, S. 198): »… es [ist] ein Fehler [auf eine konkrete Äußerung] … im Sinne ihrer … metaphorischen Bedeutung zu antworten, bevor man nicht ihre Gültigkeit als konkret geäußerte Tatsache anerkannt hat.« Er meint darum, dass sich der Therapeut »… in der einzig verfügbaren Sprache, in der alles wörtlich genommen wird, …« unterhalten soll (1974, S. 201).

Searles hat seiner Schilderung des Falles nicht hinzugefügt, wie seine Unterhaltung über den Menschen als Aschenbecher abgelaufen ist. Aber die Schwierigkeit ist klar. Der Therapeut muss eine Ebene des Dialogs finden, auf der die konkrete Gestaltung des Gemeinten ernst genommen, also nicht in Frage gestellt, aber das Wahnhafte auch nicht bekräftigt wird.

> Bei Frau Nun z. B. war es nicht so schwer, diese Ebene zu finden. Frau Nun sprach über nichts anderes in aggressivem Ton, als dass alle Menschen alles über sie wissen und mit ihr ein abgekartetes Spiel treiben. Ständig erzählte sie Geschichten wie diese: Der Mann am Schalter habe eine obszöne Mundbewegung gemacht und damit zum Ausdruck gebracht, dass er sie für lüstern halte. Eine Antwort so zu formulieren, dass Frau Nun den Eindruck hatte, dass der Mann das ausdrücken wollte, würde ihr nicht genügen. Ihr war wichtig, dass ihr Erleben eben nicht eine nur subjektive Sache, sondern realer Sachverhalt war. Aus ihrer Sicht gab es keine andere Realität. Die Welt war so. Wollte man Frau Nun vermitteln, dass es nur ihre subjektive Realität war, dann würde man damit eben den realen Charakter ihrer Wahrnehmung in Frage stellen; denn es gibt keine subjektive Realität. Man kann zwar innerhalb einer gemeinsamen Welt darüber streiten, wie die Welt beschaffen ist, aber man kann sich nicht darüber auseinandersetzen, welche Welt die richtige ist, weil es keinen gemeinsamen Boden gibt, auf dem diese Auseinandersetzung stattfinden

könnte. Wir können dem Psychotiker nicht sagen, dass er in einer falschen Welt lebt. Die Welt, in der man lebt, ist nie die falsche. Frau Nun wollte sagen, dass ihr Erleben von ihr unabhängig war, so wie es in der Realität nun mal ist. Dass sie sich durch diese Erlebnisse bedrängt fühlt, dass sie keinem traut, dass sie nichts für sich behalten kann, dass es Mächte gibt, die dahinter stecken, die sie nicht durchschaut – das alles kann man mit ihr erörtern.

Frau Nun hat im Laufe eines halben Jahres bedeutende Fortschritte gemacht, und zwar ohne medikamentöse Behandlung, die sie strikt ablehnte. Schließlich war sie gar nicht mehr feindselig, sondern verzagt und äußerte die Meinung, dass die Verfolgung wohl bald aufhören würde. Frau Nun hatte die Psychose im reifen Alter bekommen und sie war beruflich erfolgreich. Wie es schien war die Spannung, die bei ihr die Psychose zum Ausbruch gebracht hatte, mit Eheproblemen verbunden, die sie nicht lösen konnte. Schließlich bekam sie Neuroleptika und die psychotische Symptomatik wurde als krank abgetan. Bei einem letzten Besuch war die Symptomatik verschwunden. Brav wiederholte sie, was sie in der Klinik gehört hatte, dass sie nämlich eine Psychose gehabt hatte, woraus alle Schwierigkeiten resultierten. Sie war ohne Affekte und ohne kritische Regung, wie die Patienten unter den Neuroleptika oft sind.

Eine Psychotherapie war bei Frau Nun vergleichsweise einfach. Sie war dankbar, dass sie Verständnis für die Bedrängnis, in der sie sich fühlte, und ihren Zorn darüber fand. In mir weckte das die Vermutung, dass sie sich in ihrer Kindheit in einer ähnlichen Bedrängnis gefühlt hatte und nie ihren Zorn darüber zum Ausdruck bringen konnte. Es gab Hinweise dafür, doch ließ sich der Sachverhalt nicht aufklären. Aber diese Vermutung machte es mir einfach, Anteilnehme für Frau Nun zu empfinden, obwohl sie ja nicht freundlich war, sondern anfangs nur schimpfte.

Die Situation in den therapeutischen Sitzungen enthielt zwei Komponenten, die sie der frühkindlichen Situation, in der Wirklichkeit und Ich auftauchen, analog machten. Wenn es in der frühen Kindheit eine unmittelbare Bedürfnisbefriedigung nicht mehr gibt, also Frustration entsteht, kann die für Befriedigung sorgende Mutter als getrenntes Wesen wahrgenommen werden. Eine analoge Frustration erlebte Frau Nun, weil die Menschen aggressiv ihr gegenüber waren und sie nicht respektierten. Das war die erste Komponente. Diese »Erfahrung« war für Frau Nun so überwältigend und allgegenwärtig, überschattete jede andere Erfahrung und Tätigkeit, weil Frau Nun keine innere Struktur zur Verfügung hatte, sie in irgendeine Form von Wirklichkeit einzubetten. Sie hatte Bedürfnisse, und die Wirklichkeit verweigerte sich. Das, was in der Kindheit zwischen frustriertem Bedürfnis und Wirklichkeit vermittelt, nämlich Anteilnahme der Mutter, das fehlte ihr und konnte sie in der Verfassung, in der sie war, von sich aus nicht mobilisieren. Anteilnahme bedeutet eine affektive Verbundenheit. Das war die zweite Komponente. Also zunächst galt es, ihre Frustration anzuerkennen und nicht als verrückt abzutun. Wenn Frau Nun weiterhin Kummer und Trauer im Schutz der Therapie würde empfinden können und Anteilnahme spürte, hätte sie psychotische Symptome weniger nötig und hätte allmählich auch die Realität ein wenig mehr anerkennen können. Was sie am wenigsten brauchte, war, dass sie in der Klinik belehrt wurde, wie es »wirklich« war.

Oft gelingt es, die Affekte, die zu einer Situation gehören, für den Patienten spürbar zu machen, indem sie einfach benannt werden. Das ist sicher eine der Interventionen, die sich häufig anbietet. Sie ist besonders wirksam, wenn es gelingt, den Zusammenhang zwischen aktueller Situation, Affekt und Bewertung der Ereignisse zu verdeutlichen. Im stationären Rahmen ergibt es sich häufig, dass akut erregte Patienten Neuroleptika parenteral bekommen sollen, sich dagegen aber heftig wehren. In diesen Fällen kann die Situation entschärft werden, wenn die Angst des Patienten, die oft mit der Fantasie verbunden ist, er solle jetzt eine Todesspritze bekommen, angesprochen wird. Der Affekt kann auch in einem produktiven Symptom versteckt sein, z. B. Kummer und Verzweiflung in der Vorstellung, in den Zimmerwänden sei Strom. Die Überzeugung eines Patienten, er sei ein Samurai, der er dadurch Nachdruck verlieh, dass er sich so kleidete, versinnbildlichte seinen Zorn. Da erst durch den Affekt Meinhaftigkeit entstehen kann, ist es immer ein großer Gewinn für den Patienten, Affekte spüren zu können.

Die Therapie psychotischer Menschen verlangt das, was Psychotherapeuten normalerweise tun. Sie versuchen zuerst das konflikthafte Ereignis ihrer Patienten zu erörtern, was vor allem heißt zu klären, worin der Konflikt besteht. In der Regel kommt dabei heraus, dass ein Verzicht unumgänglich ist, aber dass es eine Lösung gibt, und sei es auch nur die Trauer. Es geht immer auch um Anerkennung der Realität mit ihren Zwängen zum Verzicht. Was Psychoanalytiker Deutung nennen, ist ein Spezialfall dieser allgemeinen Struktur. Deutung bezieht sich zwar immer auf den psychischen Zustand, aber vor dem Hintergrund einer bestimmten Realität. Triebwünsche sind kaum je direkt zu befriedigen. Und auch wenn herauskommen sollte, dass es innere Widerstände sind und keine äußeren, die die Befriedigung vereiteln, so muss doch auch mit der Aufgabe der Abwehr immer auch etwas anderes aufgegeben werden. Das kann ein Detail des Selbstbildes oder eine beruhigende Vorstellung über die Welt sein o. Ä.

> Frau Min z. B. hat oft Ängste, die sich als Ängste vor ihrer Aggression entpuppen. Sie fürchtet, dass sie wegen ihrer Aggressionen alle Menschen verlieren könnte, weil sie die vertreibt oder weil die sich abgestoßen fühlen. Eine Deutung der Ängste und Offenlegung, woher die kommen, befreit Frau Min von den Ängsten. Aber die Aggressionen verschwinden darum nicht. Frau Min muss andere Wege finden, damit umzugehen. Eines geht aber bestimmt nicht, nämlich die Aggressionen einfach auszuagieren. Was der Therapeut bereitstellt, um dem Patienten Einsichten zu ermöglichen, ist eine beschützende Situation, Verständnis und Anteilnahme.

3.1.10 Was ist Beziehung?

Der Therapeut versucht also, seinem Patienten zu vermitteln, dass es eine Wirklichkeit gibt, die sich den Wünschen entgegenstellt. Aber die Kraft der Rationalität reicht nicht aus, die mit dieser Erkenntnis verbundene Frustration zu ertragen. Der Patient braucht Hilfe, um diesen Schritt machen zu können. Die einzige Hilfe, die der Therapeut anbieten kann, ist seine Beziehung zu dem Patienten. Jede Psychotherapie, gleich welcher Art, basiert auf der Beziehung zwischen Patienten und Therapeuten. Dabei ist es die Aufgabe des Therapeuten, die Beziehung hilfreich zu gestalten. Aber was ist überhaupt eine Beziehung?

> Stellen wir uns als Beispiel einen Mann und eine Frau vor, die sich nicht kennen und auf der Straße zufällig aneinander vorbeigehen. Wenn keiner den anderen bemerkt, entsteht keine Beziehung zwischen ihnen. Wenn nur einer der beiden den anderen bemerkt, aber selbst vom anderen nicht bemerkt wird, entsteht auch keine Beziehung. Vielleicht ist der, der den anderen bemerkt, beeindruckt oder gar erregt, aber das begründet noch keine Beziehung. Wenn beide einander bemerken, dann wird in beiden irgendein Gedanke oder ein Gefühl, den anderen betreffend, entstehen. Aber auch das begründet noch keine Beziehung. Nur wenn der Gedanke über bzw. das Gefühl für den anderen begleitet wird von der Wahrnehmung oder der Vorstellung, dass der andere auch Kenntnis genommen hat, dann ist eine Beziehung zwischen beiden entstanden, wie flüchtig auch immer.
>
> Wie sich nun A gegenüber B und umgekehrt verhält, das ist abhängig von der Verfassung von A und von B und den gesellschaftlichen Regeln. Aber mit dem Entstehen einer Beziehung gibt es auch einen Einfluss der beiden auf den jeweils anderen, dem sie sich nicht entziehen können. Nehmen wir an, der Mann ist begeistert von der Frau und spricht sie an. Die Frau ihrerseits kann sehr unterschiedlich reagieren. Aber eines wird sie nicht können, nämlich so tun, als sei gar nichts geschehen. Auch wenn sie nach außen nichts erkennen lassen würde, wird sie erstens doch Gedanken und Gefühle haben, die durch das Verhalten des Mannes entstehen. Zweitens aber wird sie die Gewissheit haben, dass ihr Verhalten beim Manne etwas auslöst, auch wenn sie nur erraten kann, was das ist.

Diese beiden Momente machen Beziehung aus, also dass A auf B und B auf A irgendwie reagieren muss und zugleich die Gewissheit hat, dass es dem anderen ebenso geht. Eine Beziehung ist immer wechselseitig in dem Sinne, dass jeder der beiden Einfluss auf die Ichfunktionen des Anderen hat und seinerseits in der Weise auch abhängig ist. Das gilt auch bei unsymmetrischen Beziehungen, also z. B. zwischen der Mutter und ihrem Kind, dem Lehrer und dem Schüler, dem Aufseher und dem Gefangenen. – Das schließt aber nicht aus, dass es einem Menschen gegebenenfalls gelingt, einen anderen Menschen mehr oder weniger wie eine Sache zu behandeln, also insoweit die Beziehung zu vermeiden.

Hilfreich können wir eine Beziehung nennen, die dem Anderen hilft, sich zu organisieren. Der Therapeut wird dazu dem Patienten etwas über ihn mitteilen. Der Patient seinerseits kann eine solche Aussage, die ihn betrifft, annehmen, also als Erkenntnis verbuchen, oder auch zurückweisen. Also z. B. dem Tobias sagen, dass er feindselige Gefühle gegenüber seinem Vater empfinde, kann ihm als bewusste Einsicht helfen, seine Position gegenüber dem Vater neu zu definieren.

Er kann überlegen, ob der Vater ihm Grund dafür gegeben hat und wie er sich dazu stellen soll usw. Aber eine solche Deutung ist tendenziell übergriffig. Sie überschreitet die Grenze, die durch die Abwehr gezogen wurde. Tobias seinerseits kann sich auf ein solches Verfahren einlassen, weil er eine Deutung seines Symptoms nicht annehmen muss, sondern gegebenenfalls auch zurückweisen und sich so abgrenzen kann.

Ein psychotischer Mensch hat diese Fähigkeit zur Abgrenzung nicht. Das ist ja in gewisser Hinsicht das Charakteristische der Psychose. Um also nicht willenlos den Interpretationen eines Menschen ausgeliefert zu sein, könnte er Beziehung vermeiden. Da dies aber nicht möglich ist, wird er Beziehungen auf einer oberflächlichen Ebene halten und den Anderen mehr oder weniger zum Produkt seiner Projektionen machen. Auf eine therapeutische Beziehung wird er sich also nur einlassen können, wenn sie ihn nicht in Frage stellt. Es ist also auch aus dieser Perspektive sinnvoll, erst einmal die psychotischen Symptome ernst zu nehmen, so wie es Searles gesagt hat.

3.1.11 Handlung als Antwort

Wenn der Patient manifest psychotisch ist, ergibt sich oft eine andere Lösung. Der »Klopfer« ist dafür ein gutes Beispiel. Er kam in die Sprechstunde, nicht weil er Behandlung, sondern weil er wieder arbeiten wollte. Sein Arbeitgeber hatte ihm gesagt, dass er dafür das Attest eines Psychiaters vorlegen müsse, dass er arbeitsfähig sei.

Die Überlegung war nun Folgende: Der Mann machte einen etwas skurrilen, aber verlässlichen Eindruck. Das psychotische Symptom war Ausdruck eines inneren Konflikts, der ihm nicht bewusst war. Welche Auswirkungen dieser Konflikt neben dem Symptom gegebenenfalls noch haben würde, war nicht vorhersehbar. Solange also das Symptom bestand, sollte man ihm keine Arbeitsfähigkeit bescheinigen, und zwar nicht, weil das Symptom gefährlich gewesen wäre, sondern weil der zugrunde liegende Konflikt noch virulent war und man nicht wissen konnte, wie er sich sonst noch in einem Symptom äußern würde. Würde es aber gelingen, das Symptom dauerhaft zu beseitigen, gäbe es keinen Grund, ihm die Arbeit zu verweigern, weil der zugrunde liegende Konflikt nicht mehr bedeutsam wäre.

Eine wahrscheinliche Erklärung des psychotischen Symptoms waren seine fehlenden sozialen Kontakte. Regelmäßige Kontakte in der Sprechstunde reichten in der Tat, das Klopfen verschwinden zu machen. So stand einer Wiederaufnahme seiner Arbeit nach einer mehrmonatigen Beobachtung nichts im Wege. Die vereinbarten regelmäßigen Kontakte dienten auch der Kontrolle. Acht Jahre später ging der »Klopfer« in Rente, ohne dass etwas vorgefallen wäre. Er war für die »Behandlung« dankbar. Eine ursächliche Klärung der Symptomatik war nicht geboten, Neurolepsie hatte nichts bewirkt. Die psychotische Struktur, die sich auch darin niedergeschlagen hatte, dass der Mann keinerlei bewusste Vorstellungen von Gefühlen hatte, weder von sich noch von anderen Menschen, und dass er latent viele feindselige Gefühle hatte, blieb, wie sie war.

Solche Situationen ergeben sich oft, und zwar ebenso im ambulanten wie im stationären Setting, dass nämlich eine Maßnahme auf der Realitätsebene einen Konflikt lösen kann.

> Herr Y z. B., der sein Kind im psychotischen Wahn getötet hatte, wurde nach 25 Jahren aus dem Maßregelvollzug entlassen. Aber bald erzählte er von seinen Gewaltfantasien, auch gegen den Psychiater. Da er keine Einsicht hatte, weder in seinen Zustand noch in das, was er getan hatte, und das für ihn wohl auch nicht möglich war, blieb nichts anderes übrig, als ihn erneut in eine forensische Einrichtung einzuweisen. Erst als seine Eltern gestorben waren, beruhigte er sich und konnte in Freiheit leben.

Aus dem Verständnis des psychotischen Symptoms kann sich eine Handlungsoption ergeben, die den Patienten beruhigt. Für einen Patienten, der nach dem Besuch der Eltern in der Klinik seine psychotischen Symptome verstärkt, ist es vielleicht hilfreich, wenn nur sein Bruder kommt. Der repräsentiert die Familie, kommt ihm aber nicht zu nahe. Der schon erwähnte Praktikant aus einem afrikanischen Land verlor die psychotische Symptomatik nach einem Besuch des Familienoberhaupts. Die unisono geäußerte Ansicht einer Familie, man habe sich mit dem Selbstmord der Tochter abgefunden, hätte man besser als Aufforderung an die Adresse der Tochter verstanden. Eine vorübergehende Suspension des Kontakts hätte vielleicht geholfen.

3.1.12 Klären und Erklären

Damit ist gemeint, dass ein Sachverhalt, der vom Patienten berichtet wird, zunächst eindeutig geklärt wird. Das ist sicher ein wichtiges Instrument, weil in vielen Berichten der Patienten Ungereimtheiten auftauchen. Ein erwachsener Mann erzählt, dass die Mutter ungehalten war, aber nicht warum. Auf Nachfragen erläutert er den Grund. Er war sehr spät nach Hause gekommen. Er erzählt zunächst auch nicht, dass die Mutter von ihm verlangt, vor Mitternacht zu Hause zu sein.

Oft stellt man fest, dass psychotische Menschen einfache Regeln der sozialen Kommunikation nicht kennen oder nicht präsent haben. Sie sind dankbar, wenn man ihnen das erklärt, z. B. dass Schweigen in vielen Situationen als feindselig empfunden wird, in anderen als Ausdruck einer respektvollen Zurückhaltung.

Genetische Deutungen werden leicht missverstanden, so als ob sich die Vergangenheit wirklich wiederholen würde. Zum Beispiel die Bemerkung, dass sich der Arbeitskollege im Empfinden des Patienten so verhalte wie der Vater, kann so verstanden werden, als habe man gesagt, er verhalte sich in der Tat so. Um die Relativierung zu verstehen, die der Therapeut in seiner Bemerkung gemeint hat, muss der Patient sich und seine Empfindungen in Frage stellen können, also einen Unterschied machen zwischen Empfindung und Realität. Das kann ein psychotischer Patient oft nicht. Genetische Deutungen sind darum meist nur nach einer gründlichen Vorbereitung hilfreich.

Auf der anderen Seite erscheint es mir aber notwendig, dass in der Psychotherapie eines psychotischen Menschen geklärt wird, inwiefern seine Psychose eine Antwort auf den familiären Kommunikationsstil ist. Darum ist die genetische Klärung eines Symptoms wichtig. Umgekehrt habe ich die Erfahrung gemacht, dass nur Patienten, die an einer Aufklärung dieses Sachverhalts interessiert sind, wirkliche Fortschritte in der Psychotherapie machen.

Ein ähnliches Problem ist, dass der Therapeut etwas als Fantasie anspricht, was von dem Patienten als real gemeinte Aussage verstanden wird. Zum Beispiel könnte der Therapeut sagen: »Sie meinen, dass ich nicht aufmerksam bin.« oder: »Sie haben den Eindruck, dass Ihr Freund Sie nicht leiden kann.« Der Patient versteht das aber manchmal als affirmative Aussage, also so: »Der Therapeut hat zugegeben, dass er nicht aufmerksam ist.« »Der Therapeut meint auch, dass mein Freund mich nicht leiden kann.«

3.1.13 Behandlung der Suizidalität

Auf das Problem der Suizidalität treffen der Psychiater und der Psychotherapeut in der Regel bei Patienten mit einer depressiven Symptomatik. Diese kann sich bei jeder anderen psychischen Störung zusätzlich entwickeln, und so auch bei der schizophrenen Psychose. Von allen Kriterien, die als Risikofaktor für einen Suizid gelten, hat die Depression die stärkste Aussagekraft. Aber weder sie noch andere Prädiktoren erlauben es, die gefährdeten Patienten mit der nötigen Sicherheit zu identifizieren. Hinzu kommt, dass der Entschluss zum Suizid bei der schizophrenen Psychose wahrscheinlich oft auch ohne erkennbare depressive Symptomatik entstehen kann (Pompili et al., 2007). Darum sollte ein Psychiater oder ein Psychotherapeut davon ausgehen, dass er die Suizidalität nicht verlässlich beurteilen kann. Besser ist eine präventive Strategie, die sich in fast allen Fällen befolgen lässt. Eine solche präventive Strategie ergibt sich aus der Dynamik der Suizidalität.

Die suizidale Tendenz, die im Gefolge einer depressiven Symptomatik auftreten kann, ist eng gekoppelt an den Rückzug des Depressiven aus Beziehungen. Der Entschluss zu sterben ist mit einem Rückzug aus allen Beziehungen verbunden. Diese Tatsache ist lange bekannt (vgl. Briggs, Lemma & Crouch, 2008). Es läuft also darauf hinaus, eine möglichst sichere Erkenntnis darüber zu gewinnen, ob der Patient zu einer verlässlichen Beziehung in der Lage ist. Das ist aber etwas, was der Arzt und Psychotherapeut ohnehin prüft, wenn er den Patienten behandeln will.

Wenn bei einer mittelschweren bis schweren Depression Zweifel daran bestehen, ob eine tragfähige Beziehung beim Patienten noch möglich ist, sollte man sie herstellen. Das gelingt, indem man dem Patienten ausreichend Verantwortung abnimmt und ihm Regression erlaubt. Regression bedeutet, in einer Beziehung Verantwortung an den anderen abzugeben (Matakas & Rohrbach, 2008). Eine regressive Beziehung ist z. B. die des Kindes zur Mutter, des Patienten zum Arzt oder gegebenenfalls auch die des Patienten zum Therapeuten in der Psychotherapie. Eine verordnete Regression verbietet die Erörterung von Beziehungskonflikten, die ja jeder depressive Mensch hat. Depressive Menschen sagen auch oft, dass ihnen diese oder jene Tätigkeit helfen wird, die Depression zu überwinden. Aber in der Depression ist das nur der Versuch, sich von Beziehungen unabhängig zu machen. Darum ist es kontraindiziert, darauf einzugehen, wenn es mehr als eine leichte Depression ist. (Man spürt, wenn es nach Abklingen der Depression die wiederkehrende Kraft ist, die den Patienten das sagen lässt.) Im Extremfall, wenn der Patient sich auf keine Beziehung einlässt, wird man ihm alle Verantwortung für sich abnehmen und in eine Klinik einweisen. – Mit diesen Grundsätzen lassen sich Suizide auch nicht ganz ausschließen, aber doch signifikant verringern (Matakas & Rohrbach, 2008).

Das Problem bei Menschen mit einer schizophrenen Psychose ist, dass sich deren Beziehungsfähigkeit nur schwer beurteilen lässt. Es besteht eine enge Bindung an die Eltern, seltener an einen Partner. Darüber hinaus erscheinen sie nicht oder kaum beziehungsfähig. Das ist wohl der Grund, warum Menschen mit einer schizophrenen Psychose ohne erkennbare depressive Symptomatik suizidal werden können. Nur ein Mensch, der die Fähigkeit zu einer guten und bedeutsamen Beziehung hat, kann depressiv werden (Matakas, 2019). Darum muss man damit rechnen, dass bei einer erfolgreichen Therapie eines Menschen mit einer schizophrenen Psychose eine Phase eintritt, in der der Patient depressiv wird.

Die Sache wird aber kompliziert dadurch, dass Menschen mit einer schizophrenen Psychose Distanz zu anderen Menschen weit besser ertragen als Nähe. Es scheint also, als ob es sich bei ihnen ganz gegenteilig verhalten würde. Aber das scheint nur so. Beziehung ist für einen Menschen mit schizophrener Psychose problematisch, weil er Schwierigkeiten hat, sich mit seiner Identität abzugrenzen. Deswegen ist eine Beziehung, die einerseits von Interesse gekennzeichnet ist, andererseits Distanz beachtet, vielleicht auch herstellt, weil es der Patient von sich aus nicht kann, nicht nur die beste Form der Beziehung, sondern allein wirklich tragfähig. Wenn man also berücksichtigt, dass eine tragfähige Beziehung bei einem Menschen mit einer schizophrenen Psychose anders zu gestalten ist als bei einem Menschen mit Depression, kann man die gleichen Grundsätze anwenden.

> Die junge Frau Zen kam mit ihrer Mutter in die Klinik. Noch beim Aufnahmegespräch wurde sie kurz ohnmächtig, wofür sich auch später keine organische Ursache fand. Frau Zen hatte einige unspezifische Symptome, die für eine schizophrene Psychose sprachen. Sie erschien nicht depressiv, und es gab auch keine Hinweise für Suizidalität. Nach ein paar Tagen verließ sie ungesehen die Station und stürzte sich von einem hohen Gebäude in den Tod. Die nachträgliche Besprechung ergab, dass kein Mitarbeiter der Station Frau Zen intensiv wahrgenommen hatte. Sie lief unauffällig so nebenher. Und da sie auch keine depressiven Symptome hatte, wurde nicht bemerkt, dass sie auf der Station gewissermaßen beziehungslos war. Insofern war es eine typische Situation.

3.1.14 Therapeutische Grundsätze bei Gewaltsamkeit des Patienten

Bei Patienten, die offen die Bereitschaft zur Anwendung von Gewalt zum Ausdruck bringen, sind die Regeln, die zu beachten sind, leicht genannt. Das Thema muss mit dem Patienten verhandelt werden. Jede Ankündigung, jede Drohung, jede gewaltsame Handlung – und erscheine sie noch so belanglos – sollte erörtert werden, bis ein befriedigendes Ergebnis erzielt ist. Andererseits, man ist nicht aggressiv, weil man schizophren ist. Es gibt aus Sicht des Patienten immer einen Grund für die Aggressivität. In der Monographie von Böker und Häfner (1973) findet man viele Beispiele dafür. Immer ist auf Seiten des aggressiven Patienten auch Angst mit im Spiel. Aber der Behandler sollte sicherstellen, dass er selbst angstfrei mit dem Patienten sprechen kann. Er, besonders natürlich sie, sollte sich einen Beistand holen, wenn das nicht gewährleistet ist. Psychotische Menschen sind dankbar, wenn ihre mangelhafte Impulskontrolle auf diese Weise kontrolliert wird. Das Problem Gewalt muss so lange mit dem Patienten besprochen werden, bis eine verlässliche Lösung gefunden ist. In extremen Fällen wird es darauf hinauslaufen, dass Gewalt angewandt wird, um gewaltsame Handlungen des Patienten zu verhindern.

Schwieriger ist es bei Patienten, die nicht offen über ihre Absichten sprechen, z. B. paranoide Patienten. Hier gehen diagnostische Einschätzung und Prävention Hand in Hand. Angelehnt an Yang (2008) lassen sich für den Umgang mit diesen Patienten folgende Grundsätze empfehlen: (1) Man sollte ein festes therapeutisches Bündnis anstreben, ohne zunächst Vertrauen zu erwarten. (2) Der Patient braucht die Möglichkeit, seine Theorie, warum er sich bedrängt, verfolgt, diskreditiert usw. fühlt, ausführlich und zunächst unkommentiert zu erklären. Der Behandler sollte sichergehen und mit dem Patienten Einverständnis darüber erzielen, dass er diese Theorie verstanden hat. (3) Empathie ist wichtig, aber gleichzeitig auch affektive Distanz. (4) Gedanken und Theorien des Patienten sind deutlich von seinen Handlungen zu unterscheiden. (5) Der Behandler sollte auf seine ethische Integrität achten.

Die Schwierigkeit, die Wirksamkeit einer bestimmten Strategie nachzuweisen, liegt bei einem so komplexen Thema wie der Gewaltsamkeit psychotischer Patienten darin, dass der Erfolg schlecht nachgewiesen werden kann. Wenn nichts passiert, weiß man nicht, ob es daran liegt, dass man eine bestimmte Strategie befolgt hat, die manifeste Gewaltsamkeit verhindert hat. Oder wäre auch ohne diese Strategie keine Gewalttat geschehen? Eine vergleichende prospektive Studie verbietet sich. Wenigstens eine Orientierung wäre möglich, wenn man mehr Berichte darüber hätte, wie Therapeuten und Institutionen mit dieser Problematik umgehen und welche Effekte sie damit erzielen. Meine Erfahrung in mehr als drei Jahrzehnten Arbeit, zeitweise auch im Maßregelvollzug, war gut. Ein psychodynamisches Verständnis hilft, Gewaltsamkeit zu erkennen und darauf wirksam zu antworten. Ich hatte keine größere Gewalttat zu beklagen.

3.1.15 Zum Ausgang der Therapie

Wenn die Psychotherapie eines Patienten mit schizophrener Psychose positiv verläuft, wird der Patient vielleicht schließlich erkennen, dass seine Symptome ungewöhnlich sind. Er kann das auch krank oder psychotisch nennen, aber eine Aufklärung, was die Psychose psychodynamisch bedeutet, ist ihm nicht möglich (Maier, 2015). Der Patient sagt, wenn er die produktiven psychotischen Symptome nicht mehr hat, wie der »Klopfer«: »Damals hat einer geklopft, jetzt ist das vorbei.« Oder er spricht über die Psychose wie über eine Infektionskrankheit, die nun verschwunden ist. Oder er nennt sich krank, was aber in der Regel bedeutet, dass er regressiv die Verantwortung für »das Psychotische« ablehnt. Aber dabei sollte man berücksichtigen, dass auch ein neurotischer Patient, wenn er die neurotischen Symptome nicht mehr hat, eine ähnliche Haltung zu den überwundenen Symptomen einnimmt.

3.2 Ambulante Therapie

Psychotische Menschen, die eine schizophrene Störung haben, bemühen sich nicht oft um eine ambulante Psychotherapie. Über die Gründe lässt sich nur spekulieren. Systematische Untersuchungen dazu sind mir nicht bekannt. Die Widerstände liegen wohl vielfach bei ihnen selbst. Die Hausärzte und Psychiater scheinen auch wenig darauf zu dringen, und eine hohe neuroleptische Medikation schwächt eher die Motivation, weil sie den Eigenantrieb schwächt. Möglicherweise sind auch die Familien oft dagegen, weil sie spüren, dass sich für sie dadurch einiges ändern wird. Das gilt ganz unabhängig davon, welche Art Psychotherapie die Patienten machen, weil sich immer das Selbstbild verändern wird. Die Situation ist anders bei Menschen mit einer psychotischen Depression, die sich öfter um Psychotherapie bemühen, und bei denen vergleichsweise schnell Veränderungen erzielt werden können.

3.2.1 Das Setting

Es gibt keinen Grund von den Regeln abzuweichen, wie sie üblicherweise für eine psychotherapeutische Behandlung gelten. Es braucht klare Absprachen über die Rahmenbedingungen, also den regelmäßigen Zeitpunkt und die Frequenz der Sitzungstermine, die Kommunikationsregeln, gegebenenfalls die Bezahlung. In einer Einzelsitzung ist auch mit psychotischen Patienten meistens ein Dialog wie mit anderen Patienten möglich. Die Patienten erzählen davon, wie sie den Tag erleben, dass sie sich z. B. langweilen, dass sie gerne eine Freundin hätten, dass sie sich Gedanken über ihre berufliche Zukunft machen usw.

Aber es gibt auch Patienten, die sich ungewöhnlich verhalten. Ein Patient fragt z. B., ob er sich auf der Couch schlafen legen dürfe, ein anderer redet ohne Unterlass, eine dritte Patientin flüstert unverständlich leise, ein vierter packt seine Butterbrote aus, eine fünfte bringt in die Gruppentherapie ihre Tante mit in die Gruppe, »weil sie gerade auf Besuch ist«, ein sechster kommt als Samurai gekleidet mit Holzschwert zum Termin, ein siebter legt eine Spielzeugpistole vor sich auf den Tisch usw. Solch auffälliges Verhalten hat auch seinen Sinn. Der Patient, der sich schlafen legen wollte, fühlte sich von seiner Familie, bei der noch lebte, ständig unter Druck gesetzt. Der Patient, der ohne Unterbrechung redete, hatte gewissermaßen sein Ich verloren, das diese Einfälle hätte strukturieren können. Die flüsternde Patientin fürchtete Sanktionen für das, was sie erzählte. Der Patient, der in der Sitzung Butterbrote essen wollte, verstand Therapie wie eine gemütliche Stunde in der Familie usw. Man wird mit den Patienten nicht so ohne Weiteres ein Einverständnis darüber erreichen können, wie solches Verhalten zu verstehen ist. Der Therapeut wird darum besser auf Einhalten der Regeln bestehen und die Klärung einem geeigneten Zeitpunkt überlassen.

Die Unveränderbarkeit der Settingregeln garantiert dem Patienten, dass der Therapeut sein Verhalten nicht von dem abhängig macht, was ihm der Patient erzählt. Der Patient hat die Freiheit, alles anzusprechen, ohne dass er reale Konsequenzen fürchten muss. Das gilt in besonderer Weise für den psychotischen Patienten, weil er den Unterschied zwischen Worten bzw. Fantasien und Wirklichkeit nicht so sicher macht. Manchmal müssen sich Therapeut und Patient ausdrücklich darauf verständigen, dass niemand durch den Patienten zu Schaden kommen darf. In Fragen der Therapiegestaltung wird der Therapeut seinem psychotischen Patienten gegebenenfalls entgegenkommen müssen. Ein häufiges Problem ist der Zeitpunkt der Sitzungen. Viele psychotische Menschen meiden die Begegnung mit Menschen, stehen darum spät auf und leben in die Nacht hinein. Dieses Verhalten ist ein Schutz vor schwer erträglichen Anspannungen. Ein psychotischer Mensch wird sich also schwertun, diese Gewohnheit aufzugeben, um die Therapiestunde wahrzunehmen. Der Therapeut muss sehen, ob er dem entgegenkommen kann. Aber das Agieren mit dem Setting, also eine unnötige, wechselnde Anpassung der Regeln an die Wünsche des Patienten, wozu nach meiner Beobachtung unerfahrene Therapeuten neigen, ist in keiner Weise nützlich.

Wichtig ist es, die Frequenz der Sitzungen festzulegen. Die schwachen Ichgrenzen der psychotischen Patienten verlangen eine vorsichtige Entwicklung der therapeutischen Beziehung. Die Patienten bevorzugen eine niedrige Frequenz von in der Regel einer Sitzung pro Woche. Anders Patienten mit einer psychotischen Depression, die meist bereitwillig eine hohe Stundenfrequenz akzeptieren. Diese Patienten suchen eine enge Bindung und die damit verbundene Regression.

3.2.2 Die Beziehung zum Therapeuten, Übertragung

Ob man bei Patienten mit einer schizophrenen Psychose überhaupt von Übertragung sprechen kann, ist problematisch. Sie haben ein Beziehungsmuster, das einerseits kindliche Erfahrungen widerspiegelt, andererseits psychotische Züge hat. An dem folgenden Beispiel soll dieser Sachverhalt erläutert werden.

> Frau Li mit einer psychotischen Struktur, aber ohne manifeste psychotische Symptome, machte eine lange Psychotherapie mit einer Frequenz von zwei bis drei Stunden die Woche. Die Behandlung war erfolgreich. Frau Li war sozial weitgehend angepasst, jedenfalls in ihrem Leben unauffällig. In einer nicht ungewöhnlichen Situation machte sie unversehens Anstalten, mich zu schlagen. Erst meine scharfe Reaktion, dass die Behandlung augenblicklich ein Ende hätte, beruhigte sie. Ein andermal behauptete sie längere Zeit steif und fest, sie würde riechen, dass ich vor der Sitzung Alkohol getrunken hätte. Sie wisse jetzt, dass ich wie ihr Vater Alkoholiker sei und, wie für Alkoholiker typisch, würde ich das verheimlichen.
>
> Die Absicht von Frau Li, mich zu schlagen, war wohl Ausdruck davon, dass sie sich durch mich in ihrer Identität bedroht fühlte, was ich nicht bemerkt hatte. Aber dass ihr Gefühl der Bedrohung so intensiv war, dass sie mich schlagen wollte, war nur aus ihrer psychotischen Struktur erklärbar. Es hatte direkt nichts mit ihrer kindlichen Erfahrung zu tun. Schläge gab es in ihrer Kindheit nicht. Allenfalls wird man sagen können, dass sie diese Bedrohung der Identität aus ihrer Kindheit kannte. Dass sie mich für einen Alkoholiker hielt, war eine Wiederbelebung ihrer kindlichen Erfahrung. Ihr Vater war ja nach ihrem Bekunden Alkoholiker gewesen. Aber auch das wird man nicht Übertragung nennen. Sie hatte überhaupt keine Distanz zu dieser Empfindung. So konnte sie auch nicht erkennen, wie sie aktuelle Erlebnisse, hier der Kontakt mit mir, durch ihre Fantasien, die kindliche Erfahrungen repräsentierten, verfälschte. Irgendwann hörte sie auf, mich für einen Alkoholiker zu halten, und meinte dazu nur, dass sie sich darin geirrt habe. Ich sei ja nicht Alkoholiker.

Man sieht, dass der Begriff »Übertragung« aus dem Vokabular der Psychoanalyse für die therapeutische Beziehung, wie sie Frau Li entwickelt hatte, nicht so recht passend ist. Es fehlte bei ihr auch die Fähigkeit, in einer therapeutischen Ichspaltung sich und ihr Beziehungsmuster zu betrachten. Wie bei Menschen mit Problemen der Ichgrenze war es für Frau Li schwieriger, Nähe auszuhalten als Distanz. So ist Frau Li repräsentativ für Menschen mit einer psychotischen Struktur. Der Therapeut wird leicht idealisiert oder dämonisiert, als Freund gesehen oder als Experte. Er wird aber nicht gesehen, wie …, sondern er ist es. Oft spürt man auch, dass der psychotische Patient den Therapeuten nur begrenzt als einen Anderen erleben kann. Herr U z. B. versteht nicht, dass es für die Stunde, die ausfallen muss, keinen Ersatz gibt, dass der Therapeut auch eigene Interessen hat, die mit denen des Patienten nicht identisch sind. Wenn der Patient das aber realisieren kann, hat er einen wichtigen Schritt getan. So kommentiert eine psychotische Patientin, die ihrer Therapeutin einen Magnetbutton aus ihrem Urlaub mitgebracht hat, das Geschenk mit der Bemerkung: »Vielleicht können Sie ihn hier in Ihrer Praxis verwenden, es muss ja nicht Ihre Küche sein.« Diese Patientin hat realisiert, dass die Bedürfnisse ihrer Therapeutin andere sind als ihre eigenen.

3.2.3 Ambulante Gruppentherapie

Man kann auch mit psychotischen Menschen Gruppentherapie machen (z. B. Schaub Kim, Mueser, von Werder, Engel, Möller & Falkai, 2016), wenn sie die Gemeinsamkeit mit anderen Menschen aushalten. Ist eine Gruppe nur mit psychotischen Patienten besetzt, wird sich jedoch kaum ein Gespräch zwischen den verschiedenen Mitgliedern entwickeln. Die Patienten werden im Wesentlichen nur den Leiter ansprechen, so dass sich mehr ein Dialog zwischen den einzelnen Mitgliedern und dem Leiter ergibt. Die psychotischen Patienten haben die Tendenz, eine »private« Beziehung zum Therapeuten in der Öffentlichkeit der Gruppe herzustellen. Das entspricht der Beobachtung, dass psychotische Menschen Schwierigkeiten im öffentlichen Raum haben. Anders als etwa bei tagesklinischer Behandlung, lässt sich das Gesellschaftliche, das eine Gruppe immer hat, bei ambulanter Gruppentherapie wenig nutzen. Etwas anders ist die Situation, wenn die Gruppe gemischt ist, nur einzelne psychotische Mitglieder enthält. Das Gespräch der anderen Teilnehmer wird auch die psychotischen Mitglieder einbeziehen. Aber das kann sie natürlich leicht überfordern.

3.2.4 Drei Beispiele einer ambulanten Therapie

Im Folgenden sind die Psychotherapien von drei Patienten beschrieben, die eine Psychose hatten und längere Zeit ambulant behandelt wurden. Die Geschichte von Frau D beschreibt eine Psychotherapie, die erfolglos war, weil sie nicht ausreichend auf die Familie Rücksicht genommen hat. Diese Fallgeschichte demonstriert ferner, dass Interventionen sehr leidvolle Folgen für den Patienten haben können. Die Frage, ob es sich um eine depressive oder schizophrene Psychose handelte, ist auch nachträglich nicht sicher zu entscheiden. Die zweite Therapie, von Frau R, hat nur wenig sichtbare Veränderungen bewirken können. Die psychotische Struktur dieser Patientin war mit Persönlichkeitszügen verbunden, die die Anpassung an die Wirklichkeit schwierig machten. Aber obwohl die sichtbaren Veränderungen gering waren, war die Therapie von eminenter Bedeutung für die Patientin. Die dritte Therapie, von Herrn U, kann man als Erfolg bezeichnen, obwohl viele Probleme übrigblieben. Diese Therapie war ein mühevoller Weg, der wenig Aufregendes bot.

Eine unsachgemäße Intervention kann schaden

Frau D ist Mitte 20, klein, hübsch, aber wirkt noch sehr mädchenhaft. Nach dem Abitur hat sie einige Semester studiert, das Studium aber abgebrochen, als sie depressive und angstvolle Symptome entwickelte. Sie kehrte nach Hause zurück, zunächst ohne weiteren Versuch einer beruflichen Ausbildung. Der Hausarzt der Familie überwies sie an mich, weil er meinte, dass die junge Frau unglücklich war. Die kleine Familie lebt in einer Kleinstadt. Die Patientin liebt es, den Garten am Haus zu pflegen.

Verlauf: Die Patientin kam viele Jahre regelmäßig zu mir. Es entwickelte sich schnell ein vertrauensvolles Verhältnis. Zwei Themen interessierten sie: ihre Sehnsucht nach einer Beziehung zu einem Mann und ihre berufliche Ausbildung. Sie hatte noch nie einen Freund gehabt und ließ nicht erkennen, dass sie sexuelle Erfahrung hatte. Sie begann eine Ausbildung, in der sie ausgezeichnete Zwischennoten hatte. Aber die junge Frau machte nie die Abschlussprüfung.

Zweimal in größeren Abständen gab es depressive Einbrüche mit Suizidgedanken, die einen kurzen Klinikaufenthalt notwendig machten. Eingeleitet wurden diese Phasen durch eine quälende Wahrnehmung der Patientin, von denen sich nicht genau sagen ließ, ob es akustische Halluzinationen waren oder unabweisbare Gedanken. Sie hatte die Vorstellung, dass sich Leute im Haus oder auf der Straße darüber unterhielten, wie schlecht sie sei. Meine Diagnose war in diesen Fällen »psychotische Depression«.

Unmittelbar vor einer solchen Krise, hat sie mir ein Diagramm gemacht, auf dem sie ihre Position in der Familie darstellte. Es war eine DIN-A-4-Seite, auf der sie durcheinander vermerkt hatte: »Trennung von der Mutter«, »Mutter streng«, »hart«, »Angst«, »Anspannung«, »Unselbstständigkeit«, »Frustration«, »Wut«, »Leistungsabfall«, »chronischer Erschöpfungszustand«. Viele Pfeile verbanden das eine mit dem anderen, ohne eine für mich erkennbare Struktur. Andere Familienmitglieder kamen auf dem Blatt nicht vor. Nach der Krise war das für sie kein Thema mehr. Auch auf meine mehrmalige Anregung kam sie nicht auf dieses Blatt und den Inhalt zurück.

Abgesehen von den depressiven Einbrüchen, hatte sich die Patientin bei mir eingerichtet. Mit mir konnte sie alles besprechen, und sie hatte sich ihrem wiederholten Bekunden nach heftig in mich verliebt. Immer wieder brachte sie mir kleine Geschenke mit. Sie erzählte aus ihrem aktuellen Leben, von kleinen Reisen mit den Eltern, Besuche, ihrem Hobby usw. Über ihre Zukunft und innere Probleme wollte sie nicht sprechen. So waren die therapeutischen Sitzungen meist ein anmutiges Geplauder, das der Patientin offensichtlich sehr gefiel.

Der Zusammenbruch: Als schließlich klar wurde, dass die Patientin den Ausbildungsabschluss nicht machen würde, und sie keine Anstalten machte, den Inhalt der Therapiesitzungen zu verändern, versuchte ich das Problem der Ablösung von den Eltern in den Fokus zu rücken, und zwar ohne dass die Patientin von sich aus dieses Thema angeschnitten hätte. Ich fragte sie, ob sie nicht manchmal wütend sei, und schloss eine kurze Erklärung an, dass Aggression zur menschlichen Natur gehöre. Ich verwies auch auf geschichtliche Beispiele. Sehr bald danach verwandelte sich die Symptomatik unzweideutig in das Bild einer schizophrenen Psychose. Die junge Frau hörte Stimmen, die ihr sagten, dass sie für immer gefesselt würde. Ihr Schicksal sei besiegelt. Sie sei selbst schuld. Dann erzählte sie, ohne den Kontext weiter zu erklären, dass sie früher doch nicht Hitler, dieses abscheuliche Monster, verherrlicht habe, auch nicht den Gedanken hatte, in einem Konzert Amok zu laufen. Jemand habe ihr diese Gedanken eingegeben. Sie habe das früher doch nicht gedacht. Ich fragte sie, ob sie mich meine, der ihr das eingegeben hatte. Sie wich einer direkten Antwort aus, aber bestätigte es indirekt. Zu Hause geriet sie immer wieder in Zustände von Erregung und Verzweiflung, was den Eltern sehr zusetzte.

In dieser manifest psychotischen Verfassung, die mehr als ein Jahr bestand, äußerte Frau D stereotyp, dass sie für immer grausam gequält würde. Sie beschrieb detailliert, wie das geschehen würde. Da sie erkennbar unter ihren Vorstellungen litt, gab ich ihr eine übliche Dosis Neuroleptika, was zwar die Vorstellungen nicht beseitigte, aber die affektive Situation beruhigte.

Epikrise, der Behandlungsfehler: Mein Behandlungsfehler liegt auf der Hand. Die junge Frau hatte ihre aggressiven Triebanteile gegen die Eltern massiv abgewehrt. Sie hatte auch unmissverständlich erkennen lassen, dass sie dieses Thema nicht behandeln wollte. Auch die Eltern waren mit der Situation zufrieden gewesen. Nachdem ich die Patientin darauf aufmerksam gemacht hatte, dass es aber doch so etwas wie Aggression in ihr gebe, brach die Abwehr zusammen, und übrig blieb nur die psychotische Form der Abwehr. Die aggressiven Triebanteile konnten nicht als eigene anerkannt, aber auch nicht mehr aus dem Bewusstsein entfernt werden. So blieb nur das produktive Symptom, das ähnlich wie im Traum auch Produkt einer Verzerrung war. So kann man die Fesselung als ein Bild ihrer Situation in der Familie verstehen. Sie war gefangen, ohne die Möglichkeit sich zu bewegen. Das Ergebnis meiner Behandlung war, dass die Patientin sich quälte und damit indirekt auch die Eltern.

Die »Plauderstündchen« mit mir hatten der jungen Frau ausreichend Befriedigung geboten. Diese Stunden waren ein Ort für ihre schüchternen Fantasien und den schwachen Wunsch, Unabhängigkeit zu erreichen. Die Behandlung hatte die Familie beruhigt und die Patientin. Zur Mutter hatte sie eine gewisse Distanz hergestellt. In mir hatte sie jemanden, der ihr zugewandt war, ohne sie psychisch manipulieren zu wollen. Aber das Thema Aggression war ein falsches Thema. Dass dies zu dem Zusammenbruch führte, kann auch darin begründet sein, dass es sich um eine depressive Psychose handelte, bei der eine solche »Deutung« nicht indiziert ist (vgl. Matakas, 2019). Aber wie dem auch sei, so wie ihre Beziehung zu mir war, muss sie mich als sehr manipulativ empfunden haben. Vielleicht war es darum nicht allein das Thema, sondern auch, dass ich versuchte, sie im Sinne meiner Interessen zu beeinflussen, was eine so verheerende Wirkung bei ihr hatte. Jedenfalls würde das der Empfindlichkeit entsprechen, die psychotische Menschen haben.

Natürlich hätte es mit den Plauderstündchen nicht ewig so weitergehen können. Aber ein sanfter Abschluss wäre eine Alternative gewesen. Jetzt, nach einigen Jahren, hat mir die Patientin einige freundliche Ansichtskarten von gemeinsamen Reisen mit ihrem Vater geschickt. Es geht ihr sichtlich wieder gut.

Auch eine Paranoia ist zu bessern

Symptome: Frau R ist eine gut aussehende Mittfünfzigerin, charmant und sehr lebendig. Sie hatte sich telefonisch damit angekündigt, dass sie für ihre Familie Hilfe suche. Doch ist schon am Telefon erkennbar, dass sie selbst Hilfe braucht. Noch in der Tür beginnt sie mit ihrer Erzählung. An ihren Schwierigkeiten ist ihr Mann Schuld, von dem sie geschieden ist. Dann erzählt sie, dass Nachbarn sich gegen sie verschworen haben und dass eine Freundin mit dem Exmann gegen sie arbeite. In den folgenden Sitzungen der nächsten Jahre kommen immer wieder solche Geschichten vor. Über Kindheit und Jugend ist anfangs wenig zu erfahren.

Sie redet laut ohne Punkt und Komma. Ihr Bericht ist zwar kohärent, aber sie kommt assoziativ von einem Thema auf das andere. Sie erzählt ohne die Erwartung einer Antwort, auch nicht, als wolle sie eine Lösung für ihre Probleme finden. Das dritte Auffällige ist, dass sie zu den Themen, die sie erörtert, nicht den adäquaten Affekt äußert. Sie lacht meistens und meint, dass sie sich nicht unterkriegen lasse, sondern Spaß am Leben habe.

Zur psychischen Struktur: Frau R hat erhebliche Defizite, aber auch persönliche Ressourcen. Die wesentlichen Defizite sind die Paranoia und assoziatives Denken. Wie es scheint, kann sie Liebe und Hass nicht klar empfinden, und sie ist in ihren affektiven Reaktionen sehr eingeschränkt. Ambivalenz kann sie nur schlecht aushalten. Hinzu kommen ihre mangelnde Empathie bzw. ihre Unfähigkeit zur Mentalisierung. Ihre Ressourcen sind ihre Intelligenz, ihre Attraktivität, ihre Lebenslust, ihre unverklemmte Einstellung zur Sexualität, eine sichere Anstellung in einem anspruchsvollen Beruf. So wie sich Frau R im Erstkontakt darstellt, muss sie trotz der Paranoia sozial einigermaßen integriert sein.

Die Paranoia signalisiert, dass das psychische Integrationsniveau von Frau R vergleichsweise niedrig ist. Dem niedrigen Niveau entspricht erstens, dass der Sekundärprozess, zumindest dann, wenn es um wichtige Themen geht, von abgewehrtem Material gestört wird, zweitens, dass sie adäquate Affekte nicht zulassen kann, wenn es um schmerzliche Inhalte geht. Die berufliche Position von Frau R sowie die Tatsache, dass sie eine langjährige Ehe geführt und zwei Kinder groß gezogen hat, machen es wahrscheinlich, dass die Paranoia in der aktuellen Ausprägung früher nicht bestanden hat; denn damit hätte Frau R es in Familie und Beruf nicht so weit gebracht. Jetzt war es zu einem Leistungsabfall gekommen, worüber der Betrieb, in dem sie tätig war, Klage führte. Andererseits ist aber die der Paranoia zugrunde liegende psychische Struktur sicher nicht erst jetzt entstanden. Sie muss früher angelegt gewesen sein. Es liegt darum der Schluss nahe, dass Frau R immer schon eine labile psychische Struktur hatte. Aber in der Ehe muss sie zunächst ausreichend Halt gefunden haben. Erst die Trennung führte zur Dekompensation.

Mit der Zeit wurde die psychische Struktur, die dem allem zugrunde lag, deutlicher erkennbar. Äußerlich gesehen, teilt Frau R ihre Welt mit den anderen Menschen. Aber tatsächlich lebt sie in einer anderen Welt, in einem eigenen Universum, das nur so aussieht wie die Welt der anderen Menschen. Frau R hat ihre Welt mit den Figuren bevölkert, wie alle anderen Menschen auch. Darum war zunächst ein Unterschied zwischen ihrer Welt und dem, was andere als Welt verstehen, nicht auszumachen. Doch allmählich bekam man den Eindruck, dass Frau R die Menschen um sich herum überhaupt nicht versteht. Schließlich war auch der Grund dafür ersichtlich. Frau R hat die Figuren ihrer Welt mit ihrem eigenen Innenleben ausgestattet. Alle Menschen funktionieren genau so, wie sie sich das denkt. Nie stellt sie sich die Frage, wie ein Anderer empfindet. Es gibt auch keinen wirklich Anderen für sie. So, wie sie die Menschen sieht, irrt sie sich natürlich oft. Aber nie konstatiert sie, dass sie sich in einem Menschen geirrt habe. Sie gibt ihm einfach ein anderes Innenleben, das aber auch aus ihrem eigenen genommen ist. Tragisch ist diese Situation im Hinblick auf ihre Kinder. Sie war, ihren glaubhaften Erzählungen zufolge, eine aufopfernde Mutter gewesen. Aber die Kinder werden von ihr denken, dass ihre Mutter sie nie auch nur ansatzweise verstanden hat. Das würde erklären, dass die Kinder jeden Kontakt zu ihrer Mutter meiden, was Frau R natürlich nicht versteht und worunter sie sehr leidet.

Die Objekte in der Welt von Frau R sind in gewisser Hinsicht nur Kopien ihrer selbst. Aber es sind doch immerhin soweit abgegrenzte Objekte, dass sie ihr die Sicherheit einer eigenen Identität geben. Unter der Belastung durch den Scheidungsprozess kam es zu manifesten paranoiden Gedanken. Als das vorbei war, hat sie wieder ein etwas besseres psychisches Niveau erreicht, so wie es wohl ursprünglich bestanden hatte.

Die ersten therapeutischen Überlegungen: Frau R sollte aus der ersten Sitzung mit dem Gefühl weggehen, dass ihr die Therapie guttut. Frau R wäre zwar nicht gekommen, wenn sie nicht irgendwie ahnen würde, dass etwas mit ihr nicht stimmt. Aber sie wäre nicht paranoid, wenn sie das nicht gleichzeitig verleugnen müsste, und man muss annehmen, dass sie unterschwellig erhebliche Angst hat, ihren seelischen Zustand realistisch wahrzunehmen. Wie kann man in dieser Anfangssituation intervenieren? Die Paranoia kann man bestimmt nicht in der ersten Stunde auflösen, wenn das überhaupt möglich sein sollte. Ihre paranoiden Ängste für realitätskonform halten und sie in ihren Verteidigungsstrategien bestärken, kann man auch nicht.

Die Paranoia ist wie jede Psychose ein Verlust der Ichgrenzen und zugleich der Versuch sie zu reparieren. Ohne dass wir also schon wissen, welches Ereignis Frau R aktuell verletzt hat, wissen wir doch, dass es ihre Identität bedroht haben muss. Nur das kann erklären, warum es sie psychotisch macht. Wir können also die Paranoia damit gleichsetzen, dass Frau R um ihre Identität kämpft. Die Feindseligkeit, die so sehr auffällt, dient der Abgrenzung von den Objekten.

Wie in jeder Psychotherapie ist es nicht ratsam, allzu schnell die Abwehr in Frage zu stellen, also die paranoide Zuschreibung allen Übels an den Mann. Ebenso wenig ist es ratsam, sich sofort mit dem psychischen Defizit, das die psychotische Abwehr zur Folge hat, zu beschäftigen. Es verbietet sich also, der Patientin zu sagen, dass ihre Erklärungen nicht ganz glaubwürdig sind, oder dass sie in einer Verfassung ist, Wirklichkeit von Fantasie nicht sicher unterscheiden zu können. Beides würde sie überfordern und die Angst verstärken. Aber das Paranoide als Wahrheit anzuerkennen, verbietet sich ebenfalls. Was für den Anfang bleibt, ist anzuerkennen, dass Frau R um ihre Identität kämpft, gegebenenfalls dass sie diesen Kampf gewinnen kann. Eine hilfreiche Intervention für Frau R war z. B.: »Sie sind in einer schwierigen Situation, sie müssen sich mit vielen Vorwürfen und Klagen auseinandersetzen, aber es gibt gute Gründe dafür, dass sie das meistern werden.« Frau R ist sehr zufrieden damit. Sie strahlt immer wieder, wenn ich ihr versichere, dass sie nicht fürchten soll, zerstört zu werden. Sie habe viel Kraft und könne sich behaupten. – Was natürlich auch der Wahrheit entsprach. Aber diese Haltung schließt nicht aus, offensichtlich unsinnige oder gar schädliche Pläne mit der nötigen Zurückhaltung kritisch zu bewerten.

Was zu der paranoiden Entwicklung beigetragen hat, die kindlichen Entwicklungsbedingungen oder die Beziehung zum Ehemann, konnte nicht geklärt werden. Aktuell ist nur zu beobachten, dass Frau R Missgeschicke oder Misserfolge, ob sie nun selbst oder fremd verursacht sind, übermäßig bedrohlich erlebt. Das verstärkt ihre paranoiden Erklärungen. Es verstärkt auch ihre Gegenstrategien, was wiederum die Feindseligkeit der Menschen verstärkt. So verstrickt sie sich heillos in Gegenmaßnahmen gegen vermeintliche und schließlich auch wirkliche Angriffe, was alles nur schlimmer macht – eine typische Situation von paranoiden Menschen.

Verlauf und Epikrise: Frau R konnte sich gut auf eine Beziehung zu mir einlassen. Sie erzählte und ich hörte zu. Also die Frage, ob etwas für sie gut oder schlecht sei, wie man die Handlungen anderer verstehen könnte, wie man sich verhalten könnte, das konnte ich ihr sagen, und sie nahm es auch auf, oft wie eine Handlungsanweisung. Aber sie konnte nicht mit mir darüber diskutieren, weil sie die dazu nötige Ambivalenz nicht aushalten konnte. Nie ging sie auch von sich aus auf die affektive Bedeutung der Geschehnisse ein. Wenn ich es tat, hörte sie aufmerksam zu, kommentierte das aber nicht. Mit meiner Hilfe konnte sie schmerzliche Affekte ganz allmählich besser zulassen, weil ich diese Affekte mit distanzierter Anteilnahme mit ihr teilte. Diese distanzierte Anteilnahme war eine Versicherung, dass sie nicht zerstört werden würde, auch wenn sie das unangenehme Ereignis zur Kenntnis nahm.

Meine Aktivität bestand also im Wesentlichen darin, sie zu verstehen, was vor allem das einschloss, was sie an sich selbst nicht verstand, nämlich ihre Ambivalenz und die Affekte. Offensichtlich hat sie sich dadurch in ihrer Identität bestärkt gefühlt. Die Notwendigkeit, auf die psychotische Abwehr zurückzugreifen, wurde reduziert. Die paranoide Symptomatik verschwand allmählich. Sie war nun in der Lage, Konflikte etwas realistischer einzuschätzen und auch ihren Anteil wenigstens ansatzweise zu erkennen. Aber nachdem die Paranoia nicht mehr das Bild beherrschte, blieb doch der Eindruck, dass sie eine schwierige Persönlichkeit war. So hat sie z. B. überhaupt kein Rechtsempfinden, was noch einmal bekräftigt, dass sie keine Vorstellungen von den inneren Prozessen anderer Menschen hat. Sie kann sich auch nicht gut schützen und ist schnell bereit, ihre eigenen Interessen zu vergessen, weil sie wiederum keine Vorstellung davon hat, dass andere Menschen andere Interessen haben als sie selbst.

Man könnte die paranoide Symptomatik auch als Abwehr verstehen, so nämlich, dass sie das Gefühl, hilflos und schlecht zu sein, minderte. Wenn hinter dem Unglück böse Machenschaften von Menschen stecken, dann ist eher ein Gegenmittel vorstellbar. Aber es wäre doch verwunderlich, dass eines so geringen Vorteils wegen eine so gravierende Veränderung, wie die Aufgabe der Realitätskontrolle, notwendig würde. Vielleicht sollten wir die Frage nach dem Sinn der Paranoia auch nicht stellen, sondern lediglich konstatieren, dass Frau R unter der Belastung, die die Scheidung darstellte, regredierte und damit die Ichgrenzen fragil wurden. Die Psychotherapie hat ihr geholfen, diesen Einbruch zu überwinden.

Schizophrene Psychose und Zwangssymptomatik

Die Symptome: Herr U war ein hübscher Bursche, überdurchschnittlich intelligent, der nicht lange nach seinem Abitur zu mir kam. Er lebte noch bei den Eltern, die beide einen akademischen Beruf hatten. Er kam in meine Behandlung wegen quälender Wahnvorstellungen. So glaubte er, dass er von verschiedenen Regierungen heimlich gesucht würde.

Herr U war viele Jahre in Behandlung. Er kam regelmäßig einmal die Woche für eine Therapiesitzung. Die wahnhaften Überzeugungen verloren sich ziemlich rasch nach einem Jahr. Daran schloss sich eine lange Zeit, in der er fürchtete, krank zu sein. Nach einer kurzen Zeit ohne auffällige Symptomatik entwickelte sich eine schwere Depression, die mir lange Zeit Sorgen machte, weil sie mit suizidalen Gedanken verbunden war. Doch machte Herr U nie einen Suizidversuch. Schließlich verschwand auch die Depression. Aber eine ziemlich heftige Zwangssymptomatik blieb zurück, die sich mit den Jahren verschlimmerte. Herr U war nie in einer Klinik.

Die Lebenssituation: Nach etwa zwei Jahren bezog er mit Unterstützung der Eltern eine kleine Wohnung. Er versorgt sich dort selbst. Eine Ausbildung oder ein Studium begann er weiter nicht. Er lebt von der Sozialhilfe. Anfangs hatte er eine Freundin, die er sehr in Beschlag genommen hat. Dann hatte er einige flüchtige, aber heftige Beziehungen zu Frauen, war aber meistens ohne eine Beziehung. Er hatte lockere Freunde, vernachlässigte diese aber, so dass er schließlich ziemlich vereinsamte. So blieb mehr oder weniger allein der Kontakt zu den Eltern, der ihm wichtig war, übrig.

Behandlung und Verlauf: Medikamente wollte Herr U nur für den Notfall. In eigener Regie, allerdings in ständiger Rücksprache mit mir, hat er Neuroleptika in kleiner oder mittlerer Dosierung genommen. Immer wieder hat er versucht, ohne Medikamente auszukommen, was ihm die meiste Zeit auch problemlos gelang.

Mit Herrn U konnte jeder Aspekt seiner psychischen Verfassung einschließlich der psychotischen und zwanghaften Symptomatik sowie seine Beziehung zu mir besprochen werden. Er stimmte meinen Erklärungen oft nicht zu, vor allem konnte er wenig an Affekten mobilisieren, aber er war grundsätzlich offen und interessiert. Vieles hat er akzeptiert. Produktive Symptome hat er nicht wieder entwickelt. Insofern war es eine erfolgreiche Behandlung. Aber seine zwanghafte Furcht vor Krankheitskeimen, die von anderen Menschen ausgehen, ist heftig und behindert ihn in seiner Lebensführung. Seine Interpretation dieser Störung ist, dass sich darin seine Furcht vor Menschen und seine Aggression gegen die Menschen ausdrückt. Er hat sich belesen und mehrfach Versuche gemacht, die Sache eigenständig durch Desensibilisierung zu bessern. Doch blieb das erfolglos.

Die psychodynamische Erklärung: Man kann die Erklärung von Herrn U übernehmen und die Zwangssymptomatik als einen Schutz seiner Ichgrenzen verstehen. Er hält sich durch diese Symptomatik die Menschen vom Leibe. Der Gewinn gegenüber einer psychotischen Symptomatik wäre, dass die Realitätskontrolle nicht aufgegeben werden muss. Er hat eine zutreffendere Vorstellung von der Realität. Zwei Ereignisse können als Beleg für diese Interpretation gelten. Einmal kam er weinend zur Sitzung und erzählte: Er sei bei einem Bekannten gewesen. Drei junge Leute hätten sich lebhaft über belanglose Dinge unterhalten. Er habe dabeigesessen und begriffen, dass die drei in einer gemeinsamen Welt lebten und sich darüber unterhalten konnten. Ihm aber sei diese Welt nicht zugänglich. Man kann das so verstehen, dass er, anders als Menschen in einer psychotischen Verfassung, wahrnehmen kann, dass es für die Menschen eine gemeinsame Welt gibt – wenn er sich darin auch nicht bewegen kann. Ein andermal erzählte er von einem Treffen mit einer jungen Frau in seiner Wohnung. Sie hätten Sex gehabt und das habe ihn glücklich gemacht, unter anderem deswegen, weil er dabei keine Ängste vor Berührung hatte. Als die junge Frau gegangen war, habe er plötzlich darüber nachgedacht, wie sehr er durch die Zwänge behindert sei. Dieses Erlebnis kann man so interpretieren, dass ihm trotz des Glücks, das er empfand, etwas fehlte – und zwar die Möglichkeit einer Beziehung. Aber dass er das Fehlen bemerkte, heißt, dass er eine Ahnung davon hatte. Herr U hat also einen besseren Bezug zur Welt und er spürt, dass es zwischen den Menschen Beziehungen gibt. Das wäre ein Fortschritt gegenüber der psychotischen Verfassung. Mit seiner Zwangssymptomatik ist er aber auf halbem Weg stehen geblieben.

Aber die Erklärung, dass er durch die Zwänge Abstand zu den Menschen schafft, ist so doch nicht ganz befriedigend, und zwar aus zwei Gründen. Wenn wir noch mal Frau Nun zum Vergleich heranziehen, fällt ein großer Unterschied auf. Frau Nun hält alle Menschen auf Distanz, weil sie von jedermann argwöhnt, er wisse über sie Bescheid, und sie reagiert darauf aggressiv. Die Aggression ist Energie, mit der sie Ichgrenzen etablieren kann. Aber wie soll man sich das bei Angst, die doch das Beherrschende bei der Zwangssymptomatik von Herrn U ist, vorstellen? Angst führt zum Rückzug. Aggression im Gefolge von Angst entsteht allenfalls dann, wenn der Rückzug verwehrt wird, also sekundär. Wenn man zweitens die Erklärung von Herrn U akzeptiert, dass seine Zwangssymptomatik ihm die Menschen fernhält, bleibt die Frage, warum das für ihn so wichtig ist, dass er die Einschränkungen, die dadurch entstehen, in Kauf nimmt. Die Zwangssymptomatik muss ja etwas abwehren, was bedrohlicher ist als die Einschränkung, die sie verursacht.

Wie so oft bei psychischen Symptomen ist vielleicht auch hier das, was als unerwünschte Begleiterscheinung ausgegeben und empfunden wird, der eigentliche unbewusste Zweck. Wie bei der neurotischen Zwangssymptomatik geht es Herrn U vielleicht darum, die affektive Bewegung, die im Kontakt mit anderen Menschen unvermeidbar auftaucht, zu vermeiden. Die Nähe anderer Menschen induziert Affekte, die er nicht ertragen kann. Affekte, wie Freude, Trauer usw. hat Herr U in den vielen Jahren nur ansatzweise geäußert. Warum Affekte nicht erträglich sind und darum in der Zwangsneurose allenfalls als Bild auftauchen, z. B. die Vorstellung von Blut auf der Straße anstelle von Zorn, das wäre allerdings noch zu erklären.

Vielleicht bringen die folgenden Beobachtungen einen Schritt weiter. Einmal erzählte Herr U von zahlreichen Missgeschicken des Tages. Er hatte 10 Euro verloren, auf der Straße sei er angerempelt worden usw. Die Heftigkeit seiner Verzweiflung und seiner Klagen darüber erschienen aber völlig unangemessen. Es war, als beschriebe er seinen Untergang. Auf meine Frage, ob diese tiefe Hilflosigkeit charakteristisch für seine Kindheit sei, reagierte er verwirrt und aggressiv. In der folgenden Stunde erklärte er mir kategorisch, dass er dieses Thema nicht behandeln wolle. Wenn diese Vermutung zutrifft, könnte das erklären, dass er jede affektive Regung zu vermeiden sucht, weil ihn das in die Nähe dieser unerträglichen Affekte bringen würde.

Affekte haben eine dreifache integrierende Wirkung. Sie integrieren das Psychische mit dem Körperlichen, weil sie immer sowohl eine psychische wie körperliche Repräsentanz haben. Sie erzeugen das Gefühl der Meinhaftigkeit von Vorstellungen, und sie verbinden drittens die Menschen miteinander. Es kommt vor, dass eine dieser Funktionen nicht voll entwickelt ist. Bei psychosomatischen Störungen erscheint die Integration von körperlichen und psychischen Prozessen behindert. Manche Menschen haben Schwierigkeiten, sich auf Beziehungen einzulassen, weil sie die dafür nötigen Affekte nicht gut mobilisieren können. Psychotische Menschen aber haben mit allen drei Funktionen Probleme.

Herr U ist dafür ein gutes Beispiel. Als er noch manifest psychotisch war, drückte er mit seinen körperlichen Beschwerden auch psychische Probleme aus. Er empfand keinen Affekt, der einem psychischen Problem Ausdruck gegeben hätte. Das Gefühl der Meinhaftigkeit fehlte, wie es für psychotische Symptome charakteristisch ist. Und die Kontakte bzw. Beziehungen zu anderen Menschen waren, wie beschrieben, sehr eingeschränkt. Die zwanghaften Symptome erfüllen alle drei Funktionen. Die Bilder, die mit Zwangssymptomen verbunden sind, sind leicht als Äquivalente für Affekte erkennbar. Aber es sind Externalisierungen, z. B. Bakterien, Blut auf der Straße, die ein Gefühl der Meinhaftigkeit vermeiden. Immerhin wusste Herr U, dass es seine Vorstellungen waren, denen eine Realität nicht so richtig entsprach. Das war ein

Fortschritt gegenüber der psychotischen Situation. Schließlich verhinderten die zwanghaften Symptome auch, dass er sich auf andere Menschen einließ.

3.3 Stationäre Behandlung

Stationäre Behandlung ist fast eine Selbstverständlichkeit bei einer Psychose, die einige Zeit dauert. Goffman (1969) hat beschrieben, warum das so ist. Der Betroffene und die Familie finden keine gemeinsame Ebene mehr, anstehende Konflikte auch nur zu verhandeln. Sie leiden beide. Die Symptomatik des psychotischen Menschen hat aber, was Goffman überzeugend analysiert, auch eine gesellschaftliche Bedeutung. Sie ist immer auch ein Protest, der sich gegen die Gesellschaft richtet. Die Gesellschaft findet eine Antwort: Sie installiert Einrichtungen, in die der psychotische Mensch geschafft wird.

3.3.1 Zur Geschichte der stationären Behandlung

Ein wichtiger geschichtlicher Wendepunkt der Psychiatrie fällt mit der Französischen Revolution zusammen (Dörner, 1969). Die Zucht- und Korrektionsanstalten, in denen die psychisch Kranken bis dahin oft in Ketten und Käfigen lebten, wurden durch Asyle, später dann durch Krankenhäuser ersetzt, in denen Behandlung Unterdrückung ersetzen sollte. Der französische Philosoph M. Foucault hat es so beschrieben (1961), dass der äußere Zwang, der vor diesem Wendepunkt durch Ketten und Käfige ausgeübt wurde, dem Wahnsinn doch seinen Raum ließ. Nun galt es, die Wahnsinnigen zu behandeln, also den Wahnsinn zu zähmen. Behandlung beinhaltete die Forderung an die psychisch Kranken, wie sie nun hießen, die Kontrolle zu verinnerlichen. Damit war im Grundsatz Psychotherapie gefordert. Aber der äußere Zwang hat sich in der Folgezeit immer wieder Eingang in die Psychiatrie verschafft, wenn auch unter dem Etikett »Behandlung«. Instrumente, wie Drehstuhl, Packungen, Bäder, Schockbehandlung, stereotaktische Eingriffe, »Fixierung«, geschlossene Krankenstationen, bezeugen es. Auch die Geschichte der Behandlung mit Neuroleptika zeigt dieses Element der Gewalt.

Möglich, dass dieser Hang zur Gewalt in der Psychiatrie[23] eine Folge der Tatsache ist, dass die Symptome der Psychose eben auch die Bedeutung eines Protestes gegen die Gesellschaft haben. Die Psychiatrie handelt insofern als Agent der Gesellschaft, und zwar so, dass sie nicht nur die Möglichkeit einer Behandlung bereitstellt, sondern auch den Anspruch verkörpert, dass psychotisches Verhalten beseitigt werden muss. So ist die Geschichte der institutionellen Psychiatrie in großen Teilen der Versuch, psychische Veränderungen zu erzwingen. Aber wie

---

23 Nur einmal ist ein Psychiater mit dem Nobelpreis ausgezeichnet worden: der Portugiese Moniz 1948 für die Erfindung der Lobektomie.

so oft bei solchen unreflektierten Maßnahmen haben die Mittel, die man anwandte, oft das erzeugt, was man damit bekämpfen wollte. Die psychischen Deformitäten der Insassen psychiatrischer Krankenhäuser waren lange Zeit mehr durch die Anstalt verursacht als durch das, was man als ihre Krankheit ansah (Ozarin, 1954, Stanton & Schwartz,1954, Kisker, 1960, Moos, 1974).

Dabei ist es doch schon lange eine Erkenntnis, dass die Gewalttätigkeit der Menschen in den Anstalten nicht Ausdruck ihrer psychischen Störung war, sondern Folge der Ketten, mit denen man sie gefesselt hatte. Die Geschichte ist oft erzählt worden: In den Zeiten der Französischen Revolution übernahm der Arzt Pinel die Anstalt Bicêtre in Paris und hatte den unerhörten Plan, die dort in Ketten gehaltenen psychisch Kranken zu befreien. Der Jacobiner Couthon, der dazukam, um zu kontrollieren, ob sich nicht Adelige in der Anstalt verborgen hielten, konnte nicht verstehen, dass diese gewaltsamen und unverständlichen Menschen ohne Ketten gebändigt werden konnten. Pinel soll ihm gesagt haben: »Bürger, ich bin der Überzeugung, dass diese Geisteskranken nur deshalb so unzugänglich sind, weil man sie der Luft und der Freiheit beraubt.«[24] Pinel hatte Recht. Pinels Tat war gewissermaßen das erste Experiment zur Milieutherapie. Aber es musste noch viel Zeit vergehen, bis sich die Wissenschaft dieses Themas annahm.

3.3.2 »Schlangengrube«

Eine psychiatrische Klinik, wie sie früher die Regel war, aber auch noch nicht Vergangenheit ist: Die Türen sind verschlossen. Ca. 25 Patienten, Männer und Frauen jeden Alters. Zwei- und Dreibettzimmer. Kein Raum für persönliche Sachen wie Bilder u. Ä. Ein geräumiger Aufenthaltsraum, ein Essraum, Waschzellen und Toiletten, die zwar nicht einsehbar sind, aber nur Wände bis 30 cm über den Boden haben. Ein Arbeitsraum, das »Stationszimmer«, für das Pflegepersonal. Ein verschlossener Aufenthaltsraum für das Personal, mehrere verschlossene Arzt- und Untersuchungszimmer, ein offenes Besuchszimmer. Ärzte und drei bis fünf Schwestern bzw. Pfleger. Programm: keines.

Viele Patienten rennen unablässig die Station rauf und runter. Manche sitzen stundenlang stumm auf ihren Stühlen oder Betten. Die Körperpflege der Patienten lässt sehr zu wünschen übrig. Es stinkt auf der Station. Die meisten Patienten halten sich vor dem Arbeitsraum des Pflegepersonals auf, das sie aber nicht betreten dürfen. Manche Patienten schreien. Ein junges Mädchen steht vor dem Arbeitsraum und bettelt um einen Labellostift. Wenn sie den erhalten hat, bettelt sie um etwas anderes. Die meisten Patienten rauchen, und da sie weder Zigaretten noch Feuer in eigener Verwahrung haben, betteln auch sie ständig das Personal an. Wenn jemand vom Personal auf die Station kommt oder sie verlässt, rennt ein Patient an die Tür und will hinausgelassen werden. In einem Extraraum liegen zwei Patienten, an Armen und Beinen und mit einem Bauchgurt gefesselt, auf ihrem Bett.

---

24 Zit. nach Foucault (1961), S. 483.

Irgendetwas Sinnvolles passiert nicht auf dieser Station. Doch ist das Pflegepersonal ständig beschäftigt. Der eine will das haben, der andere jenes. Ein Patient wiederholt tausendmal die Frage, wann er entlassen wird. Ein Patient muss ernst ermahnt werden, sich nun endlich anzuziehen. Ein Patient läuft laut redend und gestikulierend die Station auf und ab und nimmt nichts zur Kenntnis. Die gefesselten Patienten müssen gewaschen werden. Dann wieder die Zigaretten und Feuer. Mehrmals am Tage ist Medikamentenausgabe vor dem Stationszimmer. Die meisten kommen von sich aus und schlucken, was ihnen die Krankenschwester gibt. Manche müssen gesucht und ermahnt werden. Wenn sich jemand weigert, versucht es die Schwester nach einiger Zeit geduldig noch mal. Wenn das auch nicht fruchtet, kommt der Arzt, der eine größere Autorität hat. Manchmal gibt es aus nichtigem Anlass Händel unter den Patienten.

Meist reagieren die Schwestern und Pfleger geduldig, kaum jemals aus der Haut fahrend. Sie sind, wie auch die Ärzte, freundlich bis sehr freundlich. Schwierig ist es oft mit Neuankömmlingen, die sich den Anordnungen des Personals widersetzen. Vor allem, wenn sie Medikamente nehmen oder gar eine Spritze bekommen sollen. Dann geht es oft nicht ohne Gewalt ab. Ähnlich ist es mit Ausländern, die kein Deutsch verstehen. Nicht immer ist ein Dolmetscher verfügbar. Doch ist das Personal darin geübt. Auf ein Signal kommen genügend Pfleger auf die Station, so hat der Patient keine Chance. Überwältigt liegt er schließlich gefesselt auf dem Bett und hat vom Arzt eine Spritze bekommen. Doch geht das Personal dabei gar nicht grob vor und versucht, den Patienten zu überzeugen, dass das Medikament nützlich oder gar notwendig ist.

Die Grundüberzeugung des Personals ist, dass das absonderliche Verhalten der psychisch Kranken, also deren Symptomatik, durch nichts begründet ist als durch die Krankheit selbst. Also können sie nichts dafür. Das sind psychisch Kranke. Sie wissen nicht, was sie tun, und ihr Verhalten hat keinen Sinn, es ist eben krankhaft. Auch wenn man sie von der Notwendigkeit einer Behandlung nicht überzeugen kann, sie werden sich fügen, wenn sie genug Medikamente bekommen haben. Diese stellen sie ruhig und besänftigen ihren Widerstand. Später können sie auf einer ruhigen Station lernen, wieder normal zu sein.

Um zu verstehen, wie es zu solchen Zuständen in einem Krankenhaus kommen kann, sind zwei Themen zu behandeln: die Untersuchungen Goffmans zur totalen Institution und die projektive Identifizierung.

3.3.3 Totale Institution

Der amerikanische Soziologe Goffman hat in den 50er-Jahren des vorigen Jahrhunderts durch teilnehmende Beobachtung im St. Elisabeth Hospital bei Washington DC, in dem sich damals ca. 8 000 Insassen befanden, die als psychisch krank galten, eine Untersuchung über die Funktionsweise des psychiatrischen Krankenhauses durchgeführt (1962). Er schreibt:

> »In der modernen Gesellschaft besteht eine grundlegende soziale Ordnung, nach der der einzelne an verschiedenen Orten schläft, spielt, arbeitet – und dies mit wechselnden Partnern, unter verschiedenen Autoritäten und ohne einen umfassenden rationalen

Plan. Das zentrale Merkmal totaler Institutionen besteht darin, dass die Schranken, die normalerweise diese drei Lebensbereiche voneinander trennen, aufgehoben sind: 1. Alle Angelegenheiten des Lebens finden an ein und derselben Stelle, unter ein und derselben Autorität statt. 2. Die Mitglieder der Institution führen alle Phasen ihrer täglichen Arbeit in unmittelbarer Gesellschaft einer großen Gruppe von Schicksalsgenossen aus, wobei allen die gleiche Behandlung zuteilwird und alle die gleiche Tätigkeit gemeinsam verrichten müssen. 3. Alle Phasen des Arbeitstages sind exakt geplant, eine geht zu einem vorher bestimmten Zeitpunkt in die nächste über, und die ganze Folge der Tätigkeiten wird von oben durch ein System expliziter formaler Regeln und durch einen Stab von Funktionären vorgeschrieben. 4. Die verschiedenen erzwungenen Tätigkeiten werden in einem einzigen rationalen Plan vereinigt, der angeblich dazu dient, die offiziellen Ziele der Institution zu erreichen« (S. 17).

Der totale Charakter der Institution kann zu einer Zerstörung der »Handlungsökonomie [des] Menschen« führen, » ... wenn er verpflichtet ist, bei geringfügigen Handlungen, die er draußen ohne weiteres von sich aus verrichten kann, wie etwa rauchen, sich rasieren, zur Toilette gehen, telefonieren, Geld ausgeben oder Briefe aufgeben, um Erlaubnis oder um Material zu bitten« (S. 47). Den gleichen Effekt hat die Tatsache, dass die Patienten gezwungen sind, mit Menschen, die sie sich nicht ausgesucht haben, Schlafräume, Toiletten, Mahlzeiten zu teilen, sowie dass sie ihren Tagesablauf den Regeln der Anstalt unterwerfen müssen, also nicht etwa den Zeitpunkt der Mahlzeiten, den Rhythmus des Schlafens selbst bestimmen können.

Goffman bezieht sich in seiner Darstellung meist auf Institutionen, in denen Unterwerfung und Demütigung der Insassen augenfällig sind, wie dem St. Elisabeth Hospital, Gefängnisse, Gefangenenlager usw. Aber der totale Charakter einer Institution, so wie es Goffman versteht, ist nicht davon abhängig, wie respektvoll das Personal mit den Insassen umgeht. Total ist die Struktur. Auch wenn, wie es in modernen psychiatrischen Anstalten heute selbstverständlich sein sollte, das Personal Wert auf einen freundlichen und respektvollen Umgang mit den Patienten legt, wird der totale Charakter der Institution dadurch nicht aufgehoben.[25]

Der totale Charakter des Krankenhauses kann nur dadurch vermieden oder gemildert werden, dass die Patienten einen Teil ihres Lebens nicht unter der Autorität des Klinikpersonals verbringen. Das kann z. B. dadurch gewährleistet werden, dass die Station mehr den Charakter eines Hotels bekommt, wie es für psychotherapeutische Kliniken oder auch für viele offene Stationen psychiatrischer Kliniken gilt. Auf psychiatrischen Stationen mit psychotischen Patienten ist das aber im Allgemeinen nicht möglich (Matakas, 1988).

3.3.4 Projektive Identifizierung in der Institution

Als junger Arzt in einer psychiatrischen Klinik ist es mir oft passiert, dass ich während einer Nacht- oder Wochenendbereitschaft von einer Krankenstation mit der Begründung gerufen wurde, ein Patient sei unruhig oder »gespannt«,

---

25 Immer wieder trifft man in der Literatur auf dieses Missverständnis (z. B. Reker, 1999, S. 63).

wie der gängige Ausdruck war. Er brauche darum dringend Medikamente. Auf der Station angekommen, gelang es mir nicht selten, den Patienten durch ein Gespräch zu beruhigen. Zufrieden, dass ich mit meiner Intervention Medikamente unnötig gemacht hatte, zog ich mich zurück. Aber meistens wurde ich sehr kurz danach erneut gerufen. Der Patient tobte. Und die Injektion war nun unumgänglich. Was war passiert?

Anfangs dachte ich, dass der Pfleger oder die Krankenschwester unfähig oder gar boshaft war. »Die wollen es ja gar nicht anders«, dachte ich. Aber dann zweifelte ich daran; denn, unterstellt sie waren wirklich unfähig oder boshaft, wie brachten sie den Patienten dazu, sich so aggressiv zu verhalten? Die Lösung war, was unter dem Begriff »projektive Identifizierung« beschrieben ist. Der Begriff stammt von M. Klein, aber Ogden (1982) hat diesen Prozess sehr gut beschrieben.

Wenn Menschen inneren Vorstellungen ausgesetzt sind, die für sie unerträglich sind, versuchen sie gegebenenfalls, diese Vorstellungen durch Projektion loszuwerden. Damit wird das Selbst geschützt. Nicht ich habe diesen Impuls, den anderen zu schlagen, sondern er hat ihn. Es kann nun geschehen, dass dieser andere, der Rezipient, sich einem Druck ausgesetzt fühlt, den Projektionen zu entsprechen. Ogden betont, dass dies ein realer Druck ist, nicht nur eine Fantasie des Rezipienten. Er betont ferner, dass darum projektive Identifikation nur dort stattfinden kann, wo es eine reale Interaktion zwischen Menschen gibt, weil sich schließlich der Rezipient so erlebt, wie es der Projektion entspricht. In dem oben gewählten Beispiel von der psychiatrischen Station wäre der Ausgangspunkt, dass der Patient aggressive Vorstellungen gegenüber dem Personal hat. Er projiziert diese Vorstellungen auf das Personal, das nun diese Aggression in sich spürt. Das Personal fühlt sich schlecht und kehrt seinerseits projektiv seine Aggression gegen den Patienten. Das wiederum bestärkt den Patienten darin, dass das Personal aggressiv sei. Der Patient ist also seinen ursprünglichen aggressiven Fantasien ausgesetzt, die verstärkt werden durch das, was er auf das Personal projiziert hat und zu ihm zurückkommt.

Was der Patient braucht, ist die Aufnahme seiner Aggression, eine situationsgerechte Verarbeitung und eine daraus resultierende Strategie, die den Patienten ebenso schützt wie das Personal (die Containment Funktion von Bion, 1984). »Situationsgerechte Verarbeitung« bedeutet, dass das Personal einerseits den introjizierten aggressiven Affekt schuldfrei in sich wahrnehmen und äußern können muss, andererseits zu einer Verhaltensstrategie findet, die nicht allein aus dem Affekt resultiert. Das Personal muss also wahrnehmen können, dass es durch das Verhalten des Patienten aggressiv ist. Aber es darf die aggressiven Gefühle nicht allein zur Richtschnur des Handelns machen, sondern muss über eine Strategie verfügen, wie es deeskalieren kann. Wenn die Situation nicht auf eine solche Weise reflektiert werden kann, kommt es zu einem eskalierenden Hin-und-Herschieben des aggressiven Affekts. Das Ergebnis ist in einem solchen Fall letztlich die »Schlangengrube«.

Es gibt auch eine projektive Identifizierung in umgekehrter Richtung. Von Stanton und Schwartz (1954) ist sehr eindrücklich beschrieben worden, wie sich unausgesprochene Unstimmigkeiten im therapeutischen Personal über therapeutische Strategien in explosivem Verhalten eines Patienten ausdrücken.

3.3.5 Therapeutische Gemeinschaft

Die Idee der therapeutischen Gemeinschaft, Mitte des vorigen Jahrhunderts von Maine (1946) und Jones (1953) entwickelt, hat eine neue Dimension in der Krankenhausbehandlung eröffnet. Sie ist in gewisser Weise das Gegenteil einer totalen Institution. Maine entwickelt seine Idee aus der psychoanalytischen, Jones aus einer sozialarbeiterischen Perspektive. Beide sprechen nicht explizit davon, aber die therapeutische Gemeinschaft ist der Brückenschlag zwischen individueller psychischer Pathologie und der sozialen Bedeutung der Symptome. In der Gemeinschaft der »Patienten« haben die durch die Krankheit bedingten Hemmungen oder Enthemmungen nicht nur den Charakter von Symptomen des Einzelnen, sondern auch eine soziale Bedeutung. Wenn phobische Ängste einen Patienten daran hindern, sich an den Gemeinschaftsaufgaben aller zu beteiligen, dann ist das nicht nur sein persönliches Problem, sondern zugleich eine Verweigerung gegenüber der Gemeinschaft, die das vielleicht als aggressive Haltung versteht. Die gemeinsame Erörterung dieser Thematik, wie es die therapeutische Gemeinschaft verlangt, kann für den betreffenden Patienten die Aufklärung der unbewussten Bedeutung seiner Symptome ermöglichen.

Die therapeutische Gemeinschaft, wie sie ursprünglich gedacht war, kann nur funktionieren, wenn die Patienten die Gelegenheit haben, die »Pathologie« ihres Verhaltens frei entfalten zu können. Das wiederum ist nur möglich, wenn die Gemeinschaft sich selbst eine Struktur geben und diese einhalten kann. Diese Fähigkeit ist aber bei psychotischen Menschen eingeschränkt oder gar aufgehoben, so dass man die Strukturbildung in einer Gemeinschaft psychotischen Menschen nicht überlassen kann. Sie wären damit heillos überfordert. Das therapeutische Personal wäre mit Verhaltensweisen konfrontiert, die es ihrerseits überfordern, unter anderem, weil es seinen Ängsten hilflos ausgeliefert wäre. Das hat Leuschner (1985) in einer Studie sehr eindrucksvoll gezeigt. Das therapeutische Personal braucht vorgegebene Strukturen, ebenso wie die Patienten.

3.3.6 Wie soll eine psychiatrische Station strukturiert sein? Ein paar einfache Regeln

Unter dem Begriff der »Milieutherapie« ist diese Frage ausgiebig beantwortet worden (Cumming & Cumming, 1979; Heim, 1985; Matakas, 1992; Gale, Realpe & Pedriali, 2008). Auf einen einfachen Nenner gebracht, könnte man sagen: Das Personal braucht die Definition einer gemeinsamen primären Aufgabe[26]. Die primäre Aufgabe des Personals ist es nicht, die Patienten zu pflegen. Seine primäre Aufgabe ist es, den Patienten ein soziales Milieu zur Verfügung zu stellen, das sie

---

26 Zum Begriff »primäre Aufgabe« von Gruppen vgl. Rioch, 1979.

bei der Reorganisation ihrer Psyche unterstützt. Für jede Berufsgruppe gilt das im Hinblick auf ihre speziellen Fertigkeiten. Es ist nicht hilfreich, den Patienten alles abzunehmen. Es gibt z. B. keinen Grund, warum die Patienten nicht ihr Zimmer sauber halten oder das Essen wenigstens teilweise bereiten sollen, wenn nicht schon mal besondere Umstände dagegensprechen.

Die primäre Aufgabe verlangt, den Aufenthalt der Patienten zu strukturieren. Für Menschen mit einer akuten Psychose ist es bestimmt nicht gut, wenn sie ganz sich selbst überlassen sind. Dann werden sie von ihren Fantasien überschwemmt. Aber auch ein zu starres Reglement tut ihnen nicht gut. Eine Struktur von Raum, Zeit und Tätigkeiten, die fest genug ist, dass sie Halt gibt, aber weit genug, dass die Patienten eigene Entscheidungsspielräume haben, ist erfahrungsgemäß das Beste. Auch dem Personal hilft eine Struktur, die Fantasien und Ängste, die im Umgang mit den Patienten entstehen, zu verkraften.

Struktur bedeutet, dass definierte Aktivitäten in einem festgelegten Plan mit freier Zeit wechseln. Die Patienten sollen Gelegenheit haben, einzeln und in Gruppen zu festgelegten Zeiten über ihre Probleme zu sprechen, kreative Fähigkeiten zu üben, Sport zu treiben, vergnüglichen Dingen nachzugehen, Gesprächsmöglichkeiten mit Therapeuten zu haben, von Sozialarbeitern betreut zu werden usw. Ein solches Behandlungsschema schafft einen festen Rahmen. Das soll den Patienten die Sicherheit geben, alles ohne Sanktionen besprechen zu können. Das Ziel einer solchen Behandlung ist es, die persönlichen Ressourcen der Patienten zu aktivieren und zu nutzen, so dass sie außerhalb der Klinik so gut es geht wieder Fuß fassen können. Das bedeutet vor allem, die Ressourcen zu entdecken, soweit das im stationären Rahmen möglich ist.

Optimal ist es, wenn eine psychiatrische Station nicht mehr als 16 bis 18 Patienten hat. Jeder einzelne kann dann durch sein Verhalten die Gesamtgruppe beeinflussen. Ein Patient braucht auch persönliche Dinge. Das festigt seine Identität, die in der Psychose ohnehin schwer erschüttert ist. Es ist drittens die Aufgabe, den Patienten zu vermitteln, dass deren Symptomatik einen Sinn hat, also der Versuch eines Dialogs ist. Vielleicht haben sich die Patienten Verhaltensweisen bedient, die nicht erlaubt sind, z. B. indem sie gewaltsam wurden. Oft, vielleicht auch meistens, bleibt offen, was genau ein Patient eigentlich mit seinen Symptomen meint. Aber wichtig ist es, eine solche Frage überhaupt zu stellen. Die Patienten spüren, dass sie hier auf der psychiatrischen Station auf eine Weise ernst genommen werden, wie es die Welt außerhalb nicht kann.

Der beste Weg ist es, den Patienten Gruppen anzubieten: z. B. eine Gruppe, in der das tägliche Miteinander besprochen wird; eine Gruppe, in der unter Leitung des Sozialarbeiters die sozialen Probleme besprochen werden; eine Gruppe, in der kreatives Arbeiten mit verschiedenen Materialien möglich ist; eine Sportgruppe etc. Wenn täglich mindestens zwei Gruppen dieser Art stattfinden, ist das eine Struktur, die die Patienten sinnvoll beschäftigt. Solche Gruppen mit Patienten zu leiten, die teils akute psychotische Symptome haben, will gelernt sein. Es kommt ja dabei darauf an, dass die Patienten das als eine Chance verstehen, nicht als Zwang, sich zu offenbaren. Es ist ferner notwendig, dass die Patienten in solchen Gruppen auch die Möglichkeit haben, sich sinnvoll mit ihrer Identität abzugrenzen. Eine besondere Bedeutung hat dabei eine Gruppe, in der die Konflikte der einzelnen Patienten besprochen werden, also die Schwierigkeiten mit den nahen Bezugspersonen und die Antwort der Patienten darauf. Angesichts der schweren Störungen der Patienten geht das nicht ohne fachkundige Supervision.

Eine Station, die so geführt wird, ist ruhig. Auch sie wird nicht frei von Konflikten sein, und man wird auch nicht ohne Psychopharmaka auskommen. Gelegentlich sind auch Fesselungen unvermeidbar. Aber es kann so ein Ort sein, der den Namen »therapeutisch« zu Recht führt. Das Verhalten der Patienten ist im Großen und Ganzen geordnet. Das ist keine Vision, sondern eine inzwischen vielfach bewährte und dokumentierte Praxis (z. B. Foudraine, 1976; Heim, 1985; Matakas, 1992; Krisor, 2005). Für Kliniken, die sich der stationären Psychotherapie von Patienten widmen, die an neurotischen Symptomen leiden, sind die hier aufgeführten Grundsätze Realität. Aber es ist natürlich ein Unterschied, ob man es mit Patienten zu tun hat, die sozial angepasst sind, oder mit psychotischen Patienten, die in ihrem Verhalten unberechenbar sind.

Wenn auf einer psychiatrischen Station eine solche oder ähnliche Struktur nicht entwickelt wird, macht das Personal das, was es gelernt hat. Die Ärzte verordnen Medikamente. Doch den Patienten nur Medikamente anzubieten, verleugnet die Realität ihrer Problematik und erreicht nur, den Patienten so viel an Vitalität zu nehmen, dass sie gar nicht mehr die Kraft für die Symptome haben. Damit haben sie auch für vieles andere keine Kraft mehr. Das Pflegepersonal nimmt den Patienten alles ab und erstickt so den Rest an Selbstverantwortung. Die Patienten werden dadurch ermuntert, sich entsprechend zu benehmen, nämlich ohne Sinn und Verstand. Dass viele Patienten trotzdem eine positive Entwicklung machen, bedeutet eigentlich nur, dass sie eine gute Resilienz haben.

Auch die Patienten haben eine primäre Aufgabe, nämlich die Institution Krankenhaus so zu nutzen, dass es ihnen hilft, sich zu organisieren. Was das im Einzelnen bedeutet, ist ihre persönliche Entscheidung. Aber ein Krankenhaus ist nicht dafür geschaffen worden, dass Menschen darin üben, alle Verantwortung für sich abzugeben.

Doch gibt es eine gleichwertige Alternative zu einer strukturierten psychiatrischen Station, nämlich die Soteria. Sie stellt allerdings hohe Anforderungen ganz anderer Art an das betreuende Personal. Wie es aussieht, ist das der limitierende Faktor.

3.3.7 Psychotherapie im stationären Setting

Eine gut strukturierte Station macht Psychotherapie, wenn Psychotherapie bedeutet, durch gezielte Maßnahmen einem Menschen zu helfen, sich psychisch zu organisieren. Normalerweise wird in einer Psychotherapie angestrebt, dass der Patient ein höheres psychisches Organisationsniveau erreicht. Ein Patient mit Panikattacken z. B. will ohne Panikattacken leben. Bei der stationären Behandlung eines psychotischen Menschen ist aber das Ziel bescheidener. Es geht darum, wieder den Zustand zu erreichen, wie er vorher war, also bevor die Notwendigkeit stationärer Behandlung entstand.

Dabei kommt es weniger darauf an, mit den Patienten aufzuklären, warum sie Symptome haben und wie die entstanden sein mögen, als vielmehr die Symptomatik nicht abzutun, sondern als eine Interaktion bzw. Kommunikation zu verstehen, gleichzeitig auch zu klären, ob und wie damit ein soziales Leben möglich ist. Die psychiatrische Klinik bietet Sicherheit, dass es wegen der Symptomatik nicht zur Gefährdung anderer oder des Patienten kommt, sowie Toleranz für unübliche Verhaltensweisen und Interesse am Wohlergehen der Patienten. Die Struktur, die sie bereithält, gibt Halt und ermöglicht die Entwicklung persönlicher Ressourcen.

Aber Psychotherapie im engeren Sinn, die ein besseres psychisches Organisationsniveau anstrebt, ist auf einer Station wie der beschriebenen nicht möglich. Eine solche Psychotherapie muss einen Raum zur Verfügung stellen, in dem der Patient alle Fantasien, Ängste und Wünsche äußern kann, ohne dass es reale Konsequenzen hätte, die er nicht mehr kontrollieren kann. Psychotherapie findet in privatem Raum statt, der nur durch die Beziehung zwischen Patienten und Therapeuten strukturiert wird. Der öffentliche Raum, in dem Regeln und Gesetze herrschen, ist zwar der Hintergrund, vor dem Psychotherapie stattfindet, aber er darf nicht auf den Inhalt des Dialogs zwischen Patienten und Therapeuten einwirken.

Auf einer psychiatrischen Station wie der beschriebenen ist die Trennung zwischen privatem und öffentlichem Raum nicht herstellbar. Wenn die Station nach Regeln strukturiert wird, dann verliert sie den Charakter des Privaten. Aber richtiger öffentlicher Raum ist eine psychiatrische Station dennoch nicht. Die Mitarbeiter des Krankenhauses sollen eine Vertrauensposition einnehmen und sich für die intimsten Empfindungen ihrer Patienten interessieren. Richtiger privater Raum ist eine solche Station auch nicht, weil jeder Mitarbeiter immer irgendwie in das involviert ist, was auf der Station passiert. Die sonst übliche Trennung von privatem und öffentlichem Leben ist aufgehoben. Das macht den totalen Charakter einer psychiatrischen Station aus. Eine Trennung zwischen therapeutischen Sitzungen und dem Stationsleben ist darum auch nicht möglich. Wenn eine Klinik mehr die Funktion eines Hotels hat, wie es in den psychotherapeutischen Kliniken oft der Fall ist, dann ergeben sich Möglichkeiten für Psychotherapie ähnlich wie im ambulanten Bereich. Die Situation ist dann ähnlich wie im tagesklinischen Setting.

3.3.8 Die Ängste in der Psychiatrie

Es bleibt die Frage, warum die Psychiatrie so hartnäckig daran festhält, dass es an der Psychose nichts zu verstehen gibt. Wenn man die Praxis dieser Art Psychiatrie betrachtet, sieht es so aus, als ob deren grundlegende Überzeugung ist, dass man die psychische Symptomatik beseitigen soll (und kann) und, wenn das gelingt, die gesunde Persönlichkeit des Patienten zum Vorschein kommt, so wie z. B. nach einer Infektionskrankheit ein gesunder Mensch. Wenn das aber wirklich die Grundüberzeugung ist, dann wäre es sinnvoll, alle bekannten therapeutischen Mittel optimal zu nutzen, um ein solches günstiges Ergebnis zu erzielen. Es wäre auch noch verständlich, dass die psychotischen Menschen an einem besonderen Ort behandelt werden. Die Menschen sind nun mal nicht gerne mit Hinfälligkeit konfrontiert.

Tatsache aber ist, dass die Gesellschaft die psychotischen Menschen oft schlecht behandelt und dadurch die Symptome eher befördert als beseitigt. Und das bleibt ihr natürlich nicht verborgen. Darauf wurde wiederholt schon eingegangen. Dazu noch eine Anekdote: In den 70er-Jahren des vorigen Jahrhunderts erschienen in amerikanischen Fachzeitschriften Artikel darüber, dass sich die Symptomatik von psychotischen Anstaltsinsassen durch Dialyse signifikant bessern ließ (z. B. Wagemaker & Cade, 1977). Doch schließlich stellte sich heraus, dass es die interessierte und freundliche Aufmerksamkeit des medizinischen Personals, das die Dialyse durchführte, war, was die Besserung verursacht hatte. Für ein aufmerksames Personal eines psychiatrischen Krankenhauses hätte es der Erfahrung mit der Dialyse nicht bedurft, um zu erkennen, dass die Art des Umgangs großen Einfluss auf die Symptomatik eines psychotischen Menschen hat. Es ist wohl so, wie es Menzies (1960) beschrieben hat. Psychiatrische Krankenhäuser schaffen Regeln, die es dem Personal erleichtern, auftretende Ängste abzuwehren. Folgen wir den Gedanken Foucaults (1961), so ist die Idee der Abwehr, dass Wahnsinn nicht sein muss, auf jeden Fall nicht zur menschlichen Natur gehört.

Die Alternative ist, zu akzeptieren, dass die Symptomatik des Patienten unpassend sein mag, vielleicht sehr unpassend, aber darum doch nicht sinnlos. Der Patient liegt mit seiner irrsinnig erscheinenden Symptomatik nicht in jeder Hinsicht daneben. Damit stellt er etwas an dem sozialen Ort, aus dem er kommt, in Frage. Meist ist es so, dass der Patient mit seiner Symptomatik eine unhaltbare Situation kommentiert, die er aus verschiedenen Gründen nicht besser beschreiben und kommentieren kann. An der Geschichte und Symptomatik von Schreber ließ sich das illustrieren. – Das aber erzeugt Angst, und zwar in mehrfacher Hinsicht.

Der Umgang mit psychisch Kranken erzeugt erstens, Angst, weil er sinnfällig macht, dass ein jeder dieses Schicksal erleiden kann. Das ist so wie bei jeder Krankheit. Aber, zweitens, die Angst wird größer, wenn man realisieren muss, dass der Unterschied zur psychischen Normalität nicht so fundamental ist. Wenn, drittens, die psychotischen Symptome etwas kommunizieren, dann machen sie die Wahrheit durch den Wahnsinn angreifbar. Ja, schlimmer noch, wenn sie sogar Wahrheit enthalten, dann ist die Unterscheidung zwischen Wahrheit hier und Wahnsinn dort auch nicht verlässlich. Dann entsteht die unausweichliche Frage, ob das, was als Wahrheit gehandelt wird, nicht auch mal Wahnsinn sein kann, und zwar nicht in der ungefähren Bedeutung, wie das Wort oft benutzt wird, sondern in der präzisen Bedeutung, dass die Menschen ihrer aktuellen Realität nicht gewachsen sind und zu Illusionen Zuflucht nehmen. – Tatsächlich bietet die Geschichte und aktuelle Weltlage eine Fülle von Beispielen, wie darüber gestritten wird, was Realität, was Illusion ist.

Die Alternative zur Abwehr der Angst ist es, sich ihr zu stellen und sie durchzuarbeiten.[27] Dann finden sich gegebenenfalls auch Möglichkeiten, die Konflikte

---

27 Wie es Churchill 1940 getan hat, als er der illusionären Politik des »Appeasement« die Realität entgegensetzte und den Kampf für die Freiheit gegen die Nazis mit den Worten begann: »I have nothing to offer but blood, toil, tears, and sweat«.

zu lösen, die die Quelle der Ängste sind. Das gilt für den einzelnen Menschen wie für Organisationen wie auch für Gesellschaften. Die Möglichkeiten des Durcharbeitens sind freilich sehr verschieden. Für den einzelnen Menschen ist der Psychiater bzw. Psychotherapeut zuständig. Für psychiatrische Krankenhäuser und therapeutische Strategien bestimmt auch. Aber die Gesellschaft braucht in dem Sinne keinen Psychiater. Was immer die Gesellschaft tut oder unterlässt, ist Politik.

Die anfangs gestellte Frage, warum die Psychiatrie, mindestens aber ein großer Teil von ihr, daran festhält, dass es an der Psychose nichts zu verstehen gibt, lässt sich also so beantworten, dass damit Ängste vor dem Wahnsinn abgewehrt werden. Es sind aber Ängste, die nicht nur einzelne Menschen treffen, wenn sie mit psychotischen Menschen zu tun haben, sondern es betrifft wohl die Gesellschaft als Ganze.

3.4 Tagesklinische Behandlung

Zur allgemeinen Bedeutung von Tageskliniken bei der psychiatrischen Versorgung siehe Matakas (2001). Hier soll der Aspekt behandelt werden, wie tagesklinische Behandlung bei psychotischen Menschen nutzbar gemacht werden kann.

3.4.1 Die Tagesklinik als soziales Übungsfeld

Tagesklinische Behandlung verhält sich zum Leben des Patienten in gewisser Hinsicht wie die Arbeit. Der Patient verlässt zu Zeiten, die normalerweise für die berufliche Arbeit vorgesehen sind, das Haus und geht zur Therapie. Der Patient geht in die Tagesklinik, weil er dort etwas erreichen will. Das ist anders als im stationären Rahmen. Dort ist man vor allem erst mal an einem besonderen Ort, oft genug nicht freiwillig, und meist warten die Patienten darauf, dass etwas mit ihnen geschieht. Bei tagesklinischer Behandlung bleiben auch Erholungszeit, Kontakte zur Familie und Kontakte zu Freunden in der gewohnten Weise erhalten.

In der Tagesklinik trifft der Patient auf die Gruppe der anderen Patienten. Die anderen Patienten sind nicht nur Schicksalsgenossen, wie im stationären Bereich (Goffman, 1961), sondern Menschen, die sich in der Tagesklinik aufhalten, weil sie mit einer Sache beschäftigt sind. Das Hervorstechende ist eben nicht, dass man ein gleiches Schicksal mit anderen Patienten teilt, sondern, dass man eine gemeinsame Aufgabe hat. Man kann sie sich selbst geben oder bekommt sie vom Personal. In der Tagesklinik ist es augenfälliger, dass die Gruppe der Patienten eine primäre Aufgabe hat. Das gibt der tagesklinischen Behandlungsform ihren besonderen Charakter (Hoge, Davidson, Hill, Turner & Ameli, 1992; Goldman, 1990; Matakas, 1992). Die Gruppenmitglieder müssen sich also explizit oder implizit auf ein gemeinsames Ziel einigen. Darüber hinaus müssen sie für die Zeit in der Gemeinschaft ihre Autonomie einschränken und sie müssen ihre Identität soweit durch die Gruppe definieren, dass sie sich als ein Mitglied der Gruppe fühlen können. Die tagesklinische Behandlung hat vieles mit dem gemeinsam, was Maine (1946) und Jones (1953) als therapeutische Gemeinschaft definiert haben, wie es z. B. auch Kipp (2008) sieht.

In der Gruppe stellen sich psychische Störungen unter Umständen ganz anders dar, als es der Patient vordem erlebt hat. Die Gruppe nimmt die sozialen Auswirkungen individueller Symptome, die dem Träger verborgen sind, wahr und kann damit gegebenenfalls auch eine unbewusste Absicht der Symptome aufdecken. Die Ängste, die ein Patient hat, allein vor die Tür zu gehen, kann sich für die Gruppe z. B. als ein Bedürfnis verraten, andere mit dem eigenen Befinden zu beschäftigen oder die Aktivitäten der Gruppe zu manipulieren, oder als ein Kontrollbedürfnis – was der Patient aber nicht wahrnimmt oder wahrnehmen will.

Die Gruppe ist ein Übungsfeld, auf dem die Patienten ihre Reaktionen und ihr Verhalten wie in einem sozialen Experiment studieren können. Insofern ist die tagesklinische Behandlung auch eine Auseinandersetzung zwischen dem Patienten und seiner sozialen Umgebung. Die Patienten können andere Patienten oder Mitglieder des therapeutischen Personals so sehen wie Mitglieder ihrer Familie oder wie Arbeitskollegen (z. B. Yalom, 1983).

Für psychotische Patienten bedeutet die tagesklinische Behandlung oft, dass sie in therapeutischem Rahmen erstmals einen Schritt in die Gesellschaft tun. Die tagesklinische Gruppe ist eine Art experimenteller Gesellschaft. Dass die drei Lebensbereiche, nämlich Familie, Arbeit und Freizeit, gleichberechtigt und unabhängig voneinander nebeneinander stehen, wird durch die Tagesklinik für manche Patienten erst hergestellt oder kann gefestigt werden.

3.4.2 Öffentlicher Raum vs. privater Raum

Tagesklinische Behandlung ist somit eine Behandlung, die den Patienten ihren privaten Raum lässt, sie aber in einen öffentlichen Raum hineinstellt. Insofern ist sie grundsätzlich von Einzelpsychotherapie und stationärer Therapie unterschieden. An der Regression, wie sie in den verschiedenen Behandlungsformen geschieht, wird der Unterschied noch deutlicher. Stationäre Behandlung führt zu einer Regression, die überwiegend Ichfunktionen betrifft. Man wird versorgt. In der ambulanten Psychotherapie sind es unterschiedliche Funktionen, die temporär aufgegeben werden müssen. Gebote und Verbote werden personalisiert wie in der Kindheit. Aber auch Ichfunktionen müssen gelockert werden, wie die Aufgabe von Abwehrprozessen. In der tagesklinischen Behandlung betrifft die Regression überwiegend Überichanteile, während Ichfunktionen eher gefordert werden. Man muss sich Gruppennormen unterwerfen, aber zugleich auch selbstständig handeln.

> Ein Beispiel: Herr N erzählt in der Gruppe, dass er sich bei seinem Vermieter nicht habe durchsetzen können, als er gegen den Nebenkostenbescheid protestierte. Die Gruppe fragt nach und Herr N erzählt die Details. Die Kommenta-

re der Gruppenmitglieder sind mehrheitlich sachliche Anmerkungen, die das Problem zu lösen versuchen. Ist die Meinung von Herrn N rechtens? Warum? Ist sie es nicht? Warum nicht? Was kann bzw. sollte Herr N tun? usw. Teils aber sind es Kommentare, die nur die Anteilnahme der anderen ausdrücken. Vielleicht erzählt der eine oder andere von ähnlichen Erfahrungen. Wenn es sich um eine Gruppe handelt, in der die sozialen Belange der Patienten besprochen werden sollen, wenn also das die primäre Aufgabe dieser Gruppe ist, werden die sachlichen Aspekte im Vordergrund stehen. Wenn es sich aber z. B. um eine psychotherapeutische Gruppe handelt, wenn als primäre Aufgabe der Gruppe definiert ist, dass die Mitglieder ihre Beziehungen zueinander erforschen, wird der Leiter auf die Dynamik der Gruppe eingehen. Er könnte zum Ausdruck bringen, dass sich Herr N hilflos darstellt, oder dass die Gruppe genervt ist oder sich als Helfer darstellen möchte usw. Immer geht es um einen bestimmten sachlichen Aspekt, der durch die primäre Aufgabe des Gruppentreffens bestimmt wird.

Anders in einer Situation, die wir mit dem Attribut »privat« bezeichnen. In einer privaten Situation steht der Beziehungsaspekt im Vordergrund, z. B. die Anteilnahme. Am deutlichsten wird das, wenn es sich um ein Gespräch in der Familie handelt. Zwar geht es auch in der Familie immer um Sachverhalte, so wie im öffentlichen Raum bei jeder Kommunikation immer auch Beziehungsaspekte mitschwingen, aber für die Familie ist entscheidend, dass sie ihre Beziehungsqualität als gut ansehen kann.

In unserem Beispiel könnte Herr N seinen Bruder um Rat fragen. Wenn dieser ihm keine Auskunft geben kann oder ihm Falsches sagt, bleibt entscheidend, ob er sich um Herrn N ehrlich bemüht. In der Familie hat das Emotionale das größere Gewicht. Dass der Bruder ihm hat helfen wollen, das steht im Vordergrund.

Herr N, der seit seiner Jugend an einer Schizophrenie leidet, kennt öffentliche Räume, z. B. die Schule. Aber wie die meisten psychotischen Menschen hat er Schwierigkeiten, im öffentlichen Raum zu interagieren. Seine psychotischen Symptome sind nach der Pubertät aufgetreten und äußerten sich unter anderem darin, dass er sich von seinen Freunden zurückgezogen hat und in der Schule schließlich nicht mehr klarkam. Er konnte und kann Beziehungsaspekte nicht gut von der sachlichen Frage trennen, wie es aber im öffentlichen Raum notwendig ist. Er erzählt, dass der Vermieter, den er angerufen hatte, ärgerlich wurde und ihm einen abschlägigen Bescheid gegeben habe. Das sei ein Hinweis dafür, dass der Vermieter ihn loswerden wolle. Was Herr N nicht erkennen kann, ist, dass Affekte und Wünsche im öffentlichen Raum eine Begrenzung an der Rechtmäßigkeit finden. Es ist für sein Wohnrecht unerheblich, ob der Vermieter ihn nett findet oder nicht.

3.4.3 Die identitätsbildende Wirkung von Gruppen

Die besondere Erfahrung, die Herr N in der tagesklinischen Gruppe macht, ist darum nicht, dass er erfolgreich seine Anliegen durchsetzen kann. Wenn das gelingt, ist es sicher sehr nützlich für ihn. Wichtiger sind zwei andere Erfahrungen. Einmal ist es die Erfahrung, dass im öffentlichen Raum andere Regeln gelten als im privaten. Es geht im öffentlichen Raum um die Ordnung der Dinge nach Regeln und Gesetzen. Regeln und Gesetze gelten per definitionem für alle Mitglieder von Gruppen gleichermaßen. Alle Bürger eines Staates müssen gleichermaßen die Gesetze beachten. Alle Mitglieder eines Sportvereins können die Sporteinrichtungen in Anspruch nehmen. Alle Mitglieder der Gruppe, in der Herr N sein Anliegen vorbringt, sind gehalten, sich an der primären Aufgabe dieser Gruppenveranstaltung zu orientieren. Das aber bedeutet, dass die Regeln weder willkürlich sind, weil sie unter gegebenen Umständen das Miteinander Gruppe ermöglichen müssen, noch in der konkreten Situation beliebig veränderbar. Sie begrenzen und schaffen dadurch Identität. Das hat der amerikanische Soziologe Mead (2015) sehr detailliert beschrieben. Die Gruppe hat die Charakteristika a und b, aber nicht c und d. Die soziale Identität eines Menschen ist die Schnittmenge all der verschiedenen Gruppen, der er angehört.

Es gilt zwar für Herrn N auch, dass er formal verschiedenen Gruppen angehört. Er ist männlich, jung, Deutscher, evangelisch, hat Abitur usw. Aber er kann sich damit nicht identifizieren, bzw. er kann nur unvollkommen oder gar nicht so handeln, wie es dieser Gruppenzugehörigkeit entspräche. Er ist zwar männlich und er ist jung, aber er ist sich unsicher, welche Handlungsanleitungen daraus folgen usw. In diesem Punkt ist er wie ein Kind, das sachliche Bezüge nicht über den Beziehungsaspekt stellen kann, so wie ein Kind in der Schule für die Lehrerin und die Eltern lernt. Das Gebot der Eltern bricht für ein kleines Kind jede Regel. Und wenn es für Herrn N auch keine Eltern mehr gibt, heißt das nicht, dass er autonom geworden wäre. Die aufgegebene kindliche Beziehung zu den Eltern wird ersetzt durch eine kindliche Beziehung zu einer Leerstelle.

In Kapitel 2.1.6 wurde beschrieben, wie die Trennung von der Mutter für das Kind Beziehung durch Kommunikation möglich macht und dadurch zugleich das Dritte, nämlich Realität, auftaucht (▶ Kap. 2.1.6). Diese Doppeltheit bleibt im Prozess der Kommunikation erhalten. Kommunikation realisiert einerseits über die affektive Komponente Beziehung, bekräftigt aber durch die Begrifflichkeit der Sprache auch die Existenz von Realität. So ist immer beides in der Kommunikation enthalten. Aber die Menschen legen doch das Gewicht unterschiedlich. In einer privaten Beziehung geht es, unangesehen aller sachlichen Inhalte, um die Qualität der Beziehung. Im öffentlichen Raum geht es, unangesehen aller Beziehungsqualitäten, um sachliche Inhalte. Obwohl also der Zweck der Kommunikation in diesem Sinne unterschiedlich sein kann, lässt sich beides nicht trennen. Die Gruppe, in der es primär um Beziehung geht, ist die Familie. Die Gruppe, in der es um Sachfragen geht, ist die Gesellschaft mit ihren Strukturen.

Über diese doppelte Struktur von Kommunikation realisieren wir auch unsere Identität, nach dem hier gewählten Sprachgebrauch auch die Ichgrenzen. Das bedeutet aber nicht, dass wir kommunizieren und dadurch Identität gewinnen, so dass das eine das andere schafft. Vielmehr etabliert sich Identität durch Kommunikation, ohne dass wir sagen könnten, dass eines primär, das andere sekundär wäre. Analoges gilt für das Bewusstsein von Realität. In der Psychose ist darum beides gestört, die Identität und das Bewusstsein von Realität. Und die Kommunikation ist unklar, weil der Beziehungsaspekt von der Sachfrage nicht deutlich getrennt werden kann.

Aus diesem Sachverhalt ergeben sich nun zwei Konsequenzen. Für die Behandlung der Psychose ist die tagesklinische Behandlung von besonderem Wert. Das wird im Folgenden erklärt. Zweitens hat die Struktur von Kommunikation auch Bedeutung für das Verständnis gesellschaftlicher Prozesse.

3.4.4 Das Heilsame der Gruppe

Die heilsame Wirkung einer psychotherapeutischen Methode kann man an dem messen, was das Triebmodell der Psychoanalyse versprach. Neurotische Symptome, so war die Idee, entstehen, weil Triebabkömmlinge durch Gegenbesetzung ins Unbewusste abgedrängt werden und als Symptom erscheinen. In der Übertragung wird das Symptom wieder in einen Beziehungskonflikt zurückverwandelt und kann anders gelöst werden. Die Gegenbesetzung ist nun nicht mehr nötig, der Patient springt befreit von der Couch. Wenn es aber, wie bei der Psychose, um Strukturprobleme geht, ist das kein gültiges Modell. Eine psychotherapeutische Methode oder Strategie kann für diesen Fall nur einen Kontext herstellen, in dem einiges an Entwicklung nachgeholt werden kann. So muss man auch die tagesklinische Behandlung sehen. Positive Veränderungen sind möglich durch eine Entwicklung des Patienten. Die tagesklinische Behandlung bietet dafür Möglichkeiten, die weder eine Einzeltherapie noch die übliche stationäre Behandlung bereitstellen können.

Herr N gehört in der Tagesklinik einer Gruppe an. Diese Gruppe bildet Strukturen aus, offizielle und inoffizielle. Herr N gilt vielleicht als der Nachdenkliche und bringt die anderen Patienten oft zum Lachen. Das macht seine Identität in der Gruppe aus, die man im Gegensatz zur sozialen Identität privat nennen könnte. Vielleicht hat er die Aufgabe übernommen, die Zimmerpflanzen der Station regelmäßig zu gießen. Das ist seine offizielle Funktion, im Mikrokosmos der tagesklinischen Gruppe seine soziale Identität. Herr N erlebt, dass ihm sachliche Eigenschaften zugeschrieben werden. So bekommt er eine Identität. Identität schafft Autonomie. Aber diese Identität ist eine experimentelle, sie ist nicht bindend und nicht endgültig. Darum bringt sie Herrn N auch nicht in Widerspruch zu seiner psychotischen Bindung an die Eltern. Auf der anderen Seite muss er die Angst vermeiden, aus der Gruppe herauszufallen, wenn er sich den Zuschreibungen entziehen würde. Schließlich ist die Gruppe so klein, dass Herr N auch Einfluss nehmen kann auf die Strukturen. Und da gesellschaftliche Strukturen immer auch geeignet sein müssen, als kollektive Abwehr zu fungieren (Jaques, 1955), ist es nicht unerheblich, wenn Herr N die Strukturen in seinem Sinne beeinflussen kann.

Damit ermöglicht die tagesklinische Gruppe für Herrn N, was er als Kind nur unzureichend lernte, nämlich anderen gegenüberzutreten als jemand, der mit eindeutigen Eigenschaften ausgestattet ist. Er ist nachdenklich und manchmal witzig. Das sind Eigenschaften, die er um seiner selbst willen hat, nicht als Selbstobjekt anderer. So kann sich Herr N seiner Identität bewusst werden. Er erlebt weiterhin, dass die anderen Gruppenmitglieder ihm diese Eigenschaften zuschreiben. So ist er von anderen abgegrenzt, ohne aus der Beziehung zu fallen. Diese Identität hat aber noch keine soziale Bedeutung. Diese entsteht erst dann, wenn Herr N in dem Mikrokosmos der Gruppe eine Funktion hat, hier, dass er die Zimmerpflanzen betreut.

Der öffentliche Raum, den die Tagesklinik darstellt, stellt den privaten Raum von Herrn N nicht in Frage. Herr N wird vielleicht feststellen, dass bestimmte Grundannahmen seiner Familie, z. B. dass man niemandem auf der Welt trauen darf, in der tagesklinischen Gruppe nicht geteilt werden. Das wird ihn in ein Dilemma bringen, wie er es schon aus Kindergarten und Schule kannte. Aber die therapeutische Haltung des Personals wird ihm im günstigen Fall helfen, diesen Sachverhalt realistisch zu beurteilen und angemessene Konsequenzen für sich und seine Haltung gegenüber den Eltern daraus zu ziehen.

Ob eine solche positive Entwicklung erfolgt oder nicht, hängt nicht nur von der Qualität der tagesklinischen Behandlung ab, sondern auch davon, wieviel Entwicklungspotenzial Herr N noch hat. Was aber die Qualität der tagesklinischen Behandlung betrifft, reicht es nicht, dass die Patienten nur zusammenkommen. Die Patienten sollten immer auch wissen, was die primäre Aufgabe der Gruppe ist, in der sie sitzen. Die wichtigste Gruppenveranstaltung ist die, in der die Patienten gemeinsam ihre Beziehung zueinander in der Gruppe erforschen. Dabei ginge es in einer solchen Gruppe nicht darum, Erkenntnisse über die Gruppendynamik zu gewinnen, als vielmehr, dass die Mitglieder sich trauen, ihre persönlichen Empfindungen, die sie in der Gruppe und den anderen gegenüber haben, zu benennen. Wie schon gesagt, solche Gruppen zu organisieren und zu leiten, ist nicht einfach und will gelernt sein.[28] Aber nur etwas von Psychopharmaka zu verstehen, ist für einen Psychiater zu wenig.

Dass gesellschaftliche Gruppen Strukturen bilden, ist nicht beiläufig. Es ist ihnen immanent. In dem kleinen Roman »Herr der Fliegen« von Golding (2008) ist das anschaulich beschrieben. Eine Gruppe von Jugendlichen und Kindern muss nach einem Schiffbruch auf einer Insel leben. Die Realität, nämlich verlassen auf einer Insel zu sein, ist zu schrecklich, als dass die Kinder sich damit sachlich auseinandersetzen könnten. Angst und Aggression werden auf Einzelne projiziert und differenzieren die Gruppe in Gute und Schlechte. Nur am Rande werden Sachprobleme, z. B. wie man Feuer entfachen und erhalten kann, zur primären Aufgabe der Gruppe. Aber wie auch immer die Struktur der Gruppe zustande kommt, sie differenziert die Mitglieder, die auf diese Weise eine Identität erhalten. Identität andererseits ist nur vor dem Hintergrund von Gruppen möglich. Gruppen sind in diesem Sinn antipsychotisch (vgl. dazu auch Bion, 2001). Sie unterscheiden sich dadurch auch von der Familie. Die Beziehungsebene, wie sie im privaten, familiären Bereich oder auch in einer individuellen Therapie vor-

---

28 Sehr plakativ dargestellt, wie man Gruppen auch missbrauchen kann, in dem Roman von Kesey (2003): »Einer flog über das Kuckucksnest«.

herrscht, wird von Gefühlen bestimmt und die sind immer individuell und nie frei von Willkür. Ich kann sie auch nicht machen, sondern sie bestimmen mich.

Es gibt noch einen scheinbar gegenläufigen Prozess in Gruppen. Die Mitglieder von Gruppen identifizieren den Leiter der Gruppe mit Anteilen ihres Überich. Das gilt wohl mehr oder weniger in jeder Art Gruppe, wenngleich die Kraft, mit der dies geschieht, unterschiedlich ist. In einer Animationsgruppe im Urlaub hat das ein anderes Gewicht als etwa in einer religiösen Gruppe oder in einer Eliteeinheit der Armee. Immer ist das mit einer Regression verbunden. Die Projektion von Überichanteilen auf eine Person nennen wir Regression (vgl. dazu Massenpsychologie und Ich-Analyse, Freud, 1921). Diese Regression macht die Mitglieder gleich.

Die tagesklinische Psychotherapie ist für schizophrene Patienten allem Anschein nach die wirksamste Form der Behandlung. Aber sie hat natürlich auch Begrenzungen. In Einzelfällen macht man die Beobachtung, dass Patienten mit einer schizophrenen Psychose unter der tagesklinischen Behandlung depressiv werden. In solchen Fällen kann es notwendig werden, die Therapie zu beenden, weil zu befürchten ist, dass der Patient suizidal wird. Depression bedeutet Beziehungsfähigkeit und kann insofern auch ein Fortschritt sein. Doch sollte man auch in Erwägung ziehen, dass diese Patienten bzw. ihre Familien keine Therapie wollen, die auf Veränderung aus ist (Matakas, 1999). Aber diese Fälle bestätigen indirekt, wie wirksam die Behandlung ansonsten ist.

3.5 Verhaltenstherapie

Die Verhaltenstherapie ist nicht das Thema dieses Buches. Aber interessant für den Behandler ist, inwieweit sie mit einer psychodynamischen Sichtweise kompatibel ist.

Es gibt verschiedene therapeutische Ansätze, die man unter dem Oberbegriff der Verhaltenstherapie zusammenfassen kann: Training verschiedener intellektueller Fertigkeiten, Training zur Reduktion von Defiziten, kognitive Verhaltenstherapie, verhaltenstherapeutisch basierte Familieninterventionen, Psychoedukation etc. Die meisten Formen der Verhaltenstherapie umfassen die Bausteine: Aufbau einer positiven Beziehung zum Patienten, Erarbeiten eines Zielplans, eine Methode, den psychotischen Symptomen ihre Bedeutung zu nehmen, z. B. durch eine »entpathologisierende Bewertung«, vorsichtige Konfrontation mit der Realität. Elemente, die fehlen, sind eine Bewertung der interpersonalen Beziehungen im Kontext der psychotischen Struktur, das Verständnis der Symptome als Abwehr, insbesondere die projektiven und introjektiven Prozesse in der Familie.

Insgesamt ist die verhaltenstherapeutisch orientierte Literatur erfrischend positiv und optimistisch. Ein Beispiel dafür ist z. B. die »Positive Psychotherapie für Psychosen« von Slade, Brownell, Rashid und Schrank (2017). Diese Autoren gehen so vor, dass sie mit den Patienten erforschen, welche positiven Eigenschaften sie haben: beispielsweise Schönheit, Tapferkeit, Kooperationswilligkeit, Vorsicht. Das nimmt den psychotischen Symptomen etwas von ihrer Bedeutung. Am Anfang der Therapie stehen Beziehungsaufbau und Problemerfassung (z. B. Lincoln, 2014). Die verschiedenen Verfahren zielen meistens darauf ab, diagnostizierte psychische Störungen bzw. Defizite zu beseitigen. Das ist ein Gegensatz zu der hier vertretenen Meinung, dass man zuerst versuchen sollte, die Symptome zu verstehen.

Auch die Verhaltenstherapie sucht nach ätiologischen Faktoren bzw. nach den psychischen Prozessen, die den Symptomen der Psychose zugrunde liegen, und formt daraus psychologische Modelle der Schizophrenie, die die psychischen Störungen, Defizite und Symptome erklären. Zwar anerkennt sie auch, dass es neben dem Bewussten in der menschlichen Psyche auch Unbewusstes gibt, aber sie zieht daraus keine Schlussfolgerungen für die Therapie. So berücksichtigt sie nicht das Phänomen der Abwehr. Sie unterstellt, dass menschliches Verhalten rational und nicht auch durch unbewusste Triebbedürfnisse gesteuert ist.

Die Form der Verhaltenstherapie, die dem hier dargestellten Verfahren trotz der genannten Einschränkungen einigermaßen nahekommt, ist die »kognitive Umstrukturierung«. Sie geht davon aus, dass alle psychotischen Symptome, soweit sie nicht körperlicher oder vegetativer Natur sind, mit Überzeugungen verbunden sind, die der Realität nicht entsprechen. Diese Überzeugungen sollen beseitigt werden, beim Wahn also der Inhalt des Wahns, bei Halluzinationen die inhaltliche Bedeutung, bei der Negativsymptomatik die Überzeugung, dass es auf Aktivität nicht ankommt usw. Nun sind ja diese Symptome einer rationalen Argumentation nicht zugänglich. Es kommt also darauf an, einen Weg zu finden, wie die mit den Symptomen verbundenen Überzeugungen doch in Frage gestellt werden können.

Eine der Voraussetzungen, dass der Patient überhaupt psychotherapeutische Hilfe sucht, ist die Einsicht, dass er psychische Schwierigkeiten hat. Aber das hat die Verhaltenstherapie mit jeder anderen Form von Therapie gemeinsam. Darum schlägt z. B. Lincoln (2014) vor, in einem ersten Schritt die psychotische Verarbeitung der Realität nicht als krankhaft zu attribuieren, sondern, soweit es nicht gegen alle Vernunft ist, ihren möglichen Wahrheitsgehalt zu klären. Das ist gar nicht so ganz anderes, als nach der Bedeutung des Symptoms zu fragen, oder, was Searles (1974) vorschlägt, nämlich zunächst den konkretistischen Inhalt des Symptoms zu verhandeln. Vorausgesetzt ist auch bei diesem Vorgehen, dass die pathologisch erscheinenden Überzeugungen des Patienten immer auch ein Körnchen Wahrheit enthalten. Dem Patienten wird mit dieser Haltung signalisiert, dass die Symptome irgendwie einen nachvollziehbaren Sinn haben und dass es zweitens äußere Bedingungen gibt, die ihr Auftreten begünstigen oder behindern. Aus dem zweiten kann dann auch eine Strategie für eine Prophylaxe entwickelt werden.

Die eigentliche kognitive Umstrukturierung läuft darauf hinaus, die Überzeugungen des psychotischen Patienten nicht so sehr an der Realität, sondern vielmehr auf die Konsistenz mit anderen Überzeugungen des Patienten zu überprüfen. Zum Beispiel die Überzeugung eines wahnhaften Patienten, man versuche, ihn zu vergiften, könnte in Zweifel gezogen werden mit der Überlegung des Patienten, dass andere davon verschont bleiben, obwohl die Lebensumstände gleich sind.

All diese Versuche, dem Patienten zu helfen, ein angemessenes Verhältnis zur sozialen Realität zu gewinnen, erscheinen sinnvoll und nützlich. Wieweit sie nachhaltig wirksam sind, ist eine andere Frage, die sich hier nicht beantworten lässt. Ein Punkt erscheint allerdings problematisch, und der spielt besonders bei der »Psychoedukation«, die die Familie einschließt, eine Rolle. Es entspricht ärztlichem Denken, die Psychose als Krankheit eines Einzelnen zu verstehen, und diese Haltung setzt sich leicht durch. Der Anteil, den die Familie hat, wird nicht in Betracht gezogen. Das kann leicht dazu führen, dass die Dynamik der Familien bekräftigt anstatt in Frage gestellt wird. Der psychotische Mensch ist krank, und die Familie trägt aufopferungsvoll diese Last. Das Tragische an dieser Situation ist, dass auch jede Verschlimmerung als Bestätigung verstanden werden kann. Hohe neuroleptische Medikation, langfristige Unterbringung oder ein Bruch des psychotischen Menschen mit der Familie lassen sich immer als unausweichliche Folge der schlimmen Krankheit verstehen. Dagegen ist auch schwer zu argumentieren, weil eine Haltung, wie sie hier vertreten wird, zwar der Sache eher gerecht wird, aber auch keine Heilung verspricht. Aber umgekehrt schließt auch eine verhaltenstherapeutische Orientierung nicht aus, die Sache differenziert zu sehen. Wichtig ist es, die Not zu sehen, in der sich der psychotische Mensch, aber auch die Familie befindet.

3.6 Zu einer Psychologie der Antipsychotika

Die Einzelheiten der pharmakologischen Behandlung der Schizophrenie sollen hier nicht behandelt werden. Dafür sind die pharmakologischen Kompendien zuständig. Doch für die Indikationsstellung und die Beurteilung der Effekte sind pharmakologische Kriterien allein nicht ausreichend. Dazu braucht man psychologische Kriterien. Es fehlt aber eine Psychologie der Psychopharmaka.[29] Eine

---

[29] Haase und Janssen (1965) haben mit dem Begriff der »neuroleptischen Schwelle« einen Versuch dazu gemacht. Sie gingen davon aus, dass die Hemmung der Motorik mit der antipsychotischen Wirkung korreliert. Ganz falsch scheinen sie damit nicht gelegen zu haben, wie die folgende Beobachtung zeigt. Ich hatte einen Patienten, der auffallend langsam sprach. Er brauchte manchmal Minuten, um einen Satz zu Ende zu bringen. Lange war die Diagnose unklar. Schließlich kam er zur stationären Aufnahme, weil er unruhig geworden war, eine Arbeitskollegin bedroht hatte und wahnhafte Gedanken äußerte. Bei der Aufnahme bekam er Haloperidol intravenös in einer Dosierung, die zu massiven Dystonien führte. Er konnte sich kaum noch bewegen. Aber der Redefluss war enorm. Er sprach sehr schnell ohne Punkt und Komma. Wegen der Dystonien bekam er nun Biperiden intravenös. Noch unter der Injektion lösten sich die Dystonien auf, und der Patient wurde wieder beweglich. Gleichzeitig ging der Redefluss zurück. Schließlich war der alte Zustand erreicht. Er war beweglich, aber sprach wieder so langsam wie früher. Offensichtlich war das langsame Sprechen eine Hemmung, die wegfiel, als er motorisch gehemmt war. Einen ähnlichen Fall habe ich noch ein zweites Mal beobachtet, habe aber in der Literatur kein weiteres Beispiel gefunden.

systematische Untersuchung, welche psychischen Funktionen wie beeinflusst werden, ist dringend erforderlich.

3.6.1 Wirkung

Was die Wirkung der Neuroleptika betrifft, ist einiges gesichert. Sie reduzieren die produktiven Symptome einer Psychose und haben oft eine beruhigende Wirkung. Die akute Symptomatik einer schizophrenen Psychose geht schneller zurück als beim Spontanverlauf. So sind sie meistens die Therapie der ersten Wahl bei einer akuten schizophrenen Störung.

Es gibt eine Reihe von Hinweisen dafür, dass die Neuroleptika eine direkte Wirkung auf die Affekte haben. (1) Ihre Wirkung ist umso ausgeprägter, je affektiver die Symptomatik ist. Besonders wirksam sind sie darum bei akuten Zuständen, die mit heftigen affektiven Reaktionen einhergehen. Bei den affektarmen Formen, der Schizophrenia simplex, der Hebephrenie, bei der chronischen wahnhaften Störung und bei einer Minussymptomatik, wirken sie wenig bis gar nicht. (2) Die Patienten beschreiben die Wirkung auf ihre Affekte sehr klar. Eine Patientin: »Am meisten Angst habe ich vor Medikamenten, weil sie mir den Rest von meinen Eigenbewegungen nehmen, weil auch die Blumen, das Licht, die Bäume und Farben verschwinden. Ich fühle mich wie bei lebendigem Leib in Beton gegossen. Die Menschen denken, ich bin schon tot, dabei bekomme ich alles mit und bin dem noch wehrloser ausgeliefert. Ich höre keine Vögel mehr, aber die Stimmen werden lauter und blecherner.« (3) Wenn die Neuroleptika abgesetzt werden, kommentieren die Patienten das fast einheitlich mit den Worten: »Es war, wie hinter Glas zu leben« oder: »Ich fühlte mich wie in Watte gepackt« oder: »Die Welt ist wieder bunter«. (4) Bei der psychotischen Depression bewirken die Neuroleptika nur sehr eingeschränkt eine Besserung des Befindens. Das kann gut damit zusammenhängen, dass in der tiefen Depression die Affektivität ohnehin reduziert ist. Die Patienten empfinden eben dies als sehr quälend. (5) Im Off-label-Gebrauch eignen sich die Neuroleptika, um Rezidive einer schweren Depression seltener zu machen. Man kann sich das gut damit erklären, dass sie die affektive Bedeutung belastender Lebensumstände, die ansonsten die Depression triggern, reduzieren.

In einer etwas weiteren Formulierung kann man auch sagen, dass die Neuroleptika eine dämpfende Wirkung auf die Vitalität haben. Die Gleichgültigkeit nimmt zu. Liebesfähigkeit und Aggressivität nehmen ab.

Diese Wirkungen sind aber nicht pauschal als negativ zu bewerten. Es kommt darauf an, in welchem Zustand sich der Patient befindet, was man therapeutisch erreichen will und wie hoch man die Neuroleptika dosiert. In einer der wenigen Untersuchungen dazu, wie die Patienten die Neurolepsie empfinden, war das Urteil von etwa zwei Dritteln positiv (Foltz, 2009). Patienten erleben produktive psychotische Symptome meist als befremdlich und als große Belastung. Der schnelle Rückgang der psychotischen Symptome wird eben oft als große Erleichterung erlebt.

All diese Tatsachen zusammen gesehen, legt nahe, wie man die Wirkung der Neuroleptika auf die schizophrene Psychose verstehen kann. Sie wirken über die

Dämpfung der affektiven Reaktionen. Damit nehmen sie den äußeren Ereignissen und den Fantasien die Bedeutung. So ist es der Psyche leichter möglich, sich wieder zu organisieren. Innere oder äußere Konflikte, die sonst psychotische Symptome triggern, werden durch die Neurolepsie bedeutungsloser. Auch die prophylaktische Wirkung der Neuroleptika wäre so erklärbar.

Aber die Behandlung nach den Regeln der Soteria zeigt, dass ein günstiger Verlauf der Schizophrenie, auch langfristig, nicht abhängig ist von der Behandlung mit Neuroleptika (Calton, Ferriter, Huband & Spandler, 2008). Die Dämpfung durch Neuroleptika kann eine Verarbeitung der Psychose auch erschweren. Das würde erklären, dass die kontinuierliche Medikation mit Neuroleptika unter Umständen das Andauern psychotischer Symptome befördert, frühes Absetzen dagegen den Verlauf u. U. positiv beeinflusst (z. B. Wunderink, Nieboer, Wiersma, Sytema & Nienhuis, 2013; Harrow, Jobe & Faull, 2014).

Wie die Neuroleptika auf den der Psychose zugrunde liegenden (zerebralen) Prozess einwirken, wissen wir nicht. Welche Rezeptoren mit den Neuroleptika eine Bindung eingehen, sagt dazu noch nichts, weil wir den Zusammenhang zwischen bestimmten Rezeptoren, ihrer Lokalisation und psychischen Funktion nicht ausreichend kennen.

3.6.2 Nebenwirkungen

Hier sind nicht die unmittelbaren Nebenwirkungen, wie z. B. auf die Muskeln, gemeint. Auch darüber informieren die pharmakologischen Arbeiten bestens. Abgesehen von der langfristigen Wirkung auf psychische Prozesse, wie eben erwähnt, sind auch die allgemeineren langfristigen Folgen wenig untersucht. Es gibt Hinweise auf eine vergrößerte Mortalität (Tiihonen et al., 2009). Andere Arbeiten, experimentelle Studien an Makaken, wollen nachgewiesen haben, dass die Neuroleptika langfristig zu einer Degeneration von Nervenzellen im Gehirn führen (Dorph-Petersen, Pierri, Perel, Sun, Sampson & Lewis, 2005). Zu berücksichtigen ist auch, dass die meisten Neuroleptika eine anticholinerge Wirkung haben. Dauerhafter Gebrauch von Anticholinergika in größerer Dosierung kann die Entwicklung einer Demenz begünstigen (Gray et al., 2015). Auch das ist bei dauerhaftem Gebrauch der Neuroleptika zu beachten. Zur Problematik des Absetzens siehe Lehmann (2013).

Wenn man die affektive Bedeutung des Erlebens nicht mehr oder nur ungenügend wahrnimmt, kann kein Interesse an den Ereignissen entstehen. Das kommt einer andauernden Deprivation gleich. Auf jeden Fall bedeutet es eine Minderung der Vitalität. Eine langfristige hohe Medikation ist darum in ihren Auswirkungen mit einer schweren chronischen Minussymptomatik vergleichbar.

3.6.3 Dosierung

Völlige Symptomfreiheit ist nicht das unbedingte Ziel. Viele Patienten wollen auf ihre affektive Reaktionsfähigkeit nicht verzichten, auch wenn das mit einem

Rest an produktiven Symptomen verbunden ist. Es kommt darauf an herauszufinden, wieviel Dämpfung nützlich ist, und die Balance zu finden zwischen erhaltener Vitalität und Symptomfreiheit. Gelingt diese Balance, ist auch die Compliance weniger ein Problem. Eine Patientin hat das anschaulich auf einen Nenner gebracht. Sie war bereit, Neuroleptika zu nehmen, wenn ihr die Dosierung noch erlaubte, auch mal zornig zu reagieren. Das wollte sie, um sich von den Eltern abgrenzen zu können.

Mitunter wollen Patienten die Medikamente nicht mehr nehmen, weil es ihr unbewusster oder auch bewusster Wunsch ist, wieder psychotisch zu werden (van Putten, Crumpton & Yale, 1976; Geisen & Feuer, 1984). Man könnte sich in diesen Fällen denken, dass bestimmte heftige Reaktionen, die von den Neuroleptika unterdrückt werden, nach Abreaktion verlangen.

Einen Grund dafür, dass die Psychotherapie und die medikamentöse Behandlung nicht von einer Person durchgeführt werden sollen, wie es viele ärztliche Psychotherapeuten vertreten, kann ich nicht erkennen.

Literatur

Aguayo, J. (2009). On understanding projective identification in the treatment of psychotic states of mind: The publishing cohort of H. Rosenfeld, H. Segal & W. Bion (1946–1957). *International Journal of Psychoanalysis, 90*, 69–92 (doi.org/10.1111/j.1745-8315.2008.00115).

Alanen, Y. O., Rekola, J. K., Stewen, A., Takala, K. & Touvinen, M. (1966). The Family in the Pathogenesis of Schizophrenia and Neurotic Disorders. *Acta Psychiatrica Scandinavica, 41, (Suppl 189)*.

Alanen, Y. O. (2001). *Schizophrenie. Entstehung, Erscheinungsformen und die bedürfnisangepasste Behandlung*. Stuttgart: Klett-Cotta.

Angermeyer, M. C. (2000). Schizophrenia and violence. *Acta Psychiatrica Scandinavica, Suppl. 407*, 63–67.

APA (American Psychiatric Association) (2018). *Diagnostisches und Statistisches Manual Psychischer Störungen DSM-5®*. Deutsche Ausgabe herausgegeben von P. Falkai und H.-U. Wittchen (2. Aufl.). Göttingen: Hogrefe.

Armstrong, D. & Rustin, M. (Hrsg.) (2015). *Social Defences against Anxieties. Explorations in a Paradigm*. London: Karnac.

Bateson, G., Jackson, D. D., Haley, J. & Weakland, J. H. (1969). Auf dem Wege zu einer Schizophrenie-Theorie. In *Schizophrenie und Familie* (S. 11–43). Frankfurt am Main: Suhrkamp.

Benedetti, G. (1983). *Todeslandschaften der Seele*. Göttingen: Verlag für Medizinische Psychologie.

Benjamin, W. (1965). *Zur Kritik der Gewalt und andere Aufsätze*. Frankfurt am Main: Suhrkamp.

Bick, E. (1968). The experience of the skin in early object relations. *International Journal of Psychoanalysis, 49*, 484–486.

Bion, W. R. (1984). *Learning from Experience*. London: Karnac Books.

Bion, W. R. (2001). *Erfahrungen in Gruppen und andere Schriften*. Stuttgart: Klett-Cotta.

Birtchnell, J. (1970). Depression in relation to early and recent parent death. *British Journal of Psychiatry, 116*, 299–306.

Blatt, S. J. (1974). Levels of object representation in anaclitic and introjective depression. *Psychoanal Study Child, 29*, 107–157.

Bleuler, P. E. (1911). *Dementia praecox oder Gruppe der Schizophrenien*. Leipzig, Wien: Deuticke.

Böker, W. & Häfner, H. (1973). *Gewalttaten Geistesgestörter. Eine psychiatrisch-epidemiologische Untersuchung in der Bundesrepublik Deutschland*. Heidelberg: Springer.

Boszormenyi-Nagy, I. & Spark, G. (1981). *Unsichtbare Bindungen. Die Dynamik familiärer Systeme*. Stuttgart: Klett-Cotta.

Bowen, M. (1975). Familienpsychotherapie bei Schizophrenie in der Klinik und in der Privatpraxis. In I. Boszormenyi-Nagy & I. I. Framo (Hrsg.). *Familientherapie. Theorie und Praxis* (S. 244–276). Reinbek bei Hamburg: Rowohlt.

Briggs, S., Lemma, A. & Crouch, W. (Hrsg.) (2008). *Relating to Self-harm and Suicide*. London, New York: Routledge.

Brody, E. B. & Redlich, F. C. (Hrsg.) (1952) *Psychotherapy with Schizophrenics*. New York: International University Press.

Brown, G. W., Birley, J. L. T. & Wing, J. K. (1972). Influence of family life on the course of schizophrenia disorders: a replication. *British Journal of Psychiatry, 121*, 241–258.

Burns, T. & Patrick, D. (2007). Social functioning as an outcome measure in schizophrenia. *Acta Psychiatrica Scandinavica, 116*, 403–418.

Calton, T., Ferriter, M., Huband, N. & Spandler, H. (2008). A systemic review of the soteria paradigm for the treatment of people diagnosed with schizophrenia. *Schizophrenia Bulletin, 34*, 181–192.

Carlborg, A., Winnerbäck, K., Jönsson, E. G., Jokinen, J. & Nordström P. (2010). Suicide in schizophrenia. *Expert Review of Neurotherapeutics, 10*, 1153–1164 (doi:10.1586/ern.10.82. Zugriff am 23.11.2018).

Cederman, L.-E., Wimmer, A. & Brian, M. (2010). Why do ethnic groups rebel? New data and analysis. *World Politics, 62*, 87–119.

Ciompi, L., Hoffmann, H. & Broccard, M. (Hrsg.) (2001). *Wie wirkt Soteria? Eine atypische Psychosenbehandlung kritisch durchleuchtet*. Bern: Huber.

Cumming, J. & Cumming, E. (1979). *Ich und Milieu. Theorie und Praxis der Milieutherapie*. Göttingen: Verlag für Medizinische Psychologie im Verlag Vandenhoeck & Ruprecht.

Devereux, G. (1973). *Angst und Methode in den Verhaltenswissenschaften*. München: Hanser.

di Ceglie, G. R. (1987). Projective identification in mother and baby relationship. *British Journal of Psychotherapy, 3*, 239–245 (https://doi.org/10.1111/j.1752-0118.1987.tb00976.x).

Doniger, W. (2009). *The Hindus: An Alternative History*. New York: The Penguin Press.

Dörner, K. (1969). *Bürger und Irre. Zur Sozialgeschichte und Wissenschaftssoziologie der Psychiatrie*. Frankfurt am Main: Europäische Verlagsanstalt.

Dorph-Petersen, K.-A., Pierri, J., Perel, J., Sun, Z., Sampson, A.-R. & Lewis, D. (2005). The Influence of Chronic Exposure to Antipsychotic Medications on Brain Size before and after Tissue Fixation: A Comparison of Haloperidol and Olanzapine in Macaque Monkeys. *Neuropsychopharmacology, 30*, 1649–1661.

Eissler, K. R. (1952). Remarks on the Psychoanalysis of Schizophrenia. In E. B. Brody & F. C. Redlich (Hrsg.). *Psychotherapy with Schizophrenics* (S. 130–167). New York: International University Press.

Erdheim, M. (1988). Der Alltag und das gesellschaftliche Unbewusste. In M. Erdheim (Hrsg.). *Die Psychoanalyse und das Unbewusste in der Kultur* (S. 269–278). Frankfurt am Main: Suhrkamp.

Fairbairn, W. D. (1952). *Psychoanalytic Studies of the Personality*. London: Tavistock Publications Limited.

Federn, P. (1978). *Ichpsychologie und die Psychosen*. Frankfurt am Main: Suhrkamp.

Federn, P. (1943). Psychoanalysis of Psychoses. I. Errors and how to avoid them. *The Psychiatric Quaterly, 17*, 3–19.

Feinsilver, D. B. & Gunderson, J. G. (1972). Psychotherapy for Schizophrenics – Is It Indicated? A Review of the Relevant Literature. *Schizophrenia Bulletin, 1*, 11–23 (doi.org/10.1093/schbul/1.6.11).

Felsberger, H. (2017). Vokale Matrix und Gruppenbindung – wie Hören und Sprechen in der Gruppe mentalisierte Affektivität und epistemisches Vertrauen ermöglicht. *Gruppenpsychotherapie, Gruppendynamik, 53*, 188–225.

Fenichel, O. (1975). *Psychoanalytische Neurosenlehre Bd. II*. Olten, Freiburg im Breisgau: Walter

Fischer-Mamblona, H. (1999). Zur Evolution affektiver Störungen – am Beispiel einer weiblichen Bleßgans. In W. Machleidt, H. Haltenhof & P. Garlipp (Hrsg.). *Schizophrenie – eine affektive Erkrankung?* (S. 3–9). Stuttgart, New York: Schattauer.

Foltz, R. (2009). The experience of being medicated in schizophrenia: a subjective inquiry and implications for psychotherapy. In D. Garfield & D. Mackler (Hrsg.). *Beyond Medication. Therapeutic engagement and the recovery from psychosis* (S. 159–173). London, New York: Routledge.

Fonagy, P., Gergely, G., Jurist E. L. & Target M. (2004). *Affektregulierung, Mentalisierung und die Entwicklung des Selbst*. Stuttgart: Klett-Cotta.

Foucault, M. (1961). *Wahnsinn und Gesellschaft*. Frankfurt: Suhrkamp.

Foudraine, J. (1976). *Wer ist aus Holz? Neue Wege in der Psychiatrie*. München: dtv.

Frank, C. & Weiß H. (2017). *Projektive Identifizierung: ein Schlüsselkonzept der psychoanalytischen Therapie* (3. Auflage). Stuttgart: Klett-Cotta.

Freud, S. (1905). Bruchstücke einer Hysterie-Analyse. GW 5 (S. 163–286).

Freud, S. (1911c). Psychoanalytische Bemerkungen über einen autobiographisch beschriebenen Fall von Paranoia (Dementia paranoides). GW 8 (S. 240–316).
Freud S. (1912). Totem und Tabu. GW 9.
Freud, S. (1924e). Der Realitätsverlust bei Neurose und Psychose. GW 13 (S. 363–368).
Freud S. (1921). Massenpsychologie und Ich-Analyse. GW 13 (S. 71–161).
Freud, S. (1930). Das Unbehagen in der Kultur. GW 14 (S. 419–506).
Fromm-Reichmann, F. (1948). Notes on the development of schizophrenia by psychoanalytic psychotherapy. *Psychiatry, 11*, 267–277.
Fromm-Reichmann, F. (1959). *Psychoanalysis and Psychotherapy. Selected papers.* Chicago: The University of Chicago Press.
Gale, J., Realpe, A. & Pedriali, E. (Hrsg.) (2008). *Therapeutic Communities for Psychosis. Philosophy, History and Clinical Practice.* London, New York: Routledge.
Geisen, L. & Feuer, E. (1984). The treatment-resistant patient and the need to stay crazy. *Psychiatry Quarterly, 56*, 75–82.
Goffman, E. (1961). Asylums. Essays on the Social Situation of Mental Patients and other Inmates. New York: Doubleday and Co. Anchor Books.
Goffman, E. (1969). The insanity of place. *Psychiatry, 32*, 357–388 (DOI 10.1080/00332747.1969.11023600).
Goldblatt, M. J. (2008). Hostility and suicide: the experience of aggression from within and without. In S. Briggs, A. Lemma & W. Crouch (Hrsg.). *Relating to Self-harm and Suicide* (S. 95–108). London, New York: Routledge.
Golding, W. (2008). *Herr der Fliegen.* München: Fischer-Taschenbuch-Verlag.
Goldman, D. L. (1990). Historical notes on partial hospitalization. *International Journal of Partial Hospitalization, 6*, 111–116.
Gottdiener, W. H. & Haslam, N. (2007). Der Nutzen der Einzeltherapie für schizophrene Menschen. Eine Metaanalyse. *Forum der psychoanalytischen Psychosentherapie, 16*, 7–44.
Gray, S. L., Anderson, M. L., Dublin, S., Hanlon, J. T., Hubbard, R., Walker, R., YU, O., Crane, P. K. & Larson, E. B. (2015). Cumulative use of strong anticholinergics and incident dementia: a prospective cohort study. *JAMA Internal Medicine, 175*, 401–407.
Green, M. F. (1996). What are the functional consequences of neurocognitive deficits in schizophrenia? *American Journal of Psychiatry, 153*, 321–330.
Haase, H. J. & Janssen, P. A. J. (1965). *The action of neuroleptic drugs: a psychiatric, neurological and pharmacological investigation.* Amsterdam: North-Holland.
Hale, R. (2008). Psychoanalysis and Suicide. In S. Briggs, A. Lemma & W. Crouch (Hrsg.). *Relating to Self-harm and Suicide* (S. 13–24). London and New York: Routledge.
Hamera, E., Schneider, J. K. & Deviney, S. (1995). Alcohol, cannabis, nicotine, and caffein use and symptom distress in Schizophrenia. *The Journal of nervous und mental disease 183*, 559–565.
Harlow, H. F. & Zimmermann, R. R. (1959). Affectional responses in the infant monkey. *Science, 130*, 421–432. (http://dx.doi.org/10.1126/science.130.3373.421)
Harrow, M., Jobe, T. H. & Faull, R. N. (2014). Does treatment of schizophrenia with antipsychotic medications eliminate or reduce psychosis? A 20-year multi-follow-up study. *Psychological Medicine, 44*, 3007–3016.
Hartmann, H. (1964). *Ich-Psychologie. Studien zur psychoanalytischen Theorie.* Stuttgart: Ernst Klett.
Heim, E. (1985). *Praxis der Milieutherapie.* Berlin, New York: Springer.
Hoge, M. A., Davidson, L., Hill, W. L., Turner, V. E. & Ameli, R. (1992). The promise of partial hospitalization: a reassessment. *Hospital Community Psychiatry, 43*, 345–354.
ICD-10 (2015). Kapitel V (F). www. DIMDI-ICD-10-GM.
Inskip, H. M., Harris, E. C. & Barraclough, B. (1998). Lifetime risk of suicide for affective disorder, alcoholism and schizophrenia. *British Journal of Psychiatry, 172*, 35–37.
Israëls, H. (1989). *Schreber: Vater und Sohn.* Eine Biographie. München-Wien: Verlag Internationale Psychoanalyse.
Jablensky, A., Sartorius, N., Emberg, G. et al. (1992). Schizophrenia: manifestations, incidence and course in different cultures. A World Health Organization ten-country study. *Psychological Medicine Monographies, Suppl. 20*, 1–97.

Jacobson, E. (1972). *Psychotischer Konflikt und Realität*. Frankfurt am Main: S. Fischer.
Jaques, E. (1955). Social systems as defence against persecutory and depressive anxiety. A contribution to the psycho-analytical study of social processes. In M. Klein, P. Heimann, R. E. Money-Kyrle (Hrsg.). *New Directions in Psychoanalysis. The Significance of Infant Conflict in the Pattern of Adult Behaviour* (S. 478–498). London: Tavistock Publications.
Jaspers, K. (1973). *Allgemeine Psychopathologie* (8. Auflage). Berlin, Heidelberg, New York: Springer.
Jones, M. (1953). *Social Psychiatry. A Study of Therapeutic Communities*. London: Tavistock Publications.
Jongsma, H. E., Gayer-Anderson, C., Lasalvia, A. et al. (2018). Treated Incidence of Psychotic Disorders in the Multinational EU-GEI Study. *JAMA Psychiatry*, 75, 36–46 (doi:10.1001/jamapsychiatry.2017.3554).
Karon, B. P. & Vandenbos, G. R. (1981). *Psychotherapy of Schizophrenia. The Treatment of Choice*. New York, London: Jason Aronson.
Kasanin, J., Knig, E. & Sage, P. (1934). The parent-child relationship in schizophrenia. *Journal of Nervous and Mental Diseases*, 79, 249–263.
Kesey, K. (2003). *Einer flog über das Kuckucksnest*. Reinbek bei Hamburg: Rowohlt.
Ketturat, C., Frisch, J. U., Ullrich, J., Häusser, J. A., van Dick, R. & Mojzisch, A. (2016). Disaggregating within- and between-person effects of social identification on subjective and endocrinological stress reactions in a real-life stress situation. *Personality and Social Psychology Bulletin*, 42, 147–160.
Kipp, J. (2008). Sustaining relationships in milieu treatment: a corollary to Summers. In D. Garfield & D. Mackler (Hrsg.). *Beyond Medication. Therapeutic engagement and the recovery from psychosis* (S. 80–92). London: Routledge
Kirmayer, L. J., Brass, G. M. & Tait, C. L. (2000). The mental health of aboriginal peoples: Transformation of Identity and Community. *Canadian Journal of Psychiatry*, 45, 607–616 (doi.org/10.1177%2F070674370004500702).
Kisker, K. P. (1960). Erfahrungen und Methodisches zur Gruppenbildung im psychiatrischen Krankenhaus. *Der Nervenarzt*, 31, 392–402.
Kläning, U. (1999). Greater occurence of schizophrenia in dizygotic but not monozygotic twins. *British Journal of Psychiatry*, 175, 407–409.
Klein, M. (1946). Notes on some schizoid mechanisms. *International Journal of Psychoanalysis*, 27, 99–110.
Klein, M. (1960). Über das Seelenleben des Kleinkindes. *Psyche*, 14, 284–316.
Koehler, B. (2009). The process of therapeutic change: trauma, dissociation, and therapeutic symbiosis. In D. Garfield & D. Mackler (Hrsg.). *Beyond Medication. Therapeutic engagement and the recovery from psychosis* (S. 93–106). London: Routledge.
Krisor, M. (2005). *Aufgehoben in der Gemeinde. Entwicklung und Verankerung einer offenen Psychiatrie*. Bonn: Psychiatrie Verlag.
Lacan, J. (2002). *Namen des Vaters*. Wien: Turia + Kant.
Lebra, T. S. (1976). *Japanese Patterns of Behavior*. Hawaii: University of Hawaii Print.
LeDoux, J. E. (1996). *The Emotional Brain*. New York: Simon and Schuster.
Lehmann, P. (Hrsg.) (2013). *Psychopharmaka absetzen – Erfolgreiches Absetzen von Neuroleptika, Antidepressiva, Phasenprophylaktika, Ritalin und Tranquilizern*. Berlin: Antipsychiatrieverlag.
Lempa, G., Montag, C. & von Haebler, D. (2013). Auf dem Weg zu einem Manual der psychodynamischen Psychosentherapie. *Psychotherapeut*, 58, 327–338.
Lenz, K. (2005). Familien als Ensemble persönlicher Beziehungen. In F. W. Busch, W. Friedrich & R. Nave-Herz (Hrsg.). *Familie und Gesellschaft* (S. 9–32). Beiträge zur Familienforschung. Bibliotheks- und Informationssystem der Universität Oldenburg.
Leslie, A. M. (2000). Theory of Mind as a mechanism of selective attention. In M. S. Gazzangia (Hrsg.). *The New Cognitive Neurosciences* (S. 1235–1247). Cambridge: The MIT Press S.
Leuschner, W. (1985). Psychiatrische Anstalten – ein Abwehrsystem. *Psychiatrische Praxis*, 12, 111– 115 und 149– 153.
Levy, D. M. (1931). Maternal overprotection and rejection. *Archives for Neurology and Psychiatry*, 25, 886–894.

Levy, D. M. (1943). *Maternal Overprotection.* New York: Columbia Univ. Press.
Lidz, R. W. & Lidz, T. (1949). The family environment of schizophrenic patients. *American Journal of Psychiatry, 106,* 332–345.
Lidz, T., Cornelison, A., Fleck, S. & Terry, D. (1957). Intrafamilial environment of the schizophrenic patient. I. The father. *Psychiatry, 20,* 329–342.
Lidz, T., Fleck, S. & Cornelison A. R. (1966). *Schizophrenia and the Family.* New York: International University Press.
Lincoln, T. (2014). *Kognitive Verhaltenstherapie der Schizophrenie* (2. Auflage). Göttingen u. a.: Hogrefe.
Link, B. G. & Stueve, A. (1994). Psychotic symptoms and the violent/illegal behavior of mental patients compared to community controls. In J. Monahan & H. J. Steadman (Hrsg.). *The John D. and Catherine T. MacArthur Foundation series on mental health and development. Violence and mental disorder: Developments in risk assessment* (S. 137–159). Chicago: University of Chicago Press.
Loewald, H. W. (1986). Ich und Realität. In H. W. Loewald. *Psychoanalyse. Aufsätze aus den Jahren 1951–1979* (S. 15–34). Stuttgart: Klett-Cotta.
López-Diaz, A., Lara, I., Fernández-González, J. L. (2018). Acute schizophrenia-like psychotic disorder: a critical appraisal of its diagnostic validity through a case series. *Innovations in Clinical Neurosciences, 15,* 12–13.
Mahler, M., Pine, F. & Bergman, A. (1996). *Die psychische Geburt des Menschen. Symbiose und Individuation.* Stuttgart: Klett-Cotta.
Maier, C. (2015). Über Abwehr und Anpassung nach der akuten Psychose. *Forum der psychoanalytischen Psychosentherapie, 31,* 151–168.
Main, M. (2012). Aktuelle Studien zur Bindung. In G. Gloger-Tippelt (Hrsg.). *Bindung im Erwachsenenalter* (S. 17–64). Bern: Verlag Hans Huber/Hogrefe.
Main, T. F. (1946). The hospital as a therapeutic institution. *Bulletin of the Menninger Clinic, 10,* 66–70.
Martindale, B. V. (2008). The rehabilitation of psychoanalysis and the family in psychosis. Recovering from blaming. In J. F. M. Gleeson, E. Killacky & H. Krstev (Hrsg.). *Psychotherapies for the Psychoses: Theoretical, Cultural and Clinical Integration* (S. 35–51). London, New York: Routledge.
Matakas, F. (1988). Psychoanalyse in der Anstalt. *Psyche, 42,* 132–158.
Matakas, F. (1992). *Neue Psychiatrie. Integrative Behandlung: psychoanalytisch und systemisch.* Göttingen: Vandenhoeck & Ruprecht.
Matakas, F. (2001). Der Stellenwert der Tagesklinik in der psychiatrischen Versorgung. Die Differentialindikation von ambulanter, tagesklinischer und stationärer psychiatrischer Behandlung. In T. V. Arolt, H. Schuhmann-Wessolek & W. Spöhring (Hrsg.). *Versorgung psychiatrischer Patienten: Innovation bei knappen Kassen* (S. 83-105). Münster: Landschaftsverband Westfalen-Lippe.
Matakas, F. (2008). Zur Behandelbarkeit der Schizophrenie. *Psyche, 62,* 735–770.
Matakas F. (2010). *Familienstürme.* München: Buch und Media.
Matakas, F. (2019). Psychodynamik der Depression. Depression als Beziehungsproblem. In C. Henke, D. Huber, G. Damman & B. Grimmer (Hrsg.). *Depression. Theorie, Forschung, Behandlung* (S. 40–55). Stuttgart: Kohlhammer.
Matakas, F. & Rohrbach, E. (2008). On suicide prevention in hospitals: empirical observations and psychodynamic thinking. In S. Briggs, A. Lemma & W. Crouch (Hrsg.). *Relating to Self-harm and Suicide* (S. 163–173). London, New York: Routledge.
Matussek, P. & Triebel, A. (1976). Die Wirksamkeit der Psychotherapie in ihrer Abhängigkeit von der familiären Ausgangssituation. In P. Matussek (Hrsg.). *Psychotherapie schizophrener Psychosen* (S. 267–279). Hamburg: Hoffmann und Campe.
Mcglashan, T. H. (1984a). »The Chestnut Lodge follow-up study. I. Follow-up methodology and study sample«. *Archives of General Psychiatry, 41,* 573–585.
Mcglashan, T. H. (1984b). »The Chestnut Lodge follow-up study. II. Long-term outcome of schizophrenia and the affective disorders«. *Archives of General Psychiatry, 41,* 586–601.
Mcglashan, T. H. (1986). »The prediction of outcome in chronic schizophrenia. IV. The Chestnut Lodge follow-up study«. *Archives of General Psychiatry, 43,* 167–176.

Mead, G. H. (2015). *Mind, Self, and Society.* Chicago: The University of Chicago Press Books.
Mentzos, S. (2007). Das Bipolaritätsmodell und die dilemmatische Struktur der Psychosendynamik. *Forum der psychoanalytischen Psychosentherapie, 17,* 10–23.
Menzies, I. (1960). A case study in the functioning of social systems as a defence against anxiety: A report on a study of the nursing service of a general hospital. *Human Relations, 13,* 95–121.
Miller, A. (1983). *Das Drama des begabten Kindes und die Suche nach dem wahren Selbst.* Frankfurt am Main: Suhrkamp.
Mitton, K. (2015). *Rebels in a Rotten State. Understanding Atrocity in Sierra Leone.* London: Hurst & Co. Ltd.
Moises, H. W. & Gottesmann I. I. (2000). Genetische Risikofaktoren und Schizophrenie. In H. Helmchen, F. Henn, H. Lauter & N. Sartorius (Hrsg.). *Psychiatrie der Gegenwart, Bd. 5* (S. 71–88). Berlin u. a.: Springer.
Moos, R. H. (1974). *Evaluating Treatment Environments. A Social Ecological Approach.* New York u. a.: John Wiley and Sons.
Mosher, L. R. (1999). Soteria and other alternatives to acute psychiatric hospitalization. *Journal of Nervous and Mental Diseases, 187,* 142–149.
Naracci, A. (2008). The multifamily-structured therapeutic community: reflections on the experience of the therapeutic community Tarsia, Italy. In J. Gale, A. Realpe & E. Pedriali (Hrsg.). *Therapeutic Communities for Psychosis. Philosophy, History and Clinical Practice* (S. 201–209). London, New York: Routledge.
Navratil, L. (1971). *a+b leuchten im Klee. Psychopathologische Texte.* München: Carl Hanser Verlag.
Niederland, W. G. (1974). *The Schreber Case. Psychoanalytic Profile of a Paranoid Personality.* New York: Quadrangle/The New York Times Book Co.
Ogden, T. H. (1982). *Projective Identification and Psychotherapeutic Technique.* New York, London: Jason Aronson.
Ozarin, L. D. (1954). Moral treatment and the mental hospital. *American Journal of Psychiatry, 111,* 371–378.
Palmer, B. A., Pankratz, V. S. & Bostwick, J. M. (2005). The lifetime risk of suicide in schizophrenia: a reexamination. *Archives of General Psychiatry, 62,* 247–253.
Panksepp, J. (1998). *The Foundations of Human and Animal Emotions.* Oxford u. a.: Oxford University Press, Inc.
Pao, P.-N. (1979). *Schizophrenic Disorders. Theory and Treatment from a Psychodynamic Point of View.* New York: International University Press.
Parsons, T. (1964). *Social Structure and Personality.* New York: The Free Press. Macmillan Publishing Co.
Pfammatter, M., Junghan, U. M., Brenner & H. D. (2006). Efficacy of psychological therapy in schizophrenia: Conclusions from meta-analyses. *Schizophrenia Bulletin, 32,* S64–S80.
Piaget, J. (1976). *Die Äquilibration der kognitiven Strukturen.* Stuttgart: Klett.
Piaget, J. & Inhelder, B. (1986). *Die Psychologie des Kindes.* München: dtv/Klett-Cotta.
Pompili, M., Amador, X. F., Girardi, P., Harkavy-Friedman, J., Harrow, M., Kaplan, K., Krausz, M., Lester, D., Meltzer, H. Y., Modestin J., Montross, L. P., Mortensen, P. B., Munk-Jørgensen, P., Nielsen, J., Nordentoft, M., Saarinen, P. I., Zisook, S., Wilson, S. T., Tatarelli, R. (2007). Suicide risk in schizophrenia: learning from the past to change the future. *Annales of General Psychiatry, 6,* Art. 10. Zugriff am 21.12.2018. doi: 10.1186/1744-859X-6-10.
Putten, T., Crumpton, E. & Yale, C. (1976). Drug refusal in schizophrenia and the wish to be crazy. *Archives of General Psychiatry, 33,* 1443–1446.
Racamier, P.-C. (1982). *Die Schizophrenen. Eine psychoanalytische Interpretation.* Berlin, Heidelberg, New York: Springer.
Read, U. M., Doku, V. C. K. & de-Graft Aikins, A. (2015). Schizophrenia and Psychosis in West Africa. In E. Akyeampong, A. G. Hill & A. Kleinman (Hrsg.). *The Culture of Mental Illness and Psychiatric Practice in Africa* (S. 73–111). Bloomington and Indianapolis: Indiana University Press.

Reker, T. (1999). Soziotherapie in der tagesklinischen Behandlung. In B. Eikelmann, T. Reker & M. Albers (Hrsg.). *Die psychiatrische Tagesklinik*. Stuttgart, New York: Georg Thieme Verlag.
Rioch, M. J. (1979). The A. K. Rice Group Relations Conferences as a Reflection of Society. In W. G. Lawrence (Hrsg.). *Exploring Individual and Organizational Boundaries. A Tavistock Open Systems Approach* (S. 53–68). Chichester, New York, Brisbane, Toronto: John Wiley & Sons.
Rund, B. R. (2018). A review of factors associated with severe violence in schizophrenia, *Nordic Journal of Psychiatry* (doi: 10.1080/08039488.2018.1497199).
Schaub Kim, A., Mueser, T., von Werder, T., Engel, R., Möller H.-P., Falkai, P. (2016). A Randomized Controlled Trial of Group Coping-Oriented Therapy vs Supportive Therapy in Schizophrenia: Results of a 2-Year Follow-up. *Schizophrenia Bulletin*, 42, Suppl. 1, S. 71–80 (do:.org/10.1093/schbul/sbw032).
Schneider, K. (1950). *Klinische Psychopathologie* (15. Auflage, 2007). Stuttgart: Thieme.
Schreber, D. P. (1903). *Denkwürdigkeiten eines Nervenkranken*. Leipzig: Oswald Mutze. Nachdruck: Berlin 1995, Kadmos.
Searles, H. F. (1974). *Der psychoanalytische Beitrag zur Schizophrenieforschung*. München: Kindler.
Singer, M. T., Wynne, L. C. & Toohey, M. L. (1978). Communication disorders and the families of schizophrenics. In L. C. Wynne, R. L. Cromwell & S. Matthysse (Hrsg.). *The Nature of Schizophrenia. New Approaches to Research and Treatment* (S. 499–511). New York: John Wiley & Sons.
Slade, M., Brownell, T., Rashid, T. & Schrank, B. (2017). *Positive Psychotherapy for Psychosis. A Clinician's Guide and Manual*. London, New York: Routledge.
Spotnitz, H. (1976). *Psychotherapy of Preoedipal Conditions: Schizophrenia and Severe Character Disorders*. London, New York: Jason Aronson.
Stanton, A. H. & Schwartz, M. S. (1954). *The Mental Hospital. A Study of Institutional Participation in Psychiatric Illness and Treatment*. New York: Basic Books.
Stern, D. N. (1992). *Die Lebenserfahrung des Säuglings*. Stuttgart: Klett-Cotta.
Tausk, V. (1919). Über die Entstehung des Beeinflussungsapparates in der Schizophrenie. *Internationale Zeitschrift für ärztliche Psychoanalyse*, 5, 1–33.
Tiihonen, J., Lönnqvist, J., Wahlbeck, K., Klaukka, T., Niskanen, L., Tanskanen, A. & Haukka, J. (2009). 11-year follow-up of mortality in patients with schizophrenia: a population-based cohort study (FIN 11 study). *Lancet*, 374, 620–627.
Tucker, R. C. (1973). *Stalin as a Revolutionary, 1879–1929: A Study in History and Personality*. New York: Norton.
United Nations, World Bank (2018): Pathways for Peace: Inclusive Approaches to Preventing Violent Conflict. Chapter 4: Why People Fight: Inequality, Exclusion, and a Sense of Injustice. Washington, DC: World Bank (https://openknowledge.worldbank.org/handle/10986/28337).
Vaughn, C. & Leff, J. (1976). The measurement of expressed emotions in the families of psychiatric patients. *British Journal of Social and Clinical Psychology*, 15, 157–165.
Wagemaker, H. & Cade R. (1977). The use of hemodialysis in chronic schizophrenia. *American Journal of Psychiatry*, 134, 684–685 (DOI: 10.1176/ajp.134.6.684).
Winnicott, D. (2002). *Reifungsprozesse und fördernde Umwelt. Studien zur Theorie der emotionalen Entwicklung*. Gießen: Psychosozial-Verlag.
Wunderink, L., Nieboer, R. M., Wiersma, D., Sytema, S. & Nienhuis, F. J. (2013). Recovery in remitted first-episode psychosis at 7 years of follow-up of an early dose reduction/discontinuation or maintenance treatment strategy. Long-term follow-up of a 2-year randomized clinical trial. *JAMA Psychiatry*, 70, 913–920.
Wynne, L. C. (1978). Family relationships and communication. Concluding comments. In L. C. Wynne, R. L. Cromwell & S. Matthysse (Hrsg.). *The Nature of Schizophrenia. New Approaches to Research and Treatment* (S. 534–542). New York: John Wiley & Sons.
Yalom, I. D. (1983). *Inpatient Group Therapy*. New York: Basic Books.
Yang, S. (2008). Dangerously paranoid? Overview and Strategies for a Psychiatric Evaluation of a Highly Prevalent Syndrome, 25, 32–34.

Stichwortverzeichnis

A

Ablösung der Eltern 98
Ablösung von den Eltern 63, 75 f., 95
– äußere 97
– Frau D 117
– früheste 60
Abwehr 20, 42
– bei Frau D 118
– bei Frau R 121
– bei Herrn O 44
– bei Schreber 74, 90
– der Realisierung eines Wunsches 21
– doppelte 21 f.
– in der akuten Psychose 42
– in der Psychiatrie 26, 133
– in der Psychotherapie 120
– projektive Identifizierung 71
– soziale 25 f.
– und Verhaltenstherapie 142
– und Verzicht 106
Abwehrprozesse 62, 136
Affekte 42, 57, 60, 106, 124
– bei Herrn O 44
– bei Minussymptomatik 32
– ersetzt durch Wahngedanke 44
– in Beziehung zum Kind 70, 79
– in der Kommunikation 102
– in der Psychotherapie 121, 124
– integrierende Wirkung 124
– Markierung 69
– und Ichgrenze 38
– und Meinhaftigkeit 99
– Wirkung der Neuroleptika 144
affektive Distanz 112
Aggression 72, 106, 129
– bei Frau D 94, 117
– bei Paranoia 29, 39, 123
– und projektive Identifizierung 129
Alkohol 33, 65
Ambivalenz 42, 46, 119, 121
Andere, der 40, 99, 103
Angst 14, 21, 26, 32, 59, 85, 112
– bei M. Klein
– bei Paranoia 86
– bei Zwangssymptomatik 123
– gesellschaftliche 135
– neuer Mitarbeiter in der Psychiatrie 26
– psychotische 64
– Vernichtungs- 39, 86
– verrückt zu sein 14
Angst 47
auftauchendes Selbst 57
Autonomie 73 f., 84, 98, 139

B

Besetzung 42, 45, 75
Beziehungsdilemma 71
Bindung 62 f., 81, 97
– psychotische 95 f., 139
– von Eva 82
Bion 59, 69, 129, 140
Bleuler 32
Bürgerkrieg in Sierra Leone 64

C

Cannabis 33
Chestnut Lodge 94
Compliance 146
Containment 69, 129

D

Demenz 103
Depression 34, 87, 110, 141
– bei Herrn U 122
– psychotische 93, 113 f., 144
– und Paranoia 39, 87
Desintegration psychische 37
Deutung 94, 103, 106
– genetische 109
– übergriffige 108
Devereux 14
Dialyse 134
dilemmatische Beziehung 99
Double Bind 67
Drogen 33

E

entpathologisierende Bewertung 141
Ethnie 62, 65, 80
experimentelle Gesellschaft 136

F

Familie 62, 98, 125, 137 f., 143
- Beteiligung bei Therapie 95, 97
- Dynamik 66, 79, 143
- Verantwortung des Patienten 95
Fonagy 54
Foucault 125
Französische Revolution 125
Frequenz von Therapiesitzungen 114
Freud 15, 22, 32, 80, 95, 141
Fromm-Reichmann 15, 20, 94

G

Gedankeneingebung 18, 31
Gedankenentzug 18
Gedankenlautwerden 30
Gesellschaft 63, 138
gesellschaftliche Prozesse 15
- und Psychose 15
Gewalt 35, 112
- Prävention 112
Gewalt in der Psychiatrie 125, 127
Goffman 18 f., 47, 125, 127
Gruppen 30, 139
- als Übungsfeld 136
- mindern psychotische Ängste 26
- Notwendigkeit von 64
- Strukturen 140

H

Halluzinationen 18, 30
- Stimmen 30
Handlungsökonomie 128
Hartmann 32
HEE-Familien 67
Heilung der Schizophrenie 93

I

Ich 37, 39
Ichfunktionen 32, 41
Ichgrenze 37, 99
Ichmasse 66
Ichorganisation 74, 76
Identität 41, 48, 63, 138
- Verlust 29

Identitätsbildung 103
Impulskontrolle 112
indigene Völker 65
Introspektionsfähigkeit 42

J

Jaques 16, 86
Jaspers 24

K

katatone Bewegungsstarre 32
Klein, M. 21, 129
kognitive Umstrukturierung 142
kognitive Verhaltenstherapie 141
Kommunikation 40, 52, 57, 109, 138
Konzentrationsfähigkeit 41
Kulturschock 84

L

Lacan 61
Lobektomie 125
Loewald 38
Loyalität 62

M

Mahler 57
Mead 63, 138
Meinhaftigkeit 38, 99
mental health movement 15
Mentalisierung 40, 42
Menzies 16, 25, 86
Messie-Syndrom 85
Milieutherapie 130
Minussymptomatik 32, 83
Mutter und Kind 61
- Beziehungsmuster 56
- frühe Bezogenheit 58
- undifferenzierte Einheit 58
Mutter, überprotektive 66

N

Narzissmus 39, 42
narzisstische Beschädigung 94
Neurolepsie 98
Neuroleptika 33, 82, 122, 144
- bei Depression 144
- Bewertung von Patienten 144
- Mortalität 145
- Wirkung auf Affekte 105, 144
neuroleptische Schwelle 143

O

Objektkonstanz 42
Objektrepräsentanz 38, 55, 99
ödipaler Konflikt 46
Ogden 70, 129
organische Ursache der Schizophrenie 96

P

paradoxe Beziehungssituation 71
Paranoia 39, 87, 119
paranoid-schizoide Position 91
Parentifikation 76, 97
Parsons 48
Pinel 126
primäre Aufgabe 130, 135
privater Raum 140
Projektion 39
– kollektive 62
projektive Identifizierung 59, 71, 74
Psychiater 11, 140
Psychiatrie 9, 133
Psychiatrieenquete 15
Psychiatrische Station, Struktur 131
psychoanalytische Behandlung der Schizophrenie 93
Psychoedukation 141, 143
Psychose 23, 36
– akute 43
– als Abwehr 92
– chronische 45
– drogeninduziert 33
– Erholung von 37
– Integration psychischer Apparat 36
– organische Ursache 26
– und Wahrheit 26
Psychotherapie 20
Psychotherapie der Psychose, Struktur 101
Psychotische Depression 87
psychotischer Kern 92
psychotisches Symptom (siehe auch *Symptom*) 27, 31, 47
– als Protest 47
– kommunikative Bedeutung 47, 103
– konkretistische Bedeutung 43 f., 104
– metaphorische Bedeutung 104

R

Randomisierung 14
Realitätskontrolle 41, 44 f.
Realitätsverfälschung 22
Regression 23, 110
– zur Bewältigung von Angst 23

Reorganisation der Psyche 37, 131

S

Sadhu 17
schizoaffektive Störung 89
Schizophrenia simplex 50
Schizophrenie 9 f.
– organischer Faktor 10
– Prodromalphase 33
Schneider, K 24
Schreber 28, 73, 93
Searles 67, 104
Sekundärprozess 41, 44
Selbstrepräsentanz 38, 99
Semmelweis 27
Settingregeln 114
Soteria 93, 132, 145
Soziale Identität 64
sozialer Kontext des Symptoms 18
Staat 63
Stalin 85
Statistik in Psychologie 14
Sterilisierung psychotischer Patienten 15
Stern 54
Symbolisierungsfähigkeit 41, 44
Symptom (siehe auch *psychotisches Symptom*) 9
– interaktive Bedeutung 19
– kommunikative Bedeutung 17
– negatives 32
– Primär- 29, 32
– Protest 19
– Reparationsversuch 32
– soziale Bedeutung 130, 136

T

teilnehmende Untersuchung 14
therapeutische Gemeinschaft 136
Threat-Control-Override Syndrom 35
Totalitarismus 63
Trauer 87

U

Übertragung 115
Unbewusstes 10 f., 41, 136, 142
– bei projektiver Identifizierung 59
– in der Gesellschaft 15
Utopie 29, 64

V

Verantwortung des Patienten für Familie 95
verstehen 12, 18, 26, 102
Vorhersagbarkeit
– in der Psychologie 11

W

Wahn 18, 28, 88
– doppelte Abwehr 28
– im Sozialen 29
– systematisierter 29
– Verfolgungs- 29
Wahnsinn 125
Wahnwahrnehmung 31
Wahrheit 13, 29
Wahrnehmungen des Säuglings 55
widersprüchliche Beziehungsstruktur 99
Winnicott 58

Z

Zeitwahrnehmung 41
Zwänge 123
Zwillingsforschung 68